銀行買収

米系投資ファンドによる韓国大手行の買収と再生の内幕

Money Games　The Inside Story of How American Dealmakers
Saved Korea's Most Iconic Bank

㊟ ウェイジャン・シャン　㊟ 木下信行

一般社団法人 金融財政事情研究会

◀写真１：南北朝鮮は朝鮮半島全域を占めており、北側では中国やロシアと陸の国境を接している。朝鮮半島は、東側では日本海によって日本と隔てられており、西側では黄海によって中国と隔てられている。北朝鮮と韓国は北緯38度線で分かれている。韓国の首都のソウルは、北朝鮮との国境から40マイル（60キロメートル）南に位置している。

（原 典：Peter Hermes Furian / Alamy Stock Photo）

▲写真２：1998年12月31日、ソウルにおける韓国政府とニューブリッジ・キャピタルの覚書（MOU）調印直後の記者会見の際、金融監督委員会のホンジェ・イ委員長（中央）が筆者（右側）を紹介しているようす。ドンス・チンが後ろの席にいる。

（写真の著作権：JoongAng Ilbo）

◀写真3：1999年5月26日、メイル（毎日）経済新聞掲載の漫画。夫の見つからない醜い少女（中央にすわっている）としてKFBが描かれており、右側では、西洋の男性で表されたニューブリッジが立ち去ろうとしている。左の二人の女性の吹出しには、「早く結婚させるために整形手術をしようとするのね」「仕事を終えるにはもう3兆ウォン要ると聞いたの」と書かれている。また、ニューブリッジを表している西洋の男性の吹出しには、「彼女は写真と全然似ていないね」と書かれている。漫画のもとのタイトルは、「嫁にやるのはこんなにむずかしい」となっている。
（写真の著作権：Maekyung Economy）

▶写真4：1999年5月15日、コリア・エコノミック・デイリー（韓国経済新聞）掲載の漫画。輸血袋をもっている男性はデジュン・キム大統領とみられ、よろよろしている女性はKFBである。橋（ニューブリッジを象徴している）の底のラベルには"拒否"と書かれ、橋の上の男性が「葬式は出したくない」と叫んでいる。
（写真の著作権：Korea Economic Daily）

◀写真5：この年代の教育のある男性にふさわしく、ホンチュ・ヒョン大使は中国の文字を美しく書くことができた。1999年9月9日、著者のために古典のリストを次のように書き出してくれた。『三国史記』『二国遺史』『高麗史』『李朝実録』。
（原典：Weijian Shan）

Shan —

I got your most recent fax. You are completely out of your mind to keep discussing WORD CHANGES. STOP NOW. Our position is NO MORE conversations pre signing, period. There will still be definitive documents to argue about later and word changes can be fought over then.

DB

◀写真6：1999年9月13日、デイビッド・ボンダーマンから著者へファックスされたメモ。
（原典：Weijian Shan）

▼写真7：1999年12月23日早朝、ソウルのシラホテルのビジネスセンターにて。前にいるのは、ホワイト＆ケースのフィリップ・ギリガン（左）とキム＆チャン法律事務所のBMパク（右）。後ろにいるのは、KDICのメンバーとその弁護士たち。
（原典：Weijian Shan）

▶写真8：1999年12月23日、ソウルのシラホテルのビジネスセンターで、ポール・チェン（左）とBMパク（右）が最終文書に署名しているところ。
（原典：Weijian Shan）

◀写真9：1999年12月23日朝、ソウルのシラホテルのビジネスセンターで、ダニエル・プーンが最終文書の作業をしているところ。
（原典：Weijian Shan）

▲写真10：1999年7月3日、コリア・エコノミック・デイリー（韓国経済新聞）掲載の漫画。KFBの取引がまとまったという誤った噂に基づくもの。KFB（花嫁）とニューブリッジ（新郎）が結婚の誓いをし、花嫁の母（左）が「やっと！」というため息をついている。
（写真の著作権：Korea Economic Daily）

▲写真11：1999年12月23日、KFB本店で行われた最終署名式。著者（左）がKDIC理事ドンジュン・ペンと握手し、KFB会長シヨル・リュがそれをみている。
（写真の著作権：JoongAng Ilbo）

▲写真12：2000年1月、ソウルにて。左から右へ、ボブ・バーナム、ウィルフレッド・ホリエ、ダン・キャロル、著者。
（原典：Weijian Shan）

▲写真13：2000年3月15日、ディック・ブルーム（左）が青瓦台でデジュン・キム大統領と会見している。
（写真の著作権：JoongAng Ilbo）

▲写真14：2002年の取締役会後、KFB の取締役とその配偶者たちが韓国のキョンサンド（慶尚道）にある仏教寺院、トンドサ（通度寺、あるいは真実への悟達を通じた世界の救済）を訪問している。
（原典：Weijian Shan）

▼写真15：2002年の取締役会後の観光旅行で、KFB 頭取のロバート・コーエン（左）と著者がトンドサで瓦に字を書いている。著者はハンジャで"韓国第一銀行"と書いている。
（原典：Weijian Shan）

▶写真16：2002年の取締役会後のトンドサ訪問で、著者（左）とダン・キャロルが雑談している。寺の最上部にある額には"梵鐘楼"と書かれている。
（原典：Weijian Shan）

▲写真17：2004年、ソウルでのミーティングにて、デイビッド・ボンダーマン（左）とディック・ブルーム。
（原典：Weijian Shan）

▲写真18：2005年、デイビッド・ボンダーマン（左から二人目）とディック・ブルーム（中央）がニューブリッジによる韓国の慈善活動への寄付の小切手を披露しているところ。
（写真の著作権：JoongAng Ilbo）

本書を私たちの投資家（リミテッド・パートナー）すべてに捧げる

前 書 き

　1998年のアジア金融危機において、各国の中央銀行はメルトダウンを起こした。自国の通貨や商業銀行を保護できなくなり、IMF（国際通貨基金）による救済を必要とするに至った。IMF は、受入れ国の政府に対し、資産の売却、特に破綻商業銀行の譲渡を求めることがしばしばであった。韓国も例外ではなく、政府が売却しようとした資産のなかには KFB（韓国第一銀行）があった。KFB は、歴史上、韓国最大の商業銀行であった時期もあったが、この時点までに、縮小してしまい、第4位になっていた。しかし、正しい所有と経営のもとであれば、KFB は非常に収益性の高い資産になりえた。そこで、韓国政府の担当官や彼らに雇われた投資銀行の職員は、KFB を再生させる戦略投資家を見つけられないかと世界を巡った。これはあまりうまくいかなかった。問題の一端は、KFB に関心をもつ西洋の金融機関のなかには、銀行全体の買収を望むものが少なく、しかもそうした金融機関は韓国政府が救済してすべての不良貸出を引き取った後で買収することを望んでいたことにある。こうしてもらえれば、外国投資家としては“良い”銀行を引き渡してもらえることになる。しかし韓国人からすれば、韓国政府が十分な所有権を留保することで、銀行が真に再生した際に、不良貸出の引取りにより KFB に与えた金融支援の見返りを得られるようにしたいという強い思いがあった。私たちのプライベート・エクイティ会社 TPG のアジア子会社ニューブリッジ・キャピタルに属するウェイジャン・シャンと彼のチームは、この相反する課題に取り組んだ。TPG は、何年か前のアメリカで、グッドバンク／バッドバンクのモデルを先駆けて実行したことがあり、私たちは、韓国の政府と破綻銀行についてもこのモデルが機能すると考えた。『マネーゲームズ』という題（訳注：原題）のこの本は、初めに、大きな企業買収に関しニューブリッジチームと韓国政府の行った信じられないほど困難な交渉について記述し、次いで、韓国で初めて外国投資家に経営すべてが委ねられた記

ii

念碑的な銀行の改革について記述している。双方の当事者は、一連の相互理解と誤解に基づいて1年以上も交渉を行った結果、ニューブリッジがKFBの所要資本を投入し、銀行の経営権を完全に掌握するに至った。ニューブリッジがKFBの経営権を握るまでには骨の折れるプロセスがあった。私たちのチームの同僚シャンと私は、電話が盗聴されることをおそれ、韓国外で秘密会合をもった（私は、盗聴された電話で、韓国の辛いキャベツである"キムチ"について苦情をいっていたので、それを聞いていた韓国人の交渉チームから"ミスターキムチ"という綽名をもらったようだ）。強い個性と多様な文化がぶつかりあって、交渉スタイルと戦術の違いがはっきりと出たのだ。

　シャンは、細部にわたる交渉の局面に関する記録として、詳細なメモを書いていた。こうしたメモが『マネーゲームズ』の基礎資料であり、そのおかげで本書は本当に魅力的な読み物となった。この本は、1998年のアジア金融危機に光を当てただけでなく、プライベート・エクイティがどのように機能し、プライベート・エクイティ投資家がどのように取引して価値を創造するかに関心のある者にとっても興味深い入門書となっている。この銀行は、最終的にはニューブリッジにより再構築され、経営陣を一新し、収益性を回復するに至った。特に住宅ローンビジネスは、多少なりともKFBが韓国で初めて創り上げたものである。プライベート・エクイティの業界人であっても、ベールに包まれたこの世界をよく知りたいと思う部外者であっても、シャンの書いた素晴らしい物語から教わることがあるだろう。旅を楽しんでいただきたい。

デイビッド・ボンダーマン

TPG 会長 兼 創業パートナー

2020年4月9日

謝　辞

　この本は、アメリカに拠点を置くプライベート・エクイティ会社ニューブリッジが韓国で最も記念碑的な銀行をどのように買収し再生したかを描いた内幕物語である。高中所得国の国民は、ほとんどがプライベート・エクイティによる投資の恩恵を被っている。その国の市民のために資金を運用しているソブリン・ウェルス・ファンド、政府と企業の従業員に提供される年金基金、学校や大学の基金、何百万人ものリテール顧客の貯蓄をカバーする銀行・保険等の金融機関といった組織は、すべてプライベート・エクイティに投資し、顧客の利益を図っている。私は、ニューブリッジ、次いで TPG、いまは PAG において、投資家からの信認を得ていることに感謝している。

　プライベート・エクイティの取引は、ほぼすべて、大規模なチームの協力によって達成されている。チームのメンバーとしては、まず、取引対象の発掘と引受けを行う取引責任者がいる。また、経営陣と密接に連携して企業の業績をモニターする実務専門家がいる。さらに、経営陣自身のほか、財務、法務、会計、コンサルティングの無数のアドバイザーが関与している。そのなかには、この本に出てくる者も出てこない者もおり、知ってもらうべき価値のある者の名をあげるときりがない。韓国第一銀行の取引で、さまざまな技能を活かして働いてくれた同僚に感謝している。彼らが協力して努力してくれなければ取引は成功しなかっただろう。ロバート・A・コーエンはKFB の頭取を務めた（2001〜2005年）。彼が銀行の再建を主導し、"Turning Around a Bank in Korea"（2008年）という回顧録を書いてくれたことに私は感謝している。彼の本は、この本の第15章で情報が不足しているところを埋めてくれた。

　デイビッド・ボンダーマンは、TPG の創立者で会長であり、私が20年以上前に投資のキャリアを始めて以来ずっと指導者であり、インスピレーションを与えてくれた人物である。私は彼のおかげで専門家としてやってゆくこ

とができたし、彼はこの本に前書きを寄せてくれた。

　マーク・クリフォード、ジル・ベイカー、ティム・モリソン、クリスティナ・ベリガンは、執筆のさまざまな過程で、私の原稿を編集してくれた。骨身を惜しまない几帳面な彼らの努力に感謝している。

　ワイリーの理事ビル・ファルーンは、私の最初の著書"Out of the Gobi: My Story of China and America"（2019年）とこの本の刊行を支持し助力してくれた。私は彼に感謝している。

　レイチェル・クウォックは、ほかの誰にも望めないような最高の秘書としての支援をしてくれた。おかげで私は著述に集中できた。

　韓国第一銀行の仕事をし、この本を書いている年月の間、私の妻ビン・シー・シャン、息子ボー・シャン、娘リーアン・シャンは、気が散っていたり不在だったりする夫や父親に我慢せねばならないことがしばしばであった。この本の刊行をはじめとする仕事をやり遂げることができたのは、すべて彼らのおかげである。

ウェイジャン・シャン

2020年6月10日

香港

著者注記

　韓国人の名前を英語でどう書くか決めることはむずかしい。韓国では、パク・チョンヒ（朴正熙）大統領やキム・デジュン（金大中）大統領のように、姓が先に来て、名が後に来ることが普通だ。しかし外国人に対しては、姓と名の順序を西洋式にひっくり返すことが多い。

　韓国人は、外国人が名前を覚えたり発音したりしやすいように、名前を省略することも多い。たとえば、外国人と話をするときは、キム・デジュン大統領を DJ キム（あるいは単に DJ）と呼ぶことがある。特に西洋諸国に住んでいた者の場合、姓の前に西洋の名を当てはめる者もいる（たとえば、デイビッド・キム、スティーブ・チョ、ピーター・ジオン）。

　この本では、読者の便宜のため、西洋式の韓国人の名前を一貫して使い、名を先にした。たとえば、パク・チョンヒ大統領はチョンヒ・パク大統領、キム・デジュン大統領はデジュン・キム大統領または DJ キムとした。しかし例外もある。保管していたメモやレターというもともとの参考資料から引用する場合には、韓国の伝統に従っていることもあったので、そのままの表記とした。

　韓国の通貨はウォンであり、KRW（韓国ウォン）と表記されることもある。この本の対象となる時期である1997年から2004年には、ウォンの対米ドル為替相場が大幅に変動した。1996年12月には、平均のウォン・ドル相場は842で、１ドルを買うのに842ウォンかかった。1998年２月には、ウォンの価値が48％下落した。1998年12月には、ウォンの価値が幾分持ち直して、１ドル当り1,213ウォンに達した。この本の記述では、簡単にするため、その時点の為替相場でドル建て相当額を書くことにした。

　ドル建て額は、特に別の記述をしない限り、米ドル建てである。

序　章

大いなるマネーの伝説

　1900年秋の明るい日だった。66歳のアンドリュー・カーネギーは、39歳の
カーネギー鉄鋼社長M・シュワブとのゴルフを楽しんでいた。試合はカー
ネギーの勝ちだった。この時点でカーネギーは、アメリカで最も輝ける実業
家であった。彼の創設したカーネギー鉄鋼は、鉄鋼業に革命を起こし、世界
最大の製鉄会社になっていた。カーネギーは知らなかったが、シュワブは、
アメリカで最強の銀行家であるジョン・ピアポント・モルガンと、ある計画
を練っていた。シュワブの役目は、会社をモルガンに売るよう、カーネギー
を説得することだった。スコットランド生まれの実業家の機嫌がゴルフの試
合に勝った後によくなることは広く知られていたため、シュワブはわざと負
けたのだ。試合の後で、カーネギーが聞き入れてくれそうにみえたので、
シュワブはアイデアを持ち出した。

　翌日、カーネギーはシュワブに対し、4億8,000万ドルという金額を走り
書きした紙を手渡した。1900年当時では途方もない金額だった（今日のドル
価格でおよそ145億ドル）。カーネギーはカーネギー鉄鋼を売り渡すかわりに、
それだけの金額の受取りを求めたのだ。シュワブは、その紙をモルガンに
持って行った。

　モルガンは、その紙を一瞥して、簡単に「受諾する」といった。

　合意に基づき、モルガンはカーネギー鉄鋼を4億8,000万ドルで取得した。
モルガンは、同時期に買収した他のいくつかの製鉄会社を統合し、USス
ティールを1901年3月に創設した。同社は14億ドル（2019年価格で420億ドル）
の資本金をもち、世界最初の10億ドル企業となった。

　製鉄会社の譲渡でカーネギーが得た収益は約2億2,500万ドル（2019年価
格で67億ドル）だった。モルガンがしかめ面で祝福していったように、カー
ネギーはこの取引により世界一の大金持ちになった。

銀行家、歴史家、一般大衆は、このなかなかよくできた逸話を、長年にわたり好んで語り継いできた。金持ちや権力者にとっては、こんな大金を賭けたゲームもたやすいというわけだ。こうしたゲーム、つまり、企業や組織の非公開の売買は、現在ではプライベート・エクイティと呼ばれている。モルガンは、こうした取引を行うことが産業としての名前を得る数十年前、おそらく史上初めての著名なプライベート・エクイティ取引の責任者であった。

　しかし現実は、そう簡単ではなかったはずだ。

　たとえばモルガンは、取引をまかなう資金をどこから調達したのか？　4億8,000万ドルのうち、最大の資金源は、カーネギーへの2億2,500万ドルのIOU（借用証書）の交付であった。IOUは、5％の利付きで50年借り入れる債務を示すものである。つまりモルガンは、購入価格の半分をカーネギー自身から借りたのである。

　モルガンがカーネギーの申し出た価格を受諾した際、莫大な所要資金については、カーネギーから借りられなければ他の資金源から調達できる自信があったという推測もありえないではない。しかし、これは疑わしい。カーネギーから借りた額が対価に占める割合は大きく、これがなければ取引が成立しないほどであった。所要の資本調達額は当時のアメリカのGDPの2％以上であった。現在のアメリカのGDPの2％は4,260億ドルになる。いかに偉大なモルガンでも、最初に市場をテストすることなしに、これだけの金額を調達できるか、できるとしても、どれくらいのコストや期間がかかるか、たしかなことはわからなかったはずだ。

　いずれにしても、半世紀にわたって償還されるIOUをカーネギーに引き受けてもらうことが取引の核心であり、合意の前に多くの交渉と文書化が必要であったことは間違いない。

　結局いくら借りたのか？　どれだけの資本を調達したのか？　カーネギー鉄鋼の株主のなかには、同社の株式をUSスティールの株式と交換した者がいたのか？　モルガンは私財を投入したのか？　モルガンのファンドの調達源と運用先はどうだったのか？　そして、モルガンの苦心の作であるUSス

ティールの業績はどうだったか？　彼と彼の投資家は結局いくらの金を手に入れたのか？

　多分、ハウス・オブ・モルガンのどこかには記録が保管されていたのだろうが、それが残っているかどうか知るすべはない。取引の詳細は公衆の目から隠されたままだ。重要なことは、いくつかの条件を満たさなければ、モルガンがこんなにも大きな取引に合意できたはずがないということである。その条件には、たとえば彼の資本調達能力が含まれる。カーネギーがモルガンに金を貸すアイデアに難色を示したら、取引全体が駄目になったかもしれないのだ。

　公表された説明が単純であったとしても、これほどの規模と複雑さをもつ取引を行うことは、食料品店で野菜を買うのと同様ではない。

　プライベート・エクイティは、公開された取引所で会社の株式を買い集めるのではなく、（通常は）他人のお金を使って、非公開の市場で投資を行うアートである。プライベート・エクイティの取引責任者にとっては、自分の投資家によい資本収益をもたらすことが仕事であり、義務である。取引責任者が必ず勝つわけではないことが重要なところだ。取引が最終的に儲かったか、損したのかを知らなければ、プライベート・エクイティの物語は完全なものにならないのだ。

　US スティールの創設後に到来した苦難の時代を考えると、モルガンに資金を託していた者が損をしたことはありそうなことだ。カーネギー、シュワブ、モルガンの間で行われた取引は、アメリカの事業史のなかで輝かしい出来事だったが、史上初の大規模買収が結局どのような成果を得たのかは明らかになっていない。

＊　　　＊　　　＊

KKR（Kohlberg Kravis Roberts & Co.）による RJR ナビスコの買収以来の30年間を経て、プライベート・エクイティ、略称 PE は、表舞台の存在となった。この取引は250億ドルにもなった。当時としてはかつてない巨額で、

ウォール街さえたじろぐほどだった。

　PE は、その取扱金額の莫大さと演じるゲームのリスクの高さで人々を魅了する。社会の偶像のような大企業の経営権を剥奪したり、栄光ある産業に消えることのないインパクトを与えたりする。そして、取引責任者の堂々とした仕事には、何億ドルもの手厚い報酬が支払われることがしばしばである。アメリカでは、公開企業の 2 倍もの数の非公開企業が PE によって保有されているのだ。

　PE は確固たる存在であるにもかかわらず、この産業の内幕についての文献は乏しい。大きな取引のいくつかは本になっているが、多くは、取引の模様を外部のジャーナリストが取りまとめようとしたものだ。大きな取引の全体像について、投資家が結局儲けたのか損したのかを含め、始めから終わりまで書いた本はないと思う。

　企業買収では初期投資から最終出口までに長い期間がかかることを考えると、こうしたことは理解しやすい。全貌を語れるようになるまでにかかる長い期間を待てるビジネス記者はいない。RJR ナビスコの場合、KKR が取引を終えるまでに15年かかった。それはウォール・ストリート・ジャーナルの記者であるブライアン・バローとジョン・ヘルヤーが "Barbarians at the Gate"（訳注）で取引の全貌を書き上げ、ベストセラーとなってから長期間を経た後だった。結果としてみると、KKR は RJR ナビスコに35億ドルの株式資本を投資し（総額250億ドルの残りは借入れによった）、7 億3,000万ドルの損失を計上した。報道によれば、取引は惨めな失敗だった。KKR の投資家としては、その金額を貯蓄口座にとどめておいたほうがよかったのだ。

　（訳注）　邦訳『野蛮な来訪者（上）（下）— RJR ナビスコの陥落』（鈴田敦之訳、
　　　　　パンローリング、2017年）

　プライベート・エクイティに関する著述は、書かれた時期が早すぎ、取引をまとめる部分のみを取り上げ、投資家によい成果をもたらし続けたかどうかを取り上げていないことが多い。フィナンシャル・タイムズの編集者ジリアン・テットによる "Savings the Sun"（訳注）も、日本長期信用銀行

（LTCB）の買収からわずか３年後に公表されたものだ。それなりの利益を得て早期に離脱した投資家もいるが、20年弱が経った後もとどまっている投資家もいて、かなり損失を被ったようだ。フィナンシャル・タイムズの記者ジュリー・マッキントッシュによる"Dethroning the King"は、まったく片のついていない出来事を取り上げた本だ。麦酒業界の巨人として尊敬されていたアンホイザー・ブッシュの乗っ取りは、ブラジルに拠点を置くプライベート・エクイティの３Ｇによって主導された。彼らや他の多くの投資家にとってよい投資かどうか、判定はまだ下っていない。

　（訳注）　邦訳『セイビング・ザ・サン―リップルウッドと新生銀行の誕生』（武
　　　　　井楊一訳、日本経済新聞出版、2004年）

　KKRのヘンリー・クラビスは、「どんな馬鹿でも企業の買収はするが、取得後に大事なことは、それで何をするかだ」と好んで発言している。

　プライベート・エクイティの投資家にとって、取引をまとめることは、それがどんなに大きく、複雑、高度であっても、始まりにすぎない。取引が成功か失敗かは、投資家が完全に取引を終えたときにはじめて明らかになる。買収から出口までの間、PE専門家のチームは、買収した企業を通じて価値を生み、企業を変革して成長させるために、莫大なエネルギーと資源を費やす。大きな取引の終了は、当初の取得と同じくらい複雑な取引であることが多い。

　この取引のサイクルのなかで失敗すると、取引をまとめるまでの作業で何年も前に得ていた満足や栄光が帳消しとなり、災難と財務上の損失がもたらされ、取引責任者自身のキャリアの終焉につながることもある。プライベート・エクイティの経験豊かな投資家は、すべての取引が重い荷物を背負って薄氷の上を歩くようなものであることをわかっており、失敗に陥ることのないよう大変な注意を払う。遠い岸辺に着き、荷物を投資家に引き渡してはじめて祝うことができるのだ。

　プライベート・エクイティは謎に包まれている。私の知る限りでは、その理由の一つは、PEの大きな取引の始めから終わりまでについて、内部の取

引責任者の立場で書いたものがないからだ。

　この本は、大きなインパクトのある企業買収の内幕に関するものであり、その中心にいたアメリカのプライベート・エクイティ会社が直面したさまざまな紆余曲折と成功や挫折を描いている。投資家サイドの状況と同様に重要なことは、1997年から1998年のアジア金融危機直後の韓国という物語の舞台だ。この国の近代史は、アメリカと密接に関連してきたが、当時は、窮地に陥った銀行システムと経済全般の不安定性に悩まされていた。

　韓国の経済崩壊の深さと激しさは、多くの人にとって驚くべきものだった。1997年央以降、世界で最も繁栄した経済が次々と一夜にして破綻するかのようにみえた。最初に打撃を受けた国々は、タイ、マレーシア、インドネシアであり、そのすぐ後に韓国が続いた。奇妙なことに、タイの通貨暴落に起因する危機が北方に広がり、しかもより毒性の強い害悪に変異して現れたということについては、特定の理由が見当たらないようだった。

　犯人探しの対象には事欠かなかった。マレーシアの当時の首相マハティール・モハメッドは、アジア経済で機会主義的なギャンブルを行う外国投機家を非難し、この主張に賛同する者もいた。韓国政府が通貨ウォンの為替相場を変えざるをえなくなったことに伴う大規模な修正だという指摘もあった。しかし、韓国の危機がこんなに深刻になった主因が金融システムに内在するシステミックリスクにあることに同意する者は多かった。

　韓国の銀行は、1960年代に権威主義的なチョンヒ・パク（朴正熙）大統領によって国有化され、1980年代に名目的に民営化されたものの、政府の統制から脱したことがなかった。韓国の規制当局、政治家、銀行、チェボル（財閥）と呼ばれる大規模コングロマリットは、居心地のよい共同体をなしていた。朝鮮戦争で欠乏を強いられた後、何十年もの間、国家に繁栄をもたらすためにさまざまな努力が行われた。その一環として、政府がどの産業と企業を優遇するかを決定することになった。韓国の銀行は、鉄鋼、造船、半導体等の韓国経済の奇跡を支える産業の企業に信用を供与することになった。この枠組みは、銀行や企業が財務上の困難に陥れば政府が支援に駆け付けるこ

とを暗黙の前提としていた。

　金融危機は、これらすべてを粉砕した。韓国の大規模なチェボルの多く
は、倒産かリストラかを強いられた。韓国の大銀行のうち2行が破綻して国
有化された。IMFは、580億ドルという大規模な救済パッケージで介入した
際、これらの銀行を外国投資家に譲渡することを義務づけた。これは、韓国
の銀行の貸出慣行を立て直すことを目的としたものである。この機に、かね
て必要とみられてきた透明性や業務構造を韓国の銀行システムにもたらすこ
とが目指された。韓国政府や国際機関が主に考えていたことは、リスキーな
貸出の再発を防ぐようなクレジット・カルチャーを外国の投資家が持ち込む
ことであった。

　プライベート・エクイティは、資本の源泉というだけではなく、新たなア
イデアや方法を持ち込むためのビークルだった。韓国におけるPE投資家と
しての経験を通じ、私は、必要な変革の達成に向けて苦闘する国家を手伝う
という重要な役割を果たしていることを自覚していた。アジアで高度成長の
続いた数十年の間、いくつかの国でうまく働いた政府主導の経済政策は、経
済的大地震に際し初めて構造的弱さを露わにし、その克服は、この地域が21
世紀を迎えるにあたって最大の課題になった。

　構造改革は常に痛みを伴うものだが、経済危機のために必要となり、外国
からの支援の条件として課されたときには、痛みが特にひどくなる。当時、
経済的惨禍とIMFの救済に伴う煩わしい制約は、誇り高い国を国際的な舞
台で侮辱するようにみえた。構造改革のアジェンダは、新大統領デジュン・
キム（金大中）によって力強く推進された。彼は、この国に民主主義をもた
らすため全人生を費やしてきた人物である。空前の経済危機がほぼ頂点に達
した1998年2月、大統領に就任したばかりであった。彼の改革アジェンダ
は、官僚機構の皆からの同意を得たわけではなく、この国にとって大事な金
融機関を外国投資家の経営に委ねることについては、外国人嫌いが障壁と
なった。

　私たちの交渉においては、改革推進派と反対派という対立する両勢力と再

三再四やりあわねばならず、取引のプロセスは非常に困難かつ不確実になった。しかし、私たちの仕事相手となった政府担当官は皆、自らが国家と国民にとって最善の利益と考えることのために戦っていた。彼らは高度な忠誠心の持ち主であり、国家に対し無私の貢献を行っていた（当時の韓国では儒教文化と男性中心主義が続いていたので、皆男性だった）。この本は、国有銀行の買収の物語を描くとともに、韓国政府が朝鮮戦争以来最大の危機にどう取り組んだかについて、閉じたドアの内側にいた者がリアルタイムでどうみていたかを伝えるものである。

ウェイジャン・シャン

2020年2月

香港

目　次

第1章

マネーを巡る話

——私のプライベート・エクイティへの道

　数年前、私は、ジャーディン・マセソン・ホールディング社の重役数名と昼食をともにした。ジャーディン社は、香港のジャーディン・ハウスの48階にあり、よく知られているように、180年以上前に創設されたイギリスのコングロマリットである。同社は、航空から、ホテル、小売り、不動産に至るまで、ありとあらゆる分野の事業に関与している。同社の特別食堂は、明るく朗らかな中国風絵画で飾られており、そこからは息をのむようなビクトリア港の景色を楽しむことができた。

　昼食の後、ホストにエレベーターホールまで丁重に案内されていたとき、私は、古びてうす暗くなった巨大な油絵に気づいた。インド人の肖像画で、彼は、黒の高い頭飾りをし、長袖のローブを着て、絹製とみられるクリーム色の腰紐を締めていた。彼は、芝居がかったあごひげをもち、巨大な太鼓腹で、鋭くもあり親切そうでもある目をしていた。そして、巻物に取り巻かれて椅子のクッションに座っていた。彼の前には、たったいま読み終えたとみられる書類が置かれており、胸の上には、何かの栄誉を示すような大きな黄金のメダルがついていた。彼の後ろの台座には、丸型の巨大な真鍮製の花瓶があった。そこには、やっと判読できるぐらいの文字が刻まれており、私に

は"CARITAS"だろうと思われた。これは、英語の"Charity"の語源になったラテン語である。私は、すぐにこの男が気になった。彼は、イギリス人にはみえない一方で、居場所がきわめてイギリス的な企業の本社だったからだ。

「彼は誰ですか」と私は尋ねた。

「彼はジージーバイといいます。彼がインドでアヘンを栽培し、私たちが中国に輸送して販売していたのです」。私のホストは、さりげなくこう返事した。あたかも誰かが野菜の販売に携わっていたかのようであった。

後日私は、ジャメイトジー・ジージーバイがボンベイ生まれでイギリスの対中国アヘン貿易で大成功を収めた人物だということを知った。彼の大英帝国に対する"際立った業績"は、1842年にナイトの爵位授与とともに認知され、1858年には、ビクトリア女王により、インド人としては初めて男爵に叙された。

私は、ホストの率直な返答に少々驚いた。ジャーディン社が麻薬貿易で果たした歴史的役割については誰もが知っているものの、彼らはもう少し用心深いのではないかと思っていた。

私は、「ああ、それは持ち出すとまずい話題ですね」といった。

ホストは、「少しもまずくないですよ」と請け合った。彼は、目をきらきらさせながら、「私たちは、当時のイギリス政府がそういうことをしたといっているのであって、いまや麻薬貿易はしていません」と付け加えた。

私たち二人は笑った。ジージーバイの話により、私は、香港がイギリスの植民地として始まったことを思い出した。ジャーディン・マセソン社は、もともと華南地方で設立された外資系の"ハン（行）"、つまり貿易商社であり、イギリスの遠隔植民地の間で、茶や木綿等の物資の取引を行っていた。同社は、中国に対するアヘン密輸から大きな利益を得ていた。当時の中国政府がこうした違法貨物を差し押さえて破棄し始めたところ、ジャーディン社のオーナーは、イギリス政府に砲艦を送ってもらうようロビー活動を行った。アヘン戦争（1839〜1842年）において、イギリスの軍事力は中国を圧倒し、

中国政府に南京条約を結ばせた。その合意の一部として、中国は香港島をイギリスに割譲したのである。

　この地域での西洋貿易が増大し、アヘン貿易も継続するなかで、イギリスは香港周辺地域に対する支配を強化した。1860年には、ビクトリア港の真向かいにあるクーロン（九龍）半島を併合した。ビクトリア港は香港という名の由来となった水域である。香港とは、ざっと訳すと"かぐわしい港"という意味であるが、イギリスは19世紀中葉に、港の名前を女王にちなむものとし、国際取引の中心としての位置を確立した。1898年には、イギリスは、山だらけで辺鄙ながら本土との回廊となる、クーロンを取り囲む「新たな領域（新界）」について、99年間の租借権を取得した。

　ジャーディン社は植民地とともに成長した。私が食事をした高層ビルは、1972年の竣工時、香港で最も高い建物であった。この建物は、"ハン"の長く続く遺産の証しであり、独特な船の丸窓を備えていることで目立っていた。BBC が大英帝国に関するドキュメンタリーで注意深く取り上げたように、地元民はこのビルを"千の穴のビル"と名付けていた。番組のナレーターは無表情に、「その基礎のどこかに創立者の秘められた意図が込められていることに疑いはありません」と述べていた。

　香港は、私と家族がアメリカから到着した1993年でも、依然としてイギリスの植民地であった。香港は、イギリスの統治のもとで繁栄しており、1990年代初頭では、世界で最も高い生活水準を達成していた。

　香港は、中国の南端に位置し、ロスアンジェルス市と同程度の広さであり、世界でも最も自由なレッセフェールの経済を有していた。大陸中国への玄関口である香港には、多くの多国籍企業や国際金融機関のアジア本部があった。香港からであれば、アジアのほとんどの都市への出張が容易である。北京、上海、東京、ソウル、バンコクおよびシンガポールにはすべて、飛行機で4時間以内に着くことができる。英語が広く使われており、外国人の家族が快適に暮らすことができた。私と家族は中国出身で、香港は中国の都市だが、自分たちが異邦人だと思っていた。私たちは、地元の広東方言を

話せも理解もしなかった。

　香港に移る以前の６年間、私たちはアメリカのフィラデルフィアにいた。私はそこでペンシルバニア大学ウォートン校のプロフェッサーを務めていた。アイビーリーグの大学での学究生活は、数年経って少し退屈に感じるようになったものの、快適であった。アメリカのビジネススクールは、象牙の塔とは少々異なる。プロフェッサーたちは実業界との強い絆をもっていることが多く、特にウォートン校はウォール街と強い交流をもっていた。私は、事業と金融の実社会から切り離されすぎたと感じることはなかったものの、現実の行動の趣を求めていた。ビジネスを少しも実践したことがないのに、長年ビジネスを教えているのは少し皮肉なようだった。

　1990年代初頭には、中国の成長がウォール街の関心の対象になっており、私も強い関心をもってフォローするようになっていた。当時の私の研究と教育は、多国籍企業と製薬業の経営に焦点を当てており、中国やアジアに重点を置いたものでなかった。しかし、私は喧噪の時代の中国で育っており、中国に本来的なかかわりをもっていた（私の回想録 "Out of the Gobi: My Story of China and America" は、この動乱期における私の経験の年代記である）（訳注）。結局、私はアメリカで暮らすことになり、カリフォルニア大学バークレー校で経営管理の博士号を取得した後、ペンシルバニア大学ウォートン校のプロフェッサーになった。

　（訳注）　『ゴビ砂漠からの脱出―私の中国／アメリカ物語』（米山徹幸訳、金融財政事情研究会、2021年）

　私は、自分の出身ゆえに、中国に強い関心をもち、その状況をフォローしていた。ウォートン校では、"China Economic Review" を創刊した。これは、急速に変化している中国の経済と国際的なビジネス環境における役割を研究するための学術誌である。中国市場に野心をもつ企業の立場からみると、トップクラスのビジネススクールのプロフェッサーという資格と中国に関する知識とが相まって、私が魅力的な存在であることには間違いがなかった。そして、就職の機会が生じたとき、私には応ずる用意ができていた。

1992年には、経営コンサルティングや投資銀行を営むいくつかの有力企業からアプローチを受けた。結局私は、投資銀行に所属することに決めた。企業の資本調達を助けることを主な仕事とする投資銀行のほうが面白そうだと思ったからだ。そして、私は投資銀行関連の仕事の機会を探し始めた。新興市場では企業の成長が早い。事業家は、知識や助言を得るだけのサービスよりも、資本にアクセスするサービスのほうに対価を払いたいと思うものである。私は、マネーがものをいうと思っていたし、コンサルティング会社の仕事より投資銀行の仕事のほうがやりやすいだろうと思った。

　私は、JPモルガン・アジアのタッド・ベザックに採用された。彼は、背が高く、抜け目のない銀行員だった。彼は、1993年初頭、ニューヨークで私を昼食に連れて行った。私は、彼が自分の銀行で働くとどんなに素晴らしいかを話すだろうと予測していた。ところが驚いたことに、彼は私をテーブル越しに射抜くように見つめて、「厳しい仕事になるだろう」といった。しかし、私ならやれるだろうともいった。

　私は、ベザック氏について、ウォール街の典型とはまったく異なり、実際的で率直な人物だと思った。彼は、中国の市場、特にその課題や落とし穴について、よく知っていた。私はすぐに彼に好意をもち、むずかしくはあっても何か新しいことをやるという予想に興奮した。

　私に提示された職務では、JPモルガン香港事務所のバイス・プレジデントのポストに加え、在中国代表という肩書がついていた。バイス・プレジデントというポストは、事業会社では大物だが、銀行ではダース単位でばらまかれているものだ。私は、そのことを知っていたので、この地位が気に入らなかった。たとえ銀行業務の経験がゼロだとしても、経営学のプロフェッサーという肩書にはなんらかの値打ちがあるはずだと思った。私は、もっと上級の地位を得るためにはまず自分の能力を実証する必要があるとわかっていたので、結局はこの提示を受け入れることにした。

　JPモルガンにおける私の仕事は、大企業等の顧客の獲得であった。顧客企業が海外の市場でIPO（Initial Public Offerings）を行う際に、引受幹事と

してもらうことや、他の金融や助言のサービスを提供させてもらうことである。IPO の引受幹事は、投資銀行にとって大変儲かる業務である。調達する資本の一定割合に対応した手数料を徴収することが普通だった。もし顧客が10億ドルの資本を調達し、当社が５％（現実には率はさまざまだが）の手数料をもらえれば、5,000万ドルになる。しかし、中国には筋のよい IPO 候補者があまりいなかったので、株式上場を引き受ける業務は大変な競争にさらされていた。

　私が香港に到着した1993年、中国は、なお貧しい発展途上国であった。当時の国民総生産（GDP）はわずか4,400億ドルで、アメリカ（約６兆8,000億ドル）の16分の１、日本（約４兆4,000億ドル）の10分の１であった。中国の一人当り GDP は、わずか377ドルで、アメリカ（２万6,000ドル以上）、日本（３万8,000ドル）の一人当り GDP のごく一部に当たる額にすぎなかった。

　こうした中国の経済発展の初期において、まともな規模の事業体といえば国営企業になった。工場は、政府の延長であるかのように組織され、繊維部や機械部等の所管官庁に報告を上げていた。各々の工場は、政府の一部局のように機能していた。このため、これらの企業は、株式を海外投資家に売り出す前に、株式会社として再構築されなければならなかった。IPO 候補は、中国の証券規制当局により注意深く選定された少数の企業に限られていた。1992年から1994年の間、規制当局から海外の証券取引所に株式を公開することを認められた企業は、わずか31社であった。各年、IPO 候補よりも多数の外国投資銀行が引受幹事となることをねらっていた。

　まもなく気づいたのだが、私だけでなく、私を雇った企業も新規参入者であった。JP モルガンは1871年にさかのぼる長い歴史を有している。しかし、当初のハウス・オブ・モルガンは、1930年代に、グラス・スティーガル法によって、投資銀行のモルガン・スタンレーと商業銀行の JP モルガンに分割された。この法規制は、大恐慌における銀行破綻の原因となった状況を是正するために設けられ、預金を集めて貸出を行う商業銀行の業務に制限を設けたものであった。この法規制は、私の入社する４年前の1989年にようやく緩

和され、JPモルガンのような企業に、限定的ではあっても投資銀行業務を営むことが認められるようになった。1993年、JPモルガンはなお投資銀行業務を構築中であり、その証券引受能力は、モルガン・スタンレーやゴールドマン・サックスのような昔からの証券会社よりも弱体であった。これらの競争相手は、株式上場の目論見書の表紙に太字で大きく記されているため、"バルジ・ブラケット銀行"として知られていた。

JPモルガンに実績がないことから、私たちにとって、売込みを行いバルジ・ブラケット銀行と競争することは間違いなく厳しいものであった。この困難に加えて、株式上場を引き受けられるのはアメリカ市場での上場だけであり、中国のほとんどのIPO候補の希望する香港市場での引受けができないという弱みもあり、JPモルガンの潜在顧客層は小さいものにとどまっていた。JPモルガンの取柄は、潜在顧客が海外の資本市場や外国の投資銀行についてよく知らないところにあった。顧客は、IPOに向けたステップを進めるうえで私たちをあてにしており、それに応ずる際には、私たちもできる限り有能そうにみえるように振る舞った。その際は、前大学プロフェッサーである私の話に説得力のあることや、同僚がJPモルガンをトップクラスだとする投資銀行ランキング、すなわちリーグ・テーブルを用意してくれたことが助けになった。

後になってはじめて知ったのだが、投資銀行はどこでも、自分がよくみえるようなリーグ・テーブルをつくっている。たとえば、もし「JPモルガンがアメリカにおける韓国企業のIPO引受けでトップ3社に入っている」というリーグ・テーブルがあったとすると、このことは、「この5年間に上場した韓国企業100社のうち3社だけがアメリカ市場におけるIPOを選び、その年は当行がそのうち1社の幹事業務を取り扱うことができた」ということかもしれないのだ。しかし、あまり洗練されていない顧客にとっては、"トップ3社"ということは非常に印象的にみえるのだ。

しかし、私たちの競争者も、自分たちのリーグ・テーブルをもっていたし、中国企業についてもIPOの実績があることがしばしばであった。実績

は私たちにないものだった。私は、自分たちが相手より優れていると思えない場合に、そうであるかのように顧客に話すことができない正直者だったので、この仕事に向いていないと感じた。私が顧客の信頼を獲得するためには、他人よりも努力しなければならなかった。私は、あまりに頻繁に訪問するものだから、顧客にとって強力瞬間接着剤のような人間だとみえたに違いない。それでも戦いは苦しく、勝利を手にすることはしばしばむずかしかった。

　私の獲得したIPO案件の一つにDFMC（東風汽車）があった。同社は中国の三大自動車メーカーの一つであったが、山奥深くの何もない地方の真ん中にあった。同社に行くには、進みの遅い列車に乗るか、狭く汚い道を行くしかなく、後者では、突き出た岩と深い谷に挟まれてジグザグに曲がりくねった道のりをたどることになった。この道はデコボコで、車に4時間乗ると、骨がばらばらになったと思うほどだった。この道はとても危険でもあり、道から飛び出して谷に突っ込んだ車の残骸が煙を上げているのを何度かみた。私と同僚は、1994年の1年間だけでこの道を20回以上通った。私は、たどり着くたびに、無事だったことを幸運だと感じていた。

　DFMCは、中国とソ連が緊張関係にあった1960年代に設立された。DFMCが遠隔地に設立された理由は、ソ連が侵略してきたときに中国の産業基盤を隔離しておきたいということであった。DFMCの設立されたフーベイ（湖北）省のシーヤン（十堰）は工場町であり、幼稚園、学校、商店、消防署、ホテル、病院、水道局、下水道、ごみ処理場のほか、葬儀場すらあった。こうした社会サービスは、職員やその家族に対し、無料か名目的な対価で供給された。工場のもともとの目的は、収益をあげることではなく、経済性に関係なく製品を供給することにあった。私の仕事は、この会社の株式を世界中の熟練投資家に売れるように準備することであった。

　DFMCの経営者や技術者は、トラックの製造方法をよく知っていたが、国際資本市場にはまったく縁がなかった。あるミーティングで、彼らと外国の関係がどれほどわずかなのかを示す話を聞いた。フランスの自動車メー

カーであるシトロエン社と合弁事業の交渉を行っていたとき、上級経営幹部たちはフランス訪問に招待された。そのとき、シトロエンの社長が彼らを自宅の夕食でもてなし、社長夫人が最高の銀食器と最上級のフランス料理を出した。すると、中国人の賓客は、座るや否やナプキンを広げて、一斉にフォークやナイフをぬぐい始めたのである。社長夫人は、銀食器が十分清潔ではないのかと唖然とし、とても侮辱されたと感じて泣き出してしまった。中国人の賓客は、彼女がかくも動揺したことにショックを受けたが、何が彼女のそうした反応につながったか、まったくわからなかった。

　DFMCの経営幹部たちは、皆、シーヤンから来ていた。この沈滞した工場町では、衛生状態が控えめにいっても劣悪であった。彼らは、清潔さに気を配って、食事の前に箸と椀をハンカチでぬぐっていたし、汚れをすすぐための湯ももっていたのである。シトロエンの社長宅でも、彼らは、自らの食事前の習慣に従った。少なくとも、消毒作業を完成させるためにボウル1杯の湯を要求したりはしなかった。もしそうしていたら、合弁事業は直ちに打ち切りになっただろう。つまりDFMCは、IPOと外国の習慣の双方について、知的支援を必要としていたのだ。

　JPモルガンは、DFMCのアメリカ上場という案件を獲得したが、この会社を外国投資家に理解され受け入れられるようなかたちに再構築するという仕事に直面することになった。これは、気持ちを萎えさせるような複雑な仕事であった。まず、合弁の新たな株式会社を設立する必要があった。そのうえで、どの資産を新会社に譲渡し、どの資産を譲渡しないかを決定しなくてはならなかった。いうまでもなく新会社は収益をあげねばならないが、そのことは、収益につながらない工場町の社会サービスを排除し、多くの労働者を失職させることを意味した。新会社を収益体質にすることは、町の倒産につながることが明らかであった。社会サービスをどうやってまかなうのか？　解雇された労働者に誰が給料を支払うのか？　新会社は、自社の労働者とその家族の医療扶助や退職給付のため、どうやって、どれだけ支払うのか？　私たちはこうした問題に答える必要があった。

もう一つの問題は財務会計であった。通常の財務書類や伝票のような必要書類のほとんどはつくられたことがなかった。存在していたものも、市場で使うには不完全な形態であった。所定の財務書類は最低限3年分さかのぼってつくらなければならず、時にはほとんどゼロからつくらねばならないこともあった。これには、膨大な数の会計士、法律家、銀行員が必要であり、準備作業のために多大な時間と集中的な労力の投入が必要だった。

当時のJPモルガンの顧客向け銀行業務は、国ごとの縦割りとなっており、職員の報酬は、自分の獲得した案件の執行に応じて支払われることになっていた。取引の執行のほとんどは、商品営業グループが資本市場で顧客に証券を販売することによって行われており、その証券がどの国で発行されたかには関係がなかった。当然ながら、商品営業グループは、必要のない限り、むずかしい案件を執行したがらなかった。労働集約的な中国案件は、顧客に向き合う銀行員にとっては優先度が高くとも、商品営業グループにとっては、通例、優先度が低かった。商品営業に携わる職員は、韓国やインドネシアのような伝統的市場経済からの単純な取引を執行したがった。こうした国の企業は、あまり手間をかけずとも上場できるような組織になっていた。

私は、JPモルガンが中国市場で発展するためには、中国専担の商品営業チームが必要だと考えるようになった。いまはそうしたチームの組成を正当化するだけの事業規模がないとしても、もっと多くの中国事業を執行し始めれば、専担チームへのニーズが拡大するだろう。初期投資なしに事業規模を得ることはできない。この提案は早すぎたのだろう。あるいはJPモルガンは、バルジ・ブラケット銀行と称することができるようになるまでは、競争力が十分でなかったのかもしれない。いずれにせよ、JPモルガンは中国事業にどう取り組むかという絵を描いていないようだった。JPモルガンは、1997〜1998年のアジア金融危機に際し、香港の資本市場事業を閉鎖した。それは私の離任の1年あまり後だった。

中国市場はたしかにむずかしかった。筋のよい顧客は数少ないし、競争は過酷であった。案件を獲得するまでの過程はあいまいであり、チームの能力

や努力よりも、コネによることがしばしばであった。つまり、裏の見返りである。私は、仕事の2割が金融工学で8割が政治工学だと感じた。激戦の末勝ち取った案件について、執行できなかったり、IPOのチャンスを失うほど執行が遅かったりすることに、不満をもっていた。DFMCは2005年にどうにか株式上場を果たしたけれども、IPOでは問題が起きた。私は懸命に働き、役員に昇進もした。しかし、ますます自分の仕事を嫌いになり、昇進後の肩書と仕事が個人としての投資に値しないと感じるようになった。転職すべき時機であったが、JPモルガンを離れる前には、次に何をするかという見込みをつけておかねばならなかった。

＊　　＊　　＊

1997年の9月半ば、私はダン・キャロルと香港で朝食をともにした。キャロルは、背が高くスポーツマンタイプで、満面の笑みを浮かべて、しっかりと誠実に握手をした。彼の印象は、友好的で好ましいものだった。

キャロルは、プライベート・エクイティ業務を営むニューブリッジ・キャピタル社のパートナーであった。彼は36歳であったが、プライベート・エクイティ業界ですでに12年以上働いており、最近ではテキサス・パシフィック・グループ（TPG）という企業にいた。ニューブリッジは、デイビッド・ボンダーマンの経営するTPGとサンフランシスコを本拠とするディック・ブルームという有名なアメリカ投資家との合弁ベンチャーであった。ニューブリッジは、資本金1億ドルの中国向けファンドとして設立されたが、その後拡張され、アジア全体の案件をカバーするようになった。キャロルの共同経営者が最近離職したので、ニューブリッジはそのかわりを探していたのだ。

私は、プライベート・エクイティ業務にかかわりをもつようになった時点で、その仕事が何と呼ばれるかさえ知らなかった。私がJPモルガンに入社した直後、上司であるタッド・ベザックに呼ばれ、中国のベンチャー企業ASIMCOへの投資の将来性について、同行のニューヨークのバイス・プレ

ジデントが教えてもらいたがっているといわれた。ベザックは、中国について知識がありそうな私に、この件を調べさせたいと思ったのだ。

アメリカに本拠を置くASIMCOは、中国のさまざまな自動車部品メーカーと合弁を組むために設立された。同社は4億ドルの資金を調達することとしており、ウォール街は投資対象として強い関心をもっていた。私とJPモルガンのプリンシパル投資部門の同僚は、ASIMCOの役員とともに、中国で合弁パートナーとなることが予定される企業を調査するため旅行に出かけた。そのほとんどはNorinco（中国兵器工業集団有限公司）の傘下にあった。Norincoはもともと防衛関連の企業であったが、中国の各地でさまざまな事業を行っていた。私たちは、北京にあるNorincoの本社を訪ねた後、自動車部品メーカーを調べるために多くの省を旅行したところ、結果として、がっかりすることになった。私の印象では、ほぼすべての会社に問題があり、Norincoはその救済方法を見つけようとしていた。ASIMCOの提案する投資は、Norincoの観点からは完璧なソリューションのようだったが、その自動車部品メーカーへの投資でどうやって儲けるかが私には不明であった。私が自分の見方を要約した報告を書いた結果、JPモルガンは投資しなかった。

ASIMCOは、他の資金源からうまく資金を調達したが、結局はすべてを失うことになった。ASIMCOのアナリストを務めていたティム・クリソルドは、災害に近い同社の経験を描いた"Mr. China"という本を書いた。私はJPモルガンの弾除けを手伝ったようである。

私は、まだプライベート・エクイティ業務がよくわからないでいた。しかし、キャロルとの会合の数日後、ヘッドハンターから、ニューブリッジと私をとりもつ電話があった。彼らは、さらにインタビューするため、私をサンフランシスコに招こうとしていた。私は、キャロルを好きだったが、その企業を聞いたことがなく、そこで何をしたらよいのかもわからなかった。私は、仕事について知識を増やすためにわざわざサンフランシスコまで行く価値があると思わなかったが、門戸を開放したままにすることにした。つまり、ニューブリッジのパートナーが香港に来れば喜んで会うことにした。

1997年10月23日の火曜日、私は、家族と過ごすために休暇をとった。私と妻のビンは、香港のタイムズスクエアに買い物に出かけ、繁華街であるコーズウェイ・ベイにある高層モールに行った。モールの前の広場の上には、巨大なテレビスクリーンが設置されていた。その日コーズウェイ・ベイは、いつもより混雑しているようであり、大群衆がテレビスクリーンを見上げていた。私はスクリーンの下の端に流されている株価情報を見上げたが、どれも赤の表示であった。スクリーンの中央には、香港株式取引所の指標であるハンセン・インデックスの推移が表示されていた。ハンセンは、午前の終値ですでにほぼ10％に当たる1,000ポイントの下げとなっていた。1日の終わりまでには16％もの暴落となると思われた。

　この数カ月間、アジアの株式市場は厳しい状況にあった。7月にはタイの通貨バーツの切下げがあり、これを引き金として、インドネシアから韓国まで、アジア各国の通貨切下げの連鎖反応が起こった。投資家たちは、群れをなして市場から逃げ出していた。香港株式市場の暴落は、私たちが本格的な金融危機のなかにいることを意味していた。IPO、債券発行、事業拡張資金の調達等、どのようなかたちの資金調達であっても、実行できる企業がなくなり、JPモルガンのような銀行が資金調達に見合う手数料を得ることもできなくなるだろう。投資銀行にとって、アジアの資本市場は当分の間死んでいるのと同然になると予想された。

　10年後の2008年には、リーマン・ブラザーズの破綻と金融市場の崩壊に伴って、アメリカでも同様の光景がみられた。

　私は振り返ってビンをみた。彼女は、いつもなら株式市場にまったく関心をもっていなかったが、スクリーンを見上げていた。私は彼女に「ニューブリッジ・キャピタルに参加しようと思う」といった。

　彼女は、「ニューブリッジ・キャピタルって何」と聞いてきた。

　私は、プライベート・エクイティ業務について知る限りの説明をした。会社や資産に投資し、内容を改善したうえで、より高い値段で売るビジネスである。

彼女は、混乱したようすで「なぜ突然転職することにしたの」といった。

　「資本市場に長い冬がやってきて、投資銀行は凍えてしまうことになるだろう。証券のセルサイドにいても、あまりやることはない。バイサイドに移るべきときだ」と私は答えた。

　投資銀行業はセルサイドであるとみられており、顧客が投資家から資本を調達するにあたって自らを売り込むのを助けたり、顧客に金融商品やサービスを売ったりしている。これとは対照的に、プライベート・エクイティはバイサイドである。資産や事業を直接取得し、再生させる事業である。アジア市場が好況であれば、資産や有価証券の販売が容易なので、セルサイドにいることはよいことだ。しかしいったん市場が崩壊すれば、バイサイドのほうが魅力的になる。アジア金融危機は激しい経済的苦痛を伴うが、ニューブリッジ・キャピタルのような投資家にはめったにない好機であった。私はたちまち、ニューブリッジで仕事ができる機会に関心をもち、魅力的だと思うようになった。

　数カ月後、私は、ニューブリッジの共同経営者であるディック・ブルームおよびデイビッド・ボンダーマンと香港で会った。ブルームとは以前に会ったことがあったが、ボンダーマンについては、評判は聞いていたものの、会ったのはこのときが初めてだった。二人とも背が高く堂々としており、友好的で気取らない態度だった。私たちは、軽いジョークを交えながら、リラックスして話をした。私は、中国によい投資機会があると思っていたものの、主に同市場のむずかしさや外国投資家にとってのリスクについて話をした。彼らは、ニューブリッジの対中投資のほとんどで、すでにこうした困難に取り組んでいたので、すべてを知っていた。

　そのすぐ後、ニューブリッジは、私に仕事をオファーしてきた。現金報酬は投資銀行でもらっていたほどではなかったが、投資銀行での仕事にまったく関心をなくしていたし、どんな慰留の申出があっても説得される気はなかった。また、ニューブリッジのオファーには、キャリード・インタレストとして知られる利益シェアリングが含まれていた。もし取引がかなりの利益

を投資家にもたらした場合には、その利益の一定割合をパートナーに配分するというものであった。これはたしかに魅力的であったが、もし対象企業が投資家に利益をもたらさなければ、自分も配分を受けられないというリスクを伴うものであった。

　キャロルは、私をサンフランシスコに招待してくれた。ブルームの個人企業リチャード・C・ブルーム＆アソシエイツと TPG がここに本拠を置いていた。私は、クリスマスの1週間前にサンフランシスコに到着した。次の日には、TPG の役職員と会った後、キャロルに素敵なシーフード・レストランへ連れて行ってもらった。メニューには蒸した蟹があった。ビジネスの会食では食べるのに手間のかかるものを注文しないことが決まりだと知っていたが、私は頼みたい誘惑にかられたし、ナイスガイのキャロルはそんなことを気にしないようだった。このため、私は蟹の脚を開けるときに甲羅で手を切らないよう集中しながら、最後のインタビューを受けることになった。

　私は夕食後、ニューブリッジのパートナーとして署名し、新年から働き始めることに合意した。

　ニューブリッジに参加してしばらくすると、新しい同僚のポール・チェンがボンダーマンと話したことを教えてくれた。私に対するインタビューの後で、チェンがボンダーマンにどう思うか尋ねたところ、「この人はプライベート・エクイティ業務がどんなものか全然わかっていません」と答えたとのことだった。

　もちろん、ボンダーマンは正しかった。数年後、「なぜ全然わかっていないと思ったのに私を雇ったのですか」と尋ねてみたところ、「人柄ですよ。それに、学ぶことができると思いましたよ」という答えであった。

　彼の考えは正しかったが、私には学ぶべきことがたくさんあった。

第2章

プロジェクト・セーフ

　ニューヨーク市の秋の天候は快適で温和だった。私は、ニューブリッジの同僚であるダン・キャロルと、朝8時にスタンホープホテルから歩いて出た。私の顔にあたる陽光は明るく暖かった。私たちの車は路側で待機していた。その後ろにある5番街はいつものラッシュアワーで混雑していた。

　1998年9月のことであった。ニューブリッジは二つ目のファンドを立ち上げるところであり、私たちは、さまざまな投資家候補を訪問するため、ニューヨークにいた。

　車のなかで、香港事務所から夜間に受け取ったファックスの束を開いた。うち1通は、同僚のポール・チェンからだった。これには、韓国で破綻し国有化された二つの銀行の譲渡に関する概要が記されていた。この概要書は、投資銀行業界でティーザーと呼ばれるものである。チェンの説明によれば、韓国政府は投資銀行のモルガン・スタンレーをフィナンシャル・アドバイザーに選定し、両行の経営権を譲渡する入札を実施するとのことであった。

　韓国は、アジア金融危機により激しい打撃を受けていた。1997年末、韓国は政府債務の支払不履行の瀬戸際にあった。資金流出が進み、12月の外貨準備は89億ドルしかなかった。これでは、当時の資金流出の勢いからすると、

1〜2週間もたせるのがやっとだった。株式市場は49％の暴落を示し、韓国の通貨ウォンは対米ドルで65.9％減価していた。この国は、対外債務不履行に近づいており、市民に対して、金製の宝飾を中央銀行に売り、外貨準備の足しにするよう勧奨していた。

　この危機は、OECD（経済協力開発機構）に前年の1996年に加入した誇り高き国にとって、屈辱的な経験となった。韓国は、アジアでは日本に次いで二番目に、富裕な先進国のクラブ組織であるOECDに加入したばかりであった。1997年まで、韓国はアジアにおける注目すべきサクセスストーリーの一つであった。韓国は、いわゆる"アジアの奇跡"の典型であり、かつては戦争で荒廃し援助に依存していたのに、いまや輸出志向の高度成長国へ変貌していた。アジア金融危機は、30〜40年にわたるこうした努力を拭い去り、4,600万人の市民を金融上の破滅に追いやった。

　韓国の成功の一因は銀行システムにあった。銀行は、自動車、金属、鉄鋼、造船、石油化学等の"チェボル"（財閥）に資金を流し、発展の足がかりとしていた。チェボルは、韓国特有の複合企業であり、富裕な同族により支配されていた。韓国政府はチェボルを優遇していた。表面的には、チェボルが国民経済に利益をもたらし続けてくれるよう望んでいることを理由としていた。しかし、政府の優遇に伴うリスクも存在していた。

　銀行は、ビジネス上の判断ではなく、政治的・個人的縁故に基づいて政府の決めた判断に基づき、優先して資金を貸した。輸出志向の企業は、国内市場に焦点を当てた企業よりも、与信を受けやすく借入れコストも低かった。これに伴い、海外での製品販売に大成功していたヒョンデ（現代）やサムスン（三星）のようなチェボルは、レバレッジの使用、つまり借入れをすることができ、国内市場における保護を享受しながら拡大することができた。その結果、チェボルのレバレッジは高く、少数の企業に対する銀行のリスク蓄積はほとんど規制されなかった。単一の借り手に自己資本の45％に当たる金額を貸している銀行もあった。韓国の会計基準では、利払いさえしていれば、元本返済の見込みがまったくなくとも正常な借り手だとされていた。

すべての銀行は、1961年のチョンヒ・パク大統領の就任時に国有化され、1980年代中葉になってはじめて、名目的に民営に戻された。それでもなお銀行は、民間企業ではなく国の発展のツールという面が大きいとされていた。この結果、銀行の収益性は極度に低かった。マッキンゼーのレポートによれば、ROA（資産に対する収益の比率）でみた韓国の銀行の収益性は、世界の有力銀行の10分の1にすぎなかった。あるアナリストの記述によれば、「弱体になるように経営されている」のであった。

　さらに、韓国の経済的成功は、外国からの借入れに依存していた。世界銀行の分析によれば、もし韓国が国内貯蓄だけに依存していたとすると、1962年から1982年の間8.2%であった成長率は4.9%にすぎなくなってしまうとのことであった。1997年の末、外国の貸し手が貸出を引き揚げると、韓国は厳しい流動性危機に直面した。ある分析によれば、韓国の銀行の対外借入れの61%は短期物であり、これらの短期資金は、借り手であるチェボルにより長期プロジェクトに投資されていた。チェボルは、こうした貸出は毎年ロールオーバーされるものと考えていたのである。

　1997年中には、ハンボスティール（韓宝鉄鋼）を含む七つのチェボルが倒産するか銀行支援による返済猶予を求めるかになっていた。この結果、韓国に対する外国の貸し手は恐慌に陥り、短期貸出のロールオーバーにいっそう消極的になった。韓国政府は、政府保証を付していた海外資金の返済のために、なけなしの外貨準備を使った。

　1997年11月ソウル政府は、IMF（国際通貨基金）と世界銀行に助けを求めた。12月の初め、交渉の結果、580億ドルにのぼる史上最大の救済パッケージが合意された。しかし、それでも引潮を止めるには足りなかった。1997年12月18日付の韓国銀行の内部調査によれば、12月31日における外貨準備は6億ドルのマイナスと9億ドルのプラスの間のどこかだということであった。エコノミストのキファン・キム（金奇奐）によれば、「合意締結後2週間のうちに、外国の貸し手がさらに資金の引出しを早め、国家的デフォルトに追い込まれても不思議はない」とのことであった。

結局、外国の銀行は、金利の大幅引上げと引き換えに貸出の返済期限を延長した。IMF の救済パッケージには緊縮財政とリストラ等の厳格な条件が付されていた。そのなかには、二つの破綻銀行である韓国第一銀行とソウル銀行を外国投資家に譲渡すべきことが含まれていた。表明されてはいなかったが、これらの銀行を外国の買い手に譲渡する理由は、韓国の銀行にクレジット・カルチャーを持ち込むことにあった。かつての貸出は、債務者の信用力とは関係なく、政府の政策や個人的関係に基づいて実行されていた。二つの銀行を譲渡する目的は、資本が必要だからということだけではなかった。危機に際して韓国の銀行を改革するためであった。

＊　　　＊　　　＊

　私は、ニューヨークの晴れた朝、車のなかで、韓国第一銀行とソウル銀行のティーザーを読んだ。「韓国政府は、普通株の新規発行により銀行の50.1％以上の議決権を購入する国際的商業銀行を探している」とされていた。どちらも、顧客数、支店網、預貸における市場シェアの面で、韓国のなかで最大級の銀行であった。両行では膨大な額の貸出が回収不能となっていた。ティーザーによれば、両行には、総貸出の25％に当たるとみられる不良貸出があった。これは仰天するような数字であり、通常は総資産額の５％である銀行の自己資本額よりはるかに大きい。25％もの貸出が回収不能ということは、両行とも自己資本額の何倍もの債務超過ということになる。

　不良貸出によって生ずる資本の穴に資金を投入する外国の投資家はいないとみられた。韓国政府は、外国投資家を誘致するため、その穴をほぼ埋めるに足る資金を自ら投入することを申し出た。その取引条件は次のとおりである。

　　韓国政府は潜在投資家のために支援パッケージを用意した。……これは、貸出と有価証券の双方について、現存し、あるいは今後生ずる資産価値の低下に対する保全手段を提供するものである。保全の方法として、貸出では償却額の償還、有価証券では政府保証を行うこととする。

モルガン・スタンレーは、韓国政府のフィナンシャル・アドバイザーとして、潜在投資家を見つけ、政府が彼らと取引できるようにする任務を負っていた。勧誘書には「国際的商業銀行を求む」と特記されていたにもかかわらず、プライベート・エクイティ投資家であるニューブリッジも招かれた。関心のある投資家が十分集まらないことをおそれ、モルガン・スタンレーが網を広げていることは明らかだった。

　「その国が経験した最悪の経済危機のさなかに、破綻した経済の破綻した銀行を買う者がいるだろうか」という疑問を私は述べた。

　キャロルはより考え深かった、「ボンドーに尋ねなければならない。銀行の取引方法をわかっているとしたら彼だ」。

　ニューブリッジの共同会長であるデイビッド・ボンダーマンは、破綻銀行の取引の経験があった。10年ほど前にロバート・M・バス・グループのチーフ・インベストメント・オフィサーをしていたとき、アメリカの貯蓄貸付組合（S&L）危機のなかで、当時債務超過に陥っていたアメリカン・セイビングズ・バンク（ASB）を買収し、株式会社として再生する事業を担当した。バス社は、政府の支援する取引の一環として、アメリカ第2位の大規模貯蓄貸付組合であったASBの経営権を獲得した。この取引において政府は、破綻銀行をすでに接収していた売り手であり、買収者が経営権を譲り受ける前からあった資産から生ずる損失を支払うことで、レガシー資産のリスクを引き受けていた。銀行を再生した後、バス社はそれを売却し、投資した資金の何倍ものリターンをもたらした。

　ボンダーマンは、他の投資家が避ける事業に投資する逆張り投資家として知られていた。彼はたまたま、翌月に韓国を訪問する予定であった。

　チェンは数日後、ボンダーマンと彼の共同パートナーであるディック・ブルームにメモを送り、ティーザーに書かれた情報のあらましと、取引を行った場合のメリットとデメリットの簡単な整理を報告した。

　ボンダーマンは、いつものようにすばやく、ファックスで次のように返答してきた。

韓国政府が現在の提案以上の保全措置を講じなければ投資機会が存在しないという意味で、貴方のメモは正確にポイントを突いています。一方で、破綻銀行を巡る過去の取引をみると、十分な保全があって底値で買うことができれば、絶好の儲けのチャンスとなっています。したがって、この案件には、関与し、状況をよくフォローしていく値打ちがあると思います。

　アジアは、本格的な金融危機のさなかにあった。各国の経済から資金が流出し、パニックが生じていた。一時は、インドネシアのルピーが対米ドルで86％下落した。また、タイ、韓国、マレーシアおよびフィリピンでは、通貨が40〜60％減価し、ドル建てでみた株価が75％の損失を被った。1998年のGDPは、インドネシア、マレーシア、韓国、タイの平均で11％の縮小となった。韓国の国民経済は7.8％の低下となった。何百万人もの人々が失業し、膨大な数の企業が破綻した。

＊　　＊　　＊

　中国は、アジアで蔓延していた金融危機から、比較的隔離されていた。中国からは資本逃避がなかった。これは主に、外国からの借入れが制限され、人民元の交換も自由でなかったからである。中国の個人や企業は、資金を国外や外貨に移すことが容易でなかった。中国は比較的安定していたが、他のアジア諸国では資産価格が崩壊していた。この結果、投資家からすれば、中国がアジアで最も高くつく市場となった。これはニューブリッジにとってよい知らせではなかった。中国に焦点を当てたファンドを立ち上げ、低く評価されている中国企業を買収して再生させるビジネスに取りかかっていたからだ。中国における投資機会がまれになったので、私たちは、韓国からインドネシアまでの他のアジア諸国に目を向け、投資すべきよい事業を探すことにした。キャロルと私がニューヨークで資金集めをしていたファンドは、アジアワイドのものであり、中国に投資先を限定していなかった。韓国の破綻銀行は有望な投資先だと思われた。

1998年10月9日、ボンダーマンと私はソウルに到着した。私たちは、そこでFSC（韓国金融監督委員会）の委員長であるホンジェ・イ（李憲宰）氏と会った。この官庁は、韓国の金融部門を立て直すという使命をもって新規に設立された規制当局である。このミーティングは、ヨイド（汝矣島）にあるFSCの事務所で行われた。ヨイドはソウルの中心を流れるハン川（漢江）のなかの島にあり、そこには韓国の国会や多くの政府機関が置かれていた。

イ委員長は、眼鏡をかけており、真面目で考え深く、信念をもった人であることがわかった。彼は、ボストン大学とハーバード大学で、経営学修士（MBA）の学歴をもっていた。彼は、韓国なまりの英語を話した。彼の部下とモルガン・スタンレーの担当チームのメンバーが同席していた。

自己紹介の後、ボンダーマンは、ASBに投資した際の成功経験について話をした。彼は、ASBの取引に際して用いたグッドバンク／バッドバンクの枠組みを解説した。これは、銀行の優良資産と不良資産を二つの異なる法人に分離するものである。新規の投資家はグッドバンクに投資する一方、政府の所有するバッドバンクはレガシーである不良資産の清算に焦点を当てることになる。モルガン・スタンレーが韓国政府のために行った提案では、これと大差はないが、政府が投資家に不良資産の保全措置を提供することとされていた。ボンダーマンのモデルでは、優良資産を保有するグッドバンクを創設し、通常の銀行業務の実施に集中させる。グッドバンクは、不良レガシー貸出に悩まされることがないので、成長を再開することができる。

イ氏は注意深く聴き、彼の補佐官が記録をとった。彼が確認のために行ったいくつかの質問を聞くと、頭の回転が速くキーポイントを理解していることがわかった。ボンダーマンは、締めくくりとして、二つの条件のもとで提案を出すことを考えているといった。第一の条件は、当然ながら、韓国政府は、商業銀行からの応募を望む旨の表明にかかわらず、ニューブリッジからの提案を検討対象とすることだった。第二の条件は、モルガン・スタンレーのガイドラインに完全には適合しない提案であっても、検討の対象とするということだった。モルガン・スタンレーは、銀行に内在していた損失や不良

貸出のリスクに対し韓国政府が保全措置を講ずるとしていたが、私たちは、それは不適当であり、より頑健な保全措置を望んでいた。

イ氏は慎重だった。これはニューブリッジについて聞いたことがないことによるのかもしれないと私は思った。彼は私たちをみて、「かつて韓国最大だった銀行を買収するに足る資本がありますか」と尋ねた。

私は、あれこれ説明せず、「資本は制約条件になりません」と回答した。

ニューブリッジの第一号ファンドは1億ドル弱の資本を調達し、すでにすべてを投資に回していた。私たちの第二の投資ビークルであるニューブリッジ第二号ファンドは、4億ドルを目標として投資資金を募集中であった。債務超過に陥る前の韓国第一銀行とソウル銀行は、各々400億ドル程度の資産規模であった。たとえ規模を縮小したとしても、政府が不良債権を除去した後で資本を再構築するためには、各々約10億ドルが必要とみられた。

しかし、私の考えでは、十分によい取引であれば、必要資金を調達することに問題がなかった。一方、十分によい取引でなければ、いずれにせよ、私たちは1ペニーも投資してもらえなかった。私は、資本が制約条件にはならないことに確信をもっていた。すべては、交渉でどんな取引を引き出すかにかかっていた。

イ氏は、私たちの訪問に謝意を述べ、提案を出すよう求めた。

私は、ソウルの雰囲気は陰鬱だと思った。私たちの会った会社はすべて、資本を調達しようとしていた。経済全体がひどく負債漬けになっているなかでは、理解できることであった。

金融危機は、韓国株式会社にとって特に厳しいものとなった。高度成長期の企業は、借入れの返済期限が来るたびにロールオーバーや期限延長を行うことが決まりになっていた。しかし、いまや銀行自身が資金繰りに困るようになったので、貸出のロールオーバーが行われなくなった。多くの韓国企業は、これによって打撃を被り、倒産して従業員を解雇することになった。企業の倒産により、銀行はさらなる打撃を受け、より多くの問題貸出の重荷を背負うことになった。この悪循環が続いていた。

企業の負債資本比率は、アメリカ企業の平均では70％であったのに、韓国企業の平均では300％以上であった。大規模なチェボルでは、驚くべきことに平均500％であった。これは、資本金100ドルの企業が500ドルの負債を負っているということである。1998年末、韓国のトップ30のチェボルは、倒産しているかその寸前にあるかであった。

　韓国は、IMFと交渉して580億ドルの救済パッケージを決めたが、これは直ちに経済の苦痛を癒してくれるものではなかった。また、救済パッケージに伴う厳格な条件は、韓国の世論では不評であった。皮肉なことに、多くの人がIMFによって痛めつけられたと不満を述べた。他の地域でアジア金融危機と呼ばれた事態は、韓国では一般的にIMF危機と呼ばれるようになった。これはあたかも、医者が苦い薬で患者を救ったのに、患者が病気になったのは医者や薬のせいだと非難するようなものだった。IMFの支援にもかかわらず、韓国はさらなる外国資本の受入れを是非とも必要としていた。危機が発生する前、韓国はFDI（対内直接投資）に対し最も閉鎖的な市場の一つであった。韓国政府は、自らの育成した産業に外国から参入してくることをおそれ、FDIよりも貸出を好んだ。貸出のほうがお気に入りの産業や企業に資金を配分しやすいからだ。危機と資本不足対応に迫られた結果、韓国政府は、外資による企業所有の限度を撤廃することにした。金融危機の際よくあるように、外国資本が出口に向かって殺到していたときに、韓国政府はFDIに門戸を開放したのだ。これは、私たちにとってビジネス・チャンスとなった。

　ソウル訪問後、私たちは、この取引に継続して取り組む見込みがあると判断した。私たちは、ASBにおける取引の構造をモデル化し、投資家への提案書であるタームシートをまとめた。この提案における財務や法律面の複雑な問題に対処するためには投資銀行と法律事務所の助けが必要だった。このためボンダーマンは、ニューヨークに本拠を置くリーマン・ブラザーズの金融機関グループと、クリアリー・ゴットリーブ・ステーン＆ハミルトン法律事務所に打診した。両社はASB案件で仕事をしており、取引の構造や条件

になじみがあった。

　リーマンは、フィル・アーランガー、マイケル・オハンロン、デイビッド・キム等の経験のある銀行員のグループを組成した。クリアリーのチームには、ASB の取引で仕事をしたマイケル・ライアンとリンダ・マトラックがいた。私も、ジホン・キム（金地鴻）博士にアドバイザーになってもらった。彼はソウルのハニャン（漢陽）大学の教授で、バークレー校の PhD 課程の同級生だった。彼は韓国の最高学府であるソウル大学を卒業し、ハーバード大学で MBA を取得した。彼は、この国と FSC のイ委員長をはじめとする主要プレイヤーについてよく知っていた。

　いつものことだが、私たちは、この投資提案に守秘と内部で使用するためのコードネームを設定し、プロジェクト・セーフ（Project Safe）とした。セーフは、リスクから保全されるという銀行のあるべきかたちを示す形容詞と、金庫のように安全な箱という名詞の二つの意味をもっていた。

　1998年10月15日には、譲渡される二つの銀行のうち1行への投資に関するタームシートの第1稿を作成した。韓国政府がすべての不良貸出と不良資産を貸借対照表から除去してグッドバンクをつくり、不良資産の除去で生じた穴を政府が発行する利付きの借入証書で埋めるよう要求することを主要な条件としていた。この政府債務証書を私たちは IOU と呼んでいた。ニューブリッジと韓国政府は、銀行規制の要求する最低水準まで資本を増強するため、共同して出資することになる。ニューブリッジの持分は51％であり、韓国政府は残る49％を所有する。ニューブリッジはグッドバンクの経営権を全部取得する。私たちは、営業譲渡後に残存する不良貸出を発見した場合、それを売却する権利を有する。すなわち、政府に簿価（1ドルにつき100セント）に経過利息を加えた価格で売ることができる。

　モルガン・スタンレーの提案では、韓国政府は、営業譲渡終了前に不良資産をグッドバンクの貸借対照表から除去するが、その後は引き継がれた貸出の償却に対して80％しか支払わないとされていた。私たちは、100％が適切だと考え、提案した。私たちは船と貨物を買いたかったが、それには傷物の

荷物が除かれていることが前提となる。もともとの貨物のなかに後で傷物が発見された場合には、売り手が引き取って買い手に簿価を支払うということでなければ、投資は成り立たない。さもなければ、未知の深淵に金銭を沈める危険を冒すことになる。

　私たちの提案する取引の構造は、ASB の取引をモデルとしており、韓国の特殊性に応じて多くの条項を補正しなければならなかった。ボンダーマンに ASB の取引について質問すると、「詳しいことについて記憶はあいまいです。リーマンとクリアリーの人たちに確認してください」という答えだった。しかし、ボンダーマンが条項をよく記憶していることは、すぐ明らかになった。関連する思考プロセスについても誰よりもよく覚えていたので、私たちは、見落としをしないようにするため、彼に繰り返し確認することになった。

　私たちと違い、ボンダーマンは電子メールを使わなかった。彼とはファックスか電話でやりとりするしかなかった。彼は、どこにいても、メモを読むとすぐに、テキサスのフォートワースにいる秘書に電話で口述し、回答してきた。業務時間後であれば、テープレコーダーに彼の声を録音し、秘書がそれを受け取り次第書き起こして、メッセージをファックスしてきた。いまにしてみれば、彼のやり方がこのように古臭かったことは幸運であった。おかげで、この本で取引を再現する際、決定的に重要な物理的メモの山を集めることができたからだ。ボンダーマンが現代社会に追いつくには時間がかかった。10年後、彼と私は一緒に北京の夏のオリンピックへ行った。ある日私たちは、大きくて混雑した競技場のなかで、数列離れて観戦していた。イベントが終わる前に、彼から「ゲートで会いましょう疑問符」というテキストメッセージがきた。彼は、ノキアの携帯電話機で“？”をタイプする方法がわからなかったので、綴りを書き出したのだった。

　私たちは、部内で1週間以上の文書化作業をした後、やっとモルガン・スタンレーにタームシートを送った。私たちの提案では、二つの銀行のうちどちらを取得するかを特定していなかった。どちらにするべきかに関する十分

な情報がなかったからだが、私たちの提案した取引の構造は、韓国第一銀行とソウル銀行のどちらでも当てはまった。

このタームシートは、ソウルでのミーティングに際し、イ委員長と議論したグッドバンク／バッドバンクのモデルに沿ったものだった。グッドバンクは、銀行の稼働貸出と資産、設備、支店、預金について、実質的にすべてを保有する。またグッドバンクは、後日発見した不良貸出を韓国政府に売却するプット・オプションの実行権を有する（私たちの所有になってからの新しい貸出はプット権の対象から外れる）。すべての不稼働貸出（NPL）は、韓国政府の所有するバッドバンクに譲渡される。

カバーレターでは提案のメリットを強調した。グッドバンクについては、レガシーの不良貸出から解放されることで、次のような利点があるとした。

　　　預金の安全性に関する公衆の心配を軽減することにより、新規の預金を集めやすくし、銀行の資金調達コストを引き下げます。再構築によって銀行の破綻リスクは劇的に削減され、韓国政府が金融部門の改革に真剣に取り組んでいることを国際社会に示す強力なシグナルとなります。このプロジェクトの成功は、韓国の金融システムに対する国内外の信認を回復するうえで決定的に重要です。韓国政府は、グッドバンクの持分を49％もつことによって、私たちが銀行を再生した際の値上り益に与ることができます。これによって銀行部門の改革のコスト全般を相殺することになります。

私たちの提案に対する韓国政府の検討において、最後のポイントがどれほど大きな影響を与えたか、私はかなり後まで気づかなかった。韓国政府は、これらの銀行を救うため、すでに各々1.5兆ウォン（約11億2,500万ドル）を投入しており、より多くの貸出が不良化するにつれ、その何倍もの金額を投入せねばならないと予想されていた。韓国政府としては、できる限り納税者の金を取り戻したいという強い願いをもっていた。再生による値上り益に与る機会があることには訴求力があると考える担当官が多かった。もちろん、私たちが唯一の入札者というわけではなかった。FSCのチームは、シティ

バンクと HSBC という二つの戦略的投資家とも交渉していた。どちらも有力な国際的銀行で、ティーザーの要件にぴったりであり、買収者候補としてはニューブリッジよりも好ましいとみられた。FSC のイ委員長は、2012年の回顧録（私は英語訳で韓国第一銀行の関連部分を読んだだけだ）で、次のように振り返っている。「政府としては、先進的経営手法を学べるのではないかと考えて HSBC と取引したかった。韓国の銀行を世界最高の銀行に譲渡すれば、わが国の政府格付けによい影響があるだろうとも考えた」。

　ほぼ3週間後まで私たちが韓国政府に呼ばれなかった理由は、主要銀行のほうが好ましいと考えられていたことにあったのだろう。それは、銀行自らの定めた取引申出の期限である11月15日のちょうど前の日だった。

　同僚のチェンは、次のように書いてきた。「プロジェクト・セーフの近況報告です。今日モルガン・スタンレーと話をし、私たちのタームシートの論点について確認しました。モルガンとしては、私たちの提案は、政府のものとは異なるものの、適切だという意見でした。特に、値上り益を得る可能性が韓国政府にあることは、銀行改革のコストを削減する助けになるとのことでした」。

　一方私は、当方のアドバイザーであるジホン・キムから、次のような手書きメモを受け取った。「韓国政府と FSC は、（ニューブリッジのような）金融的投資家よりも戦略的投資家のほうが好ましいと考えています。FSC は、世界的に名の知れた銀行を韓国に誘致することによるアナウンスメント効果を考えています。ニューブリッジが主要銀行と連合を組めば、好ましい候補としてもらえるものと確信しています」。

　ニューブリッジのリミテッド・パートナーである投資家のなかには、GE キャピタル、バンク・オブ・アメリカ、メリル・リンチ、メットライフ等の優良金融機関がいた。私たちとしては、有利な取引ができるならば、彼らのうち1社を共同投資者として誘い込むことができるかもしれないが、その役割は戦略的ではなく、金融的投資家にとどまると考えていた。金融危機のさなかに破綻銀行に対する戦略的投資を実行する意欲のある大銀行はほとんど

なかった。それでも、主要な金融機関の参加は、たとえそれがニューブリッジ主導の取引における従属的な共同投資家という立場であったとしても、韓国政府にとって価値のある「アナウンスメント効果」を交渉に持ち込むことになった。

　私はジホンを呼んで、バンク・オブ・アメリカ（BofA）に働きかけてみると話した。BofA のプリンシパル・インベストメント（自己勘定投資）部門はニューブリッジ・キャピタルに投資していた。ブルームの会社は、1980年代の S&L 危機の時期、BofA の主力投資家になっており、それはボンダーマンによる ASB の再生とともに、私たちの組織が銀行再生に専門性をもつ証拠になりえた。もし私たちが BofA の自己勘定投資部門を共同投資家として引き込むことができれば、韓国政府からみて、私たちがより魅力的になるだろうと思った。

　当初、私の考えはうまくいった。1998年11月23日、ジホン・キムは、FSCの当初の反応について、BofA を共同投資家とする可能性があることに喜んでいると知らせてきた。ニューブリッジがモルガン・スタンレー経由ではなく直接にやりとりするよう FSC が望んでいることもはっきりした。このことは私の注意をひいた。私は、韓国政府が自らのフィナンシャル・アドバイザーをなぜ迂回しようとするのか不思議だった。

　FSC の他の相手との交渉がうまくいっていないか、モルガン・スタンレーに対する信頼感をなくしている兆しだろうと私は推測した。それは、ニューブリッジが、自らの理解している以上に取引の獲得に近い場所にいるかもしれないということを意味した。

　しかし翌日には、ジホンから別の知らせがきた。BofA が窮境にある韓国の別の銀行、コラム（韓美）銀行に出資しているため、FSC が問題にしているということだった。私たちは、かわりに GE キャピタルにアプローチすることにした。同社は、アメリカ産業の巨人の投資部門であり、香港事務所を通じ、私たちのリミテッド・パートナーになっていた。GE キャピタルは本件に関心をもった。私は直ちに FSC に知らせた。彼らは喜んでいるようで

あり、私たちに都合のつく最も早いタイミングで会いたいと招いてきた。

＊　　　＊　　　＊

　最初にモルガン・スタンレーの招待状をみてから3カ月弱が過ぎ、FSCとの交渉は真剣なものになってきているようだった。1998年12月11日、私たちはFSCの本部で会った。私たちの側には、ニューブリッジのキャロル、チェン、アドバイザーのジホン・キムおよび私、リーマン・ブラザーズのフィル・アーランガーとデイビッド・キム、GEキャピタルのナンシー・クーという七人がいた。相手側は、FSCの金融再構築タスクフォースのドンス・チン（陳棟洙）局長、彼の補佐のソンフン・キム（金星勳）および他のFSC職員だった。

　チンは、49歳という年齢よりずっと若くみえ、色白、黒髪、眼鏡のために学者風にみえた。彼は、紳士的な振る舞いで、ソフトな話し方をしていた。彼の補佐のソンフン・キムは、30代後半のようだった。キム博士と呼ばれており、やはり学者タイプで、紳士的、我慢強く、きめ細かい人物のようだった。彼ら二人はよい交渉チームだった。

　私たちは、チンと彼のチームに対し、私たちの実績を説明した。私たちの投資家層、私たちの創業者がTPG、RCBA、ニューブリッジで主導してきた銀行を対象とする取引の実績等だ。その次に、グッドバンク／バッドバンクのモデルのメリットとタームシートの主要要素について説明した。チンは、私たちが提案した取引の構造を高く評価した。その主な理由は、韓国政府が値上り益のほとんど半分に与れることにあった。彼が本当にこの提案を気に入っていることがわかった。

　ミーティングが進むにつれ、プット・オプションが主な争点となった。これは、譲渡終了後に不良貸出を政府に移転する権利だった。プット権の行使期間はどれだけの長さにするのか？　政府が不良貸出の買取り義務を履行するときの価格はいくらにするのか？　モルガン・スタンレーから送られた文書によれば、韓国政府は、投資家が不良貸出を売り戻せる期間を3年間とす

るともともと考えていた。しかし、いまではFSCは考えを変え、プットが
1年間なら合意するとしていた。これに対し私たちは、少なくとも2年間は
有効であることが必要だと主張した。

　FSCは、投資家がプット権を行使した際、レガシー貸出による損失の
20%を負担することも求めていた。これは、私たちには受け入れられなかっ
た。ブラックホールの20%はやはりブラックホールだった。そのようなロ
ス・シェアリングをすれば、銀行に新たに投入する資本はすぐになくなって
しまいかねなかった。貸出に対するデューデリジェンス（買収対象企業の包
括的調査）は、通常の環境でもむずかしい。ましてや経済危機のもとではほ
とんど不可能だとみられた。ほぼすべての債務者が困窮しており、どの貸出
が将来不良化し、営業譲渡後に政府へ返還することになるかわからないから
だ。リスクはあまりに大きく、定量化できなかった。

　FSCチームは、私たちの考え方を不当とは考えなかったようだ。しかし
彼らは、グッドバンクが、基本的に無制限のプット権を与えられれば、問題
貸出先を再建しようという誘因をもたなくなってしまうだろうと考え、私た
ちの想定しているような調整手段に反対した。つまり彼らは、モラルハザー
ドをつくりだすことを懸念していた。銀行からすれば、問題貸出先を再建す
るために努力するより、損失を負担しないで問題貸出を取り除くほうがずっ
とたやすいからだ。私は政府の懸念はもっともだと考え、別の対処方法を見
つけたいと述べた。

　こうした意見の相違はあったものの、ミーティングはうまくいき、4時間
続いた。FSCが私たちに真剣に対応していることは明らかだった。ミーティ
ングを終えた後、私たちは近くの中華レストランに行って昼食をともにし
た。そこでは皆がソース焼きそばを気に入った。この料理は、中国語で
"ザージャンミェン（炒醤麺）"と呼ばれ、韓国語でも同様に発音される。私
は、これをよい兆しだと思った。少なくともこの料理に関しては、私たちの
間に良好な関係と相互理解があった。

第3章

ホワイトナイト

　当時は知らなかったが、FSC の新しい友人たちと私たちの交渉がうまく
いっているようにみえた理由の一つは、韓国政府と他の銀行の交渉が難航し
ていたことにあった。

　そのときの状況について、イ委員長は、後日の回顧録で以下のように書い
ている。

　　　市場は委縮していた。誰も銀行を買おうとしなかった。私は、モルガ
　　　ン・スタンレーの勧めに従って、40以上の銀行に打診した。シティバン
　　　クは韓国第一銀行の優良店舗100店を買う意向を示した。それでは残り
　　　を誰が買うのか？　関心をもつ唯一の銀行である HSBC は、神経質で
　　　あったが、傲慢でもあった。彼らはプット・オプションを要求したう
　　　え、「株式の100％を所有したい」と主張した。韓国政府は「少なくとも
　　　40％を留保せねばならない」と主張したが、HSBC は「20％以上は駄目
　　　だ」と主張していた。

　私たちの調べたところでは、HSBC は、韓国政府による20％の株式保有に
応ずるにあたっても条件を付けていた。HSBC は、当該20％の株式を銀行の
純資産見合いの価額で購入できるコール・オプションを求めていた。通常で

あれば、銀行は純資産に支配権プレミアムを上乗せして取引される。モルガン・スタンレーは、HSBC の提案を唯一信用できるものとして受諾するよう圧力をかけており、韓国政府は、そこからの出口を求めて必死になっていた。

　韓国政府は、ニューブリッジが受諾可能な提案をするよう期待していた。私たちは、韓国政府が関心を向けてくれれば、直ちに対応する用意があった。私たちはシティバンクと HSBC の提案を知らなかったが、韓国政府からは、49％の所有権をもつことができるという申出はより魅力的にみえていた。韓国の主要紙であるチュンアンイルボ（中央日報）の英語版が韓国政府の見方について数年後に書いた特別レポートでは、以下のように記されている。

　　　ニューブリッジのウェイジャン・シャンは、金融監督委員会を訪問し、韓国第一銀行の正常化プランに関する書類を提出した。「私たちは韓国政府の考え方を知っております。私たちは51％の株式を取得し、韓国政府は49％をとることになります」。シャン氏はこう委員会の担当官に述べた。ニューブリッジは韓国政府の気持ちを読んでいたのだ。

　実は、誰も韓国政府の考え方を教えてくれなかったし、私たちは千里眼ではなかった。しかし、韓国政府が世論に訴求できなければ、この取引が成り立たないことはわかっていた。莫大な納税者の金、すなわち5.1兆ウォン（42.5億ドル）が二つの銀行の救済に投入されてきたのだ。もし買収者が銀行の100％を取得したら、韓国政府は、どれだけ納税者の金を失ったかだけを国民に報告しなくてはならなくなる。その損失には、すでに銀行に投入した金額だけではなく、残存する不良債権を買い戻すためのコストも含まれることになる。国民は、銀行が再生すればどれだけの金を取り戻せるかを知りたがっていた。HSBC の取引では、そうした朗報の余地がほとんどなかった。

　私たちの提案では、韓国政府も、私たちと同格で、約半分の株式に投資を行うことができた。このことは、将来の利益の約半分を韓国政府および納税者が獲得できるということである。HSBC のような銀行が子会社の100％の

株式を支配したいということは理解できる。しかし、銀行の再生後に、政府保有株を市場価格で取得する優先権を投資家に与えるようなストラクチャーもつくれたのだ。そうすれば、双方の当事者が目的を達成できたろう。政治情勢がまったく明らかだったから、私たちは韓国政府に再生成功時の値上り益を与えないようなストラクチャーを考えたことがなかった。競争者がこの点に気づかなかったとは驚くべきことだった。

* * *

FSCとの会合後、ドンス・チンの補佐であるソンフン・キム博士がFSCにおける私たちの窓口になった。私は、投資の条件について議論するため、6日後の12月17日に彼と再び会い、夕食をともにした。場所は、私の泊まっていたソウル・ヒルトンの日本食レストランであった。アドバイザーのジホン・キムも参加した。キム博士は私たちの取引条件について質問し、私はその各々について趣旨を説明した。私は、そのいくつかに反対する理由を含め、彼の反応に耳を傾けた。この結果、私たちは溝をかなり狭めることができた。助けになる率直な会話だったので、私たちは韓国政府と信頼関係を構築できたと思うようになった。キム博士は、会合の締めくくりに「年末までにMOUに署名できるといいですね」といった。

MOU、つまり了解事項文書は、正式の契約ではないが、合意の基本的条件を記載した文書である。これにより、ニューブリッジが韓国政府とさらに交渉できる排他的権利をもつようになる。私も彼と同じ願望をもっていた。多くのなすべきことがあったのに、その年にはわずか2週間しか残されていなかった。

私たちは、知らないうちに、破綻銀行の買収者を探す韓国政府にとって"ホワイトナイト"になっていた。プライベート・エクイティ業界でホワイトナイトとは、売却者からみて、遅れてやってきて、よりよい友好的な申出をする買収者のことである。その時点で私たちは、HSBCとシティバンクが韓国政府にどのような条件を出しているかまったく知らなかった。しかし、

韓国政府からすれば、私たちの提案は二つの大商業銀行のいずれよりも明らかに魅力的であった。

翌日FSCは、無制限のプット権を容認できる期間について、私たちの求める2年間ではなく1年間だけとする考えを繰り返し伝えてきた。ボンダーマンは、譲渡までにすべての不良資産を除去できる権利への追加であれば、1年間のプットでも受け入れることができると考えた。私はなお、隠れた不良貸出を洗い出すことは1年間では不可能ではないかという懸念をもっていた。経済危機が長続きすれば、どれだけのレガシー貸出が不良化するかわからなかった。

私は2年間のプット権に固執することにしたが、妥協案として、2年目には取得価額の一定割合以上となる貸出を売り戻さないことに合意することにした。これは、たとえ当初のデューデリジェンスで隠れた不良債権を見過ごしたとしても、全体のなかで意味のあるほどの割合にはならないという自信があったからだ。しかし、私たちが売り戻した貸出については、韓国政府にもとの取得価額、すなわち1ドルにつき100セントに経過利息を加えた額を支払うことを求めることにした。私はジホンに対し、これをすべてFSCに説明し、プット期間の短縮が彼らの利益に沿うわけではないことを知らせるよう頼んだ。経済が回復すれば貸出の品質は改善すると見込まれるが、それには1年以上かかるだろう。プット期間が長ければ、銀行が問題貸出に対処できる期間が長くなるので、買取りを求められる貸出も少なくなり、ひいては韓国政府のコストを減少させることになる。

ジホン・キムは、12月18日金曜日の午後、FSCのイ委員長に面会した。このとき私は、週末を過ごすために香港に飛行機で帰っていた。私は、着陸するや否やキムからの電話を受けた。彼の話では、イ委員長は私たちの提案を受け入れ、そのことを彼のチームに話したということだった。

ジホンの説明では、ニューブリッジの提案するプット条件について、もし譲渡後の権利が適正な手続で実行されるならば、FSCは受け入れるとのことであった。たとえば、銀行が債務者に返済の催告を数回送り、他の法的手

続も履行したときに限り、貸出を韓国政府に売却することができるということだ。銀行は、期限の来た稼働貸出については、拒むべき特段の理由がない限りロールオーバーするとみられる。これは、私たちにとって問題ではない。私たちの観点からすれば、収益を生む資産である稼働貸出については、銀行に保有すべきインセンティブがある。銀行のビジネスは貸出を行うことであり、私たちは回収できないことが明らかな貸出を除きたいだけなのだ。

　私たちは最も大きな障害を乗り越えたようだった。キャロルと私は、タームシートの改訂作業を週末に行い、12月22日火曜日の朝に完成させた。私たちは、その午後にFSCへ送付し、そのすぐ後、同僚のダニエル・プーンと私が香港からソウルに飛んだ。私たちの乗った飛行機はほぼ空だった。もうすぐクリスマスなので出張客が少なかったのだ。私は、韓国政府とHSBCの交渉がその時点でどうなっているかを知らなかったが、西洋人はクリスマス休暇中に働きたがらないから、FSCは私たちに関心を集中することができると考えた。これは、私たちからすれば、サンタクロースが来たようなものだった。

　私たちは、再びダウンタウンのヒルトンに泊まった。FSCのチームは、守秘のため、ここで会議を開くことにした。この譲渡は、韓国中の注目の的になることを避けられなかった。報道陣は、何か報道すべき進展がないかとかぎまわっていた。ニューブリッジとFSCが一緒にいるところをみられたくなかったし、時期尚早の情報漏洩も望んでいなかった。

　翌日の朝9時半にキム博士と彼のチームがヒルトンに着いた。私たちは、私のほか、ジホン・キムとダニエル・プーン、リーマン・ブラザーズからはデイビッド・キムであった。私たちは、タームシートを1行ずつ、とてもゆっくりと注意深く点検した。最初は、小さく簡単な問題について溝を埋めていくこととし、主要な問題を避けた。夜10時まで会合を終えることができなかったうえ、なお多くの課題が残っていた。

　翌日はクリスマスイブだった。私は家に帰れなかったので、妻のビン、15歳の息子のボー、7歳の娘のリーアンが飛行機でソウルにやってきた。私は

彼らに会えて幸せだったが、一緒に過ごす時間がなかった。ビンと私は、子供たちに強い勤労精神がいかに重要かを教え込もうとしていたので、ビンは私を使ってその実例を示すことにした。「家族を食べさせていくのは簡単じゃないよ」とビンはボーに教えた。「お父さんがどれだけ激しく働いているかをご覧なさい」。しかし正直にいうと、私の動機は、家族を食べさせることではなく、この機会のスリルとライバルに対する勝利であった。ほかのことはあまり気にならなった。

　私たちは、タームシートのうち前夜残した事項に関するFSCとの交渉を続けた。ほぼ合意に近づいたので、キム博士は、韓国第一銀行とソウル銀行のどちらの買収を提案するのかと尋ねてきた。

　私たちのうちソウルにいる人間は、ダニエル・プーンと私の二人だけであり、リーマンからはデイビッド・キムだけであった。私たちは限られた戦力を分割することにした。プーンとデイビッド・キムは二つの銀行を調べることとし、私はキム博士および彼のチームとタームシートの交渉を続けることにした。ダニエルはわずか25歳の最年少メンバーであったが、高度の分析力があり、細心であった。デューデリジェンスや文書化については、ほとんど何も見逃さない鋭い眼力をもっていた。彼の判断力も素晴らしかった。

　いまや、HSBCと私たちのどちらがFSCとの合意にこぎつけられるかという競争となっていた。私たちの知るところでは、彼らは20人のチームで、二つの銀行の状態を知るために、可能な限り多くの貸出について、文書を仔細に調べていた。また、私たちの聞いたところでは、HSBCは、定かではないが、取引完了後に発見された不良貸出から生ずる損失の20%をカバーしてほしいという意向とのことであった。取引完了前に現に存在するすべての不良貸出だけでなくすべての潜在的な不良貸出を洗い出そうというのであれば、大変な量の仕事をすることになる。二つの銀行には何万件もの貸出があるからだ。

　私たちの戦略は違った。私の考え方は、妥当な取引ができるかどうかわからないなかで貸出レベルのデューデリジェンスをすることは、時間、労力、

資源の浪費だというものだった。私たちの提案は、MOUに署名した後のデューデリジェンスを条件としており、この条項により営業譲渡完了後すべての不良貸出・資産を韓国政府に移せるのであれば、MOUの前にデューデリジェンスを行う必要はなかった。その結果、私たちのチームは、小さいながらもFSCとの交渉に集中することができた。実際、私たちはFSCの時間をほぼ独占でき、競争者であるHSBCには交渉相手がいなくなった。私は小気味よいと感じざるをえなかった。韓国政府が私たちに関心を集中し、年末までに合意に達するよう真剣な努力をしていることは明らかだった。

　もちろん、私たちが交渉のペースを制御しているわけではなかった。FSCのチームは、誰よりも私たちと、よりよい取引をより早く結べると感じているに違いなかった。私たちが韓国政府の期限を守ろうとする努力に応えようとしていたことにも違いがあった。

＊　　＊　　＊

　クリスマスイブの朝、私はデイビッド・ボンダーマンと1時間、電話で話し、交渉の経過を報告するとともに、残存する問題について指示を仰いだ。その後私は、キム博士とそのチームにヒルトンの19階の会議室で会った。私は、ボンダーマンの示唆に従い、銀行が不良貸出と資産を除去した後、投資家と韓国政府による投資の対象として、普通株と優先株の2種類の株式を発行することを提案した。私の提案は、普通株と優先株の割合を60対40とし、双方の51％をニューブリッジが、49％を韓国政府が所有するというものだった。優先株は一般的に、普通株と異なり、議決権はないが配当で優先権がある。

　私たちは、韓国政府にワラントを提供することも提案した。これは、将来の期日に、銀行が発行する2種類の株式の各々5％相当をあらかじめ定めた価格で買うことができるというオプションである。これにより韓国政府は、49％の株式を所有することに加えて、株価がワラントの行使価格よりも値上りすれば、追加的に5％を手に入れることができる立場になる（ワラントは、

私たちが銀行を売却するまで行使できないので、韓国政府が銀行の株式の49%以上を所有することはない）。ボンダーマンの考えは、韓国政府がより多くの値上り益を得られるようにするというものだった。ワラントによって、私たちの利益は薄まるだろうが、彼は広い視野でみており、「全体の枠組みのなかでは、私たちにとって大したことではありません」といっていた。しかし、韓国政府にとっては大きな意味があった。

このアイデアはそれまで出されなかったし、当事者間の溝を埋めるために多分必要ではなかったが、善意を示して信頼を築くという意味があると思った。たしかにキム博士はこの提案を歓迎したし、いったん門戸が開かれると、韓国政府はさらにワラントを求めるようになった。

もう一つ、この議論で合意すべき主要論点として、利付政府債務証書の利回りがあった。これは、不良資産の除去後の穴埋めとして韓国政府が銀行に交付することとされているものである。この銀行が韓国政府に現金を貸して利息の支払を受けることは、政府とニューブリッジの各々にとって利益のあることであった。韓国政府はまったく現金をもっていなかったので、どんな支払でも是非先送りしたいと考えていた。この銀行からすれば、利払いのある債務証書は現金よりもずっとよかった。

政府債務証書の利子率については、この銀行の有利子資金調達（すなわち預金や利付借入れ）の平均利回りに250ベーシスポイント（2.5%）上乗せし、資金調達利回りに対して250ベーシスの実効利鞘を獲得できるようにすることで合意した。経済危機のもとでは、この利鞘は低いが、政府の債務証書はほぼリスクフリーなので、私たちとしては公正な水準だと考えた。政府による国内自国通貨建て債務の不履行の確率は、最悪でも紙幣を刷ればよいので、実際上ゼロであった。主要論点が解決したようだったので、私は嬉しかった。まさに幸せを感じ始めていた。

プーンとデイビッド・キムは、売りに出ている二つの銀行を訪問した後すぐに、その午後遅く戻ってきた。決定はむずかしくなかった。モルガン・スタンレーから送られた最初のティーザーによる印象どおり、二つの銀行はい

くつかの点でとても似通っていた。両者は、総資産額、従業員数、不良貸出比率で同様であった。両者ともソウルを中心とし、全国に支店を展開していた。しかし、双方の経営陣との会合後、プーンとデイビッド・キムは、韓国第一銀行を選択した。KFB（韓国第一銀行）のほうが、ブランド力、支店網、長期の運営実績で優っているだけではなく、経営者が将来に向けたプランを現実にもち、沈没しつつある銀行のために働いていると二人が感じたからだ。

　私たちのディール・ストラクチャーによれば、対象銀行は韓国政府によって正常化されるので、不良貸出の額よりもフランチャイズのほうが重要であり、ニューブリッジとしてはKFBのフランチャイズのほうが強いと感じた。私は名前も魅力的だと思った。韓国第一という社名は権威のある全国的企業を想起させるのに対し、ソウル銀行という社名は地方の町の銀行という意味に誤解されかねなかった。私たちはそう判断してKFBを選んだ。私たちがどちらの銀行を買収するかという決定に費やした時間は、普通の家庭でどの車を買うかを決めるのに要する時間よりも短かった。しかし、いまは普通ではない状況であり、躊躇する時間はなかった。

　私は、キム博士を呼んで私たちの選択を知らせた。FSCは、交渉が成立したなら、私たちがKFBを買収することに合意した。結局のところ、韓国政府は誰がどの銀行を買収するかに大して気を遣っていなかったので、私たちが早い者勝ちでKFBを選ぶことに応じたのである。私は、素早くきっぱりと動くことができて、嬉しかった。FSCの後日談によれば、HSBCも同日にKFBの買収を韓国政府に申し入れたが、すでに遅いと告げられたとのことである。

＊　　＊　　＊

　韓国には、古代にさかのぼる長い歴史がある。互いに争う諸国家に分裂していた時期が多いが、統一王国となったときもある。新羅（668～935年）や、コリアという英語名の語源となった高麗（918～1392年）である。

朝鮮半島は、中国、ロシア、日本の間という戦略的な位置にあり（写真1）、何世紀にもわたって主権が脅かされてきた。日本は、1592年と1597年に侵略してきた。どちらの場合も、日本の軍隊は朝鮮と中国の連合軍に追い払われた。1894年には、朝鮮王が中国政府に暴動鎮圧の支援を求めたところ、朝鮮にかねて野心を抱いていた日本は、招かれざる軍隊を送った。暴動が沈静化した後も、日本は撤兵を拒否し、中国と戦って勝利した。その結果、朝鮮は中国の属国でなくなり、日本の占領下に入った。1910年、日本は正式に韓国を併合した。植民地の支配者は、野蛮さだけでなく、韓国の歴史的自主性や文化を抹消する組織的努力でも知られていた。

　1945年の日本の降伏による第二次世界大戦の終了後、朝鮮半島は、38度線を境として、北はソ連、南はアメリカに占領された。1950年6月25日、朝鮮戦争が勃発し、北朝鮮が国家を再統一すべく南を侵略した。アメリカが参戦し、国連軍を率いて、北朝鮮軍を中国との国境であるヤルー川（鴨緑江）まで押しやった。中国が介入しアメリカ軍と戦い、38度線で手詰まりとなった後、1953年7月27日に休戦条約が署名され、その状態が続いている。

　韓国第一銀行は、この国で最大、最古の銀行の一つだった。日本の植民地であった時代の1929年に朝鮮貯蓄銀行として設立された。1957年に韓国証券取引所に上場し、1950年代末までにサムスン・グループの傘下に入った。1958年には、社名を韓国第一銀行に変更した。1962年には、軍事クーデターの指導者として1961年に政権を握ったチョンヒ・パクにより、他の商業銀行と同様に国有化された。パクは、1979年まで続いた独裁的な権威主義体制のもとで、国のエネルギーと資源を反貧困と産業化の運動に投じた。産業化の推進手段として、政府は信用へのアクセスを厳しく統制し、財界指導者と緊密に連携しながらお気に入りの産業への貸出に補助を行った。

　KFBは、1971年に韓国の銀行としては最初に海外事務所を開設し、外国からの借入れを行うことにした。韓国の貯蓄は必要水準よりはるかに少なかったので、外国資本が経済成長の鍵となった。1980年代、KFBはイノベーションで知られるようになった。すべての内部システムをコンピュータ化し

た最初の商業銀行であり、クレジットカードと ATM を韓国で最初に導入した銀行の一つとなった。1982年には、KFB は政府の経済自由化策の一環として再民営化された。

1990年代初までに、KFB は韓国で最も収益力のある銀行の一つになり、国内で最も大きく影響力のある企業のいくつかを顧客としていた。LG グループ、SK グループ、デウ（大宇）グループのメインバンクであり、ヒョンデやサムスンを含む五大チェボルへの貸出がポートフォリオの65％を占めていた。

KFB は、1980年代末までに韓国最大の総合金融グループとなった。商業銀行だけでなく、証券、デリバティブ、リース、投資コンサルティングの子会社を有していた。1996年末、KFB の総資産は407億ドル（34.6兆ウォン）であり、8,321名の従業員、421の国内支店、17の海外支店・事務所を有していた。KFB は韓国の王冠の宝石の一つだとみられていた。

しかし1997年、KFB を大きくさせてきた積極的戦略がほころびを見せ始めた。1月にはハンボ（韓宝）グループが崩壊した。これは、韓国の大企業社会に蔓延している腐敗と脆弱さを露呈した贈収賄スキャンダルによる面もあった。混乱のなかで、六つの他のチェボルが商業銀行に金融面での支援や保護を求めた。KFB は、韓国の中央銀行である韓国銀行の前副総裁であるシヨル・リュ（柳時烈）を新頭取に任命した。しかし、この時点ではアジア金融危機が頂点に達していた。KFB の資本不足は、リュがいかに再生努力を行ってもどうにもならなかった。結局、彼は時間切れになった。

チェボルの破綻が続いたため、KFB の不良貸出は爆発的に増加した。1997年前半で、この銀行の不稼働・毀損貸出は約32億ドルにのぼり、貸出全体の約17％を占めるに至った。純損失は4億1,700万ドル（3,565億ウォン）と、前年の4,270万ドルの10倍となった。銀行の資産の品質劣化と企業破綻の増加に伴うリスクの高まりを反映して、国際的格付会社は KFB の債務を格下げした。

10月になると、韓国の経済状況はいっそう悪化した。政府は資本の欠乏し

た商業銀行に特別貸出を供与し、金融部門のメルトダウンを防いだ。IMFによる救済計画が公表されるちょうど前日の1997年12月3日、KFBの不良貸出問題が明るみに出て、政府はKFBを破綻させるか救済するかを決定しなければならなくなった。KFBはそのまま閉鎖されるべきだと論じるアナリストや銀行家が多かった。

＊　　　＊　　　＊

　プーンはクリスマスイブの午後、香港に飛行機で戻った。私は取引をまとめるためにソウルにとどまることを決めた。リーマンからきたデイビッド・キムとクリアリーからの弁護士SKカン（姜聲寛）は、キム博士との合意に沿ってタームシートを訂正するための作業を一緒に行った。その後、私はランニングに出かけた。

　冬の日としては異例に暖かかったので、ランニングは楽しかった。半ばまで走ったところで携帯電話が鳴った。アドバイザーのジホン・キムからだった。

　ジホンは「状況が変わった」といった。

　ソウルにおけるリーマンの主任はクンホ・チョ（趙建鎬）であった。彼は、私たちの議論にあまり参加していなかったが、不可解なことに、イ委員長と当日早くに会って、ニューブリッジは韓国政府に対して貸出のロスシェアとワラントの増額を受け入れる用意があると伝えた。これを聞いて、私は困惑し、突然幸せな気持ちをなくしてしまった。私は、自らのフィナンシャル・アドバイザーであるチョから、どんな善意によるにせよ、夜の11時に裏切られると予想していなかった。

　気まずくはあったが、私はキム博士に電話をかけて、チョは私たちの部内の相談に参画していなかったし、彼のいったことは私たちの立場を正確に示すものではないと説明せざるをえなかった。結局キム博士は私の説明を受け入れたが、私は、家族がお祝いに出かけている間、クリスマスイブの深夜まで働くことになった。

韓国では、クリスマスが旧正月に次ぐ二番目の祝日である。伝統と文化の面では儒教社会であるものの、韓国国民の30％はキリスト教徒である。国が朝鮮戦争以来の最悪の経済危機に直面しているにもかかわらず、すべての建物が明るく照らされ、すべての店の窓が色とりどりの装飾で飾られていた。お祝いのためにパーティーからパーティーへと移動する人たちで、通りは満ちていた。ホテルの窓からは、祝祭の明るい灯に照らされているソウルの建物がみえた。下をみると、どの方向に向かう道も車が埋め尽くしていた。ビンと子供たちはショッピングモールのなかにあるスケートリンクに行こうとしたが、あまりの交通難にあきらめてホテルに戻ってきた。

＊　　＊　　＊

　クリスマスの明るい早朝にボンダーマンからのファックスを受け取った。交渉を停止してすぐ電話するようにという依頼だった。

　彼は、妥協のために、この取引が私たちの役に立たないようになったのではないかと不安になっていた。私は、自分が注意深かったと思っていたし、部内のコンセンサス、とりわけ彼からの同意なしには決して実質的な譲歩をしないことにしていた。しかし、小さな譲歩が積み上がることはありうる。遠くにいるボンダーマンは、その結果、取引の内容が当初の提案から大きく変わってしまったかもしれないという懸念をもった。私は、前日の交渉で生じたことについて彼に報告した。彼は、次に進む前に、再度電話会議で集まって、私たちが共通認識をもっていることを確認するよう指示した。

　電話会議の日程はクリスマスの夜遅くになったので、私には家族と過ごす時間が少しあった。ビンと私は、ソウルの室内大型エンターテインメントパークであるロッテワールドに子供たちを連れて行った。韓国が経済危機の瀬戸際にいるとは想像しがたいくらい子供たちで混雑しており、私たちは、とても楽しく時間を過ごした。私たちは、ヒルトンの日本レストランの鉄板焼カウンターのディナーで、クリスマスの楽しみを締めくくった。

　子供たちが寝入った後、私は上階の会議室に行き、電話会議に参加した。

電話会議に参加していた者は、キャロル、チェン、プーンという私たちのチームメンバーのほか、アーランガーを筆頭とするリーマンのチーム、マイケル・ライアンをリーダーとするクリアリーのチームだった。私たちは、異なる場所、異なる時間帯にいたが、家族とお祝いをするべきクリスマスであることは皆にとって同じだった。それでも私たちは、目前のプロジェクトのために集まり、タームシートのすべての項目を系統的に調べ、未解決の問題を洗い出した。私たちが作業を終えたのはソウル時間で午前1時だった。

　翌朝私は、19階の会議室に戻ってボンダーマンに電話した。彼は前夜の電話会議に出席していなかったが、アーランガーから説明を受けていた。ボンダーマンは、全般的に、私たちの状況に満足していた。彼の指示は、問題貸出をバッドバンクに移すかわりに受け取る政府債務証書に関する事項に限られていた。ボンダーマンは、その額が60億ドルを超える場合には満期を3年超とするよう示唆した。彼の懸念は、経済が改善する前に韓国政府が債務証書を弁済すると、その代金を十分に早く貸出に回すことができないのではないかということだった。

　政府債務証書を保有するのであれば平均資金調達利回りに2.5％上乗せした支払を得られるのに、（負債の利回りをまかなうに足る）利息を得られない現金を保有することは高くつくとみられた。ボンダーマンは、債務証書の期限を延長することにより、韓国経済の回復の時期と力強さに関する判断に応じて貸出を拡大する時間を延ばせるようにしたかったのだ。

　昼食後、ビンと私の子供たちは、ジホンの妻や子供たちと一緒にヨンピョン（龍坪）に行った。ここは、ソウルから車で2時間半ほど東に行ったところにある人気のスキーリゾートである。私としては、一緒に行きたかったが、仕事があったので許されなかった。一緒ではなかったものの、彼らが楽しみを見つけたことは嬉しかった。ジホン・キム、デイビッド・キムと私は、FSCに行き、交渉相手のキム博士と会った。休日だったので、FSCのオフィスには、私たち以外に誰もいなかった。

　会議は午後2時頃に始まり、各取引条件を虱潰しに検討しながら、じっく

りと進められた。ほとんど私が話し、デイビッド・キムが記録をとった。私たちの交渉は夜遅くまで続いた。FSCの担当官はたしかに尊敬に値した。彼らは私たちと同様、専門家であり、献身的であり、激務をこなしていた。彼らはすべてについて戦い、私たちが限界に達するまで攻め続けた。私たちは取引条件の一つひとつについて再度検討し、ようやく全部について合意に達した。

キム博士は、最後の瞬間に、私たちの合意した韓国政府向けワラントの増額を要請してきた。私の考えでは、それまで提供した分だけでも過度に寛容な対応だった。延々と議論した末、私は渋々、優先株に対するワラントを5％から5.5％に増額した。キム博士は、「どれほどけちくさいのか」と、私に不信と非難の目を向けた。しかし彼は、それ以上追求しなかった。

夜遅くなったので、何日も短時間しか眠っていないデイビッド・キムの居眠りが目立つようになった。私たちは真夜中の12時半になってやっと仕事を終え、私はホテルに戻った。しかし、疲れ果てたデイビッド・キムはオフィスに戻り、交渉結果に沿ってタームシートを改訂し、最新版をボンダーマンや他のチームメンバーに送付しなければならなかった。

翌朝ジホンと私は、家族との時間を少し得てほっとし、ヨンピョン（龍坪）のスキーリゾートに出かけた。家族との昼食に間に合うように着いた。ヨンピョンは、"竜の谷"という意味で、韓国で最も有名で大きなスキーリゾートである。ここでは2018年の冬のオリンピックが開かれた。ヨンピョンには、四つの山頂と、10台以上のリフトがあった。ありがたいことに、すべてのレベルのスキーゲレンデがあった。私の家族は、誰もスキーに熟達していなかったので、あまりむずかしくないコースで楽しむだけにした。リゾートで最も高い展望台であるドラゴンピークは、海抜1マイル近くあった。上級コースであったが、誰もが素晴らしい景色を堪能できた。私は、冷たい空気を吸って交渉のストレスが遠のくことを感じ、斜面に挑戦した。

昼食後、スキー用具を借りて最初の滑走に向かおうとしたとき、ボンダーマンがひどく慌てたようすで電話してきた。彼は、「タームシートは前日よ

り悪くなった」といった。彼はこの取引をまとめることに同意しなかった。

　私は、取引条件が少しも悪化したと思っていなかったので、困惑し、なぜ彼がそうした印象をもったのか不思議に思った。しかし、彼に確認しようとしたときに、携帯電話の電池が切れ、寒風のなかで動かなくなった。そのため私は、彼に返信するために急いで固定電話を探すことになってしまった。

　電話が再びつながるまでにデイビッド・キムが昨日の交渉結果を書き込んだタームシートをみたところ、彼の記録にたくさんの誤りを見つけた。これは間違いなく、彼が居眠りしながらラップトップにタイプしたものだった。睡眠不足のリーマンの銀行員が居眠りして書いた数カ所には、文字どおり"ZZZZ"というタイプがあった。何を書いているかわからず、不明瞭な箇所もあった。たとえば、私たちの合意した交渉結果では、KFBの不良資産すべてを現金または政府債務証書で置き換えてきれいな銀行にした後、ニューブリッジと韓国政府の合意した割合で資金を注入して資本を復元することになっていた。しかしデイビッド・キムの記録したタームシートでは、韓国政府が単に無償で株式を取得できると読めた。ボンダーマンが途方に暮れるのも当然だった。

　私はその日のスキーをすべてあきらめた。スキーリゾートのホテルの部屋で、昨夜のキム博士との合意を反映するよう、タームシートを注意深く再訂正した。そのうえで、変更点を説明する長い文書を書いた。さらに運の悪かったことに、ホテルにはファックスの機械がなかった。このため、ジホンは、ボンダーマンに長い文書をファックスできるようにするため、私を別のホテルへ連れて行かなければならなかった。その後、私はアドバイザーを含む残りのチームメンバーに対し、同じ文書をメールした。この仕事がすんだのは夜半過ぎだった。

　翌12月28日の朝は、すっきりした夜明けで美しかった。私は、青空と陽光のもとで、家族をスキーに連れて行った。空気は爽やかで、美しく雪に覆われた山々をみて私は愉快だった。私たちは娘のリーアンに、スイス人で英語のうまいスキーコーチを付けた。リーアンがすぐに自分一人でリフトに乗っ

てスキーで降りてくるようになったので、私はとても嬉しかった。彼女はまだ7歳だったが、その日の終わりまでに、家族のなかで間違いなく最もスキーがうまくなった。

しかし、取引は継続中だった。私は、山上の朝とホテルでの昼食の後、ボンダーマンたちとの会議に午後を費やすことになった。会議が終わったとき、ボンダーマンのいるコロラドでは午前2時、チームの他のメンバーが働いているアメリカ東海岸では午前4時だった。電話会議を終える前、私はボンダーマンに「デイビッド、何かおかしいことをみても大騒ぎしないでください。大変なストレスになります。私に電話してもらえば修復しますよ」といった。

私たちは皆、その休暇シーズン中休みなしに、プロジェクトを推進するために働いた。私は、競争相手のHSBCが韓国政府の設定した期限に多分間に合わないだろうと思った。期限である年末までには3日しかなかった。私たちのチームは仕事に全力投球しており、どの競争相手よりも素早かったので、クリスマスの時季でさえも、建設的な議論を行って即時に決定を下すことができた。私は、世界銀行とJPモルガンという二つの大きな銀行で働いたことがあり、大銀行の官僚制のもとでは、こうした大きなプロジェクトで効率的な意思決定を行うことができないことをわかっていた。私は、HSBCを負かしてこの仕事を片付けることができると確信していた。

私は、キム博士に電話して、改訂後のタームシートを翌朝送ることを約束した。彼は、韓国政府としては12月30日にMOUに署名する用意があるといった。

彼はそういったし、そのつもりだったのに、本件はそう簡単に片付かなかった。

翌12月29日朝、デイビッド・キムはキム博士に改訂後のタームシートをファックスし、私は家族とスキーをした。午前11時少し前、FSCの誰かがジホンに電話し、私を直ちにソウルに戻すよう求めてきた。午後6時頃、ジホンと私は車で一緒に戻った。私はその途上で、韓国政府の法律アドバイ

ザーであるホワイト＆ケース（W&C）のフィリップ・ギリガンに電話した。韓国政府はW&Cのアドバイスによりタームシートに多くの問題を見つけ、いくつかを変更するよう求めていると知ったからだ。ソウルに戻ったらタフな交渉になるだろうと思った。

　私たちは午後9時頃、ヒルトンの19階にある会議室でキム博士と彼のチームに再会した。私たちの側にはデイビッド・キムとジホンがいた。私たちはW&Cの改訂した条項一つひとつを議論した。そのうち七つか八つについては、直ちに取引の交渉を断絶することにつながるとみられた。たとえば、私たちのもとのタームシートでは、ニューブリッジが自分の株式を売却した場合には韓国政府の所有株式をあわせて売ることができるという一括処分（Drag Along）条項があった。これは文字どおり、私たちにとって交渉可能な取引に政府を引きずり込んで売却できるというものである。この条項は、私たちが銀行を最終的に売却しようとするとき決定的に重要だった。多くの買収者、とりわけ他の銀行は、会社の100％を得ることだけに興味がある。もしニューブリッジの持分だけしか売ることができないのであれば、最善の買収者や最高の価格を得ることはできないだろう。W&Cの弁護士はこの条項を削除していた。

　私はキム博士に対し、私たちと韓国政府双方の投資価値最大化のために一括処分条項が決定的に重要だと説明した。しかしFSCには自分なりの懸念があった。「もし貴方たちが過度に安く売却して、そのお金をより利益のあがる先に投資したらどうなりますか」とキム博士は尋ねてきた。

　私は彼の危惧をなだめようとして、「そんなことは起こりえません」といった。プライベート・エクイティ業界では、一つのファンドからの投資は一度限りである。投資が売却されたり実現されたりすれば、私たちはそこから得た収益をリミテッド・パートナーに還元しなくてはならない。あるファンドの全額が投資されれば、さらなる投資のために別のファンドを立ち上げなければならない。通常、私たちは投資をリサイクルできない。ニューブリッジは、投資家から提供された資本の運用者として、各々のファンドの投

資によって得られる利益の分配を受けており、投資先の成長可能性がピークアウトして収益を最大化したと思えるまで、投資を回収することはない。私たちには、各々の投資からの収益を最大化する誘因がそろっているのだ。

　結局、キム博士は私の議論を受け入れ、一括処分条項が維持されたが、この条項の説明だけで3時間を費やしてしまった。

　双方が多くの点で妥協することとなり、交渉には時間がかかった。ようやく12月30日の朝8時過ぎに、私たちはすべての条項について再度合意に達した。私たちはミーティングを中止し、キム博士がFSCの担当者と一緒に点検して改訂後の条項について部内の合意を得られるか確認できるようにした。

　この間、私はリーマンのアーランガーに電話し、改訂について相談した。その後ライアンに電話し、クリアリーの弁護士の意見を求めた。最後にボンダーマンに最新の状況を報告した。彼は、二つの主要な例外を除きほとんどすべてに合意した。一つ目は、韓国政府によるワラントすべての行使を私たちが銀行を売却する時点とすること、二つ目は、銀行の不稼働貸出を韓国政府に適時に売却できるようにすることだった。

　手早くシャワーを浴びた後、私はイ委員長に会うためにFSCに向かった。これまでの交渉中、委員長は堅苦しく格式張っていた。実際私は、彼が微笑んだところをみたことがなかった。しかし私は、彼が事態の進展を喜んでいることがわかったし、年明けまでに取引が成立することを望んでいることにも気づいた。

　デジュン・キム（金大中）大統領の内閣は、私たちの提案のメリットを検討するため、午後に閣議を開いた。私は、意見に意味のある閣僚が三人だけだとわかっていた、FSCのイ委員長、キム大統領の首席補佐官およびMOFE（財政経済部）の長官である。首席補佐官は賛成、財政経済部長官は反対だったが、ニューブリッジとの取引を進めることが賛成多数で可決されたことを知ってほっとした。

　MOFEの反対は、驚くべきことではなかった。私は、彼らが最後の瞬間

に条項を変更するよう求めたことを知っていた。FSC が銀行システムを再構築しようとしていた一方、MOFE は銀行救済パッケージのための政府資金の提供を担当していた。しかし、FSC の担当官は私に、望まないならばMOFE の最終要請に応じなくてもよいと話してくれた。

　この間、私のほうは、ドラフトの文書をチームメンバーやアドバイザーに配って部内の承認をもらうのに忙しかった。昼食をすっかり忘れていたことに気づいたのは夕食時だった。これはいつも食欲旺盛な私にとっては異例のことだった。

　午後 9 時、キム博士と彼のチームがさらなる交渉のためにホテルにやってきた。MOFE からの変更要請を除いてほとんどが些細な細目だった。しかし私は、もう譲歩の余地がなく、すべての条項を拒否せざるをえなかった。すべての条項について合意に達したのは午後11時過ぎだった。私は、ジホンと一緒にスキーリゾートから戻ってから、24時間以上、休みなしに働き続けていた。そして、これが署名前の最後の改訂作業であることを願った。

　12月31日、大みそかの真夜中過ぎ、私はタームシートを配布した。私としては、これが最終版となってほしいと願っていた。1 週間の仕事の結果、最終版となるかもしれない文書ができたことを嬉しく思った。私は、次のように主要事項を要約した表書きを送った。

・当事者は、ニューブリッジと韓国政府である。韓国政府の窓口は、
　MOFE、FSC、KDIC（韓国預金保険公社）その他の所管組織である。

・*取引の完了にあたり、KFB は、ニューブリッジの求めに従い、稼働貸出、現金、投資および預金、事務所、支店、備品等の施設および固定資産のほぼすべてを留保する。すべての不稼働貸出・資産は韓国政府またはその所有するバッドバンクに譲渡する。*

・*ニューブリッジは、すべての資産負債のデューデリジェンスを行う。KFB に留保される各々の資産負債は、「マーク・トゥ・マーケット」、すなわちその時点の市場価格で、ニューブリッジが評価する。*

・*不良資産の譲渡と市場価格評価によって生ずるバランスシートの穴*

は、現金または韓国政府の債務証書で埋めるものとする。それにより資産負債のバランスが回復することになる。

・政府債務証書は、銀行の平均資金調達利回りに2.5％上乗せした利回りを付すとともに、当初の満期は3年とする。

・資産負債が現金または政府債務証書で等しくされた後、韓国政府とニューブリッジは、銀行の資本基盤再構築に向けて、普通株と優先株による出資を行う。この結果の銀行の所有割合を、ニューブリッジが51％、韓国政府が49％とする。

・韓国政府は、取引の終了時に、KFBの普通株の5％、優先株の5.5％を買い増すワラントを得る。ワラントの行使価格は、各株式の取得価格から、取引終了時から実行時までの間、年10％の複利で引き上げられる。

・ニューブリッジは、株主としての韓国政府の利益に重要な影響を与える事項を除き、韓国政府がもつ普通株について、唯一の議決権行使者となる権利を有する。

・KFBは取引終了後1年間、貸出その他の資産を無制限に韓国政府へ譲渡する権利を有する。返還権の対象となる資産を"プット資産"という。譲渡を行う価格は、もとの簿価に経過利息を加えたものとする。2年目には、KFBのプット資産を売却する権利は取引時における総貸出の20％以下に限定されるが、その価格を簿価に経過利息を加えた額とすることは同じである。

・五大チェボル（ヒョンデ、デウ、サムスン、LGおよびSK）への貸出は特別に取り扱うものとし、無制限に韓国政府に売却できるものとする。ただし、KFBがこうした貸出を留保する場合、各チェボルを平等に取り扱う。

・韓国政府は、KFBが保有するポートフォリオにおける確定利息付債券の元本と株式の簿価に保証を提供する。

・KFBは、取引終了時に存在する損失と将来認識する損失の繰延べに

よる税務上の利益を100%留保する。すなわち、法人税の計算にあたり、将来の利益は繰延べ損失によって相殺可能となる。

・ニューブリッジは役職員の任免権を排他的・全面的に保有する。

・韓国政府とニューブリッジは、MOU署名から取引終了までの経過期間中のこの銀行の安定と企業価値を確保するための計画を策定する。これには、ニューブリッジが経営権を確立するまでの間、なんらかの共同の監督チームを置き、監視することを含む。

MOUによる排他的交渉権は5月2日までの4カ月有効であり、この間に当事者は最終文書について交渉し取引をまとめることができる。5月2日という期限は遠い将来のように思えた。いずれにしても、交渉のうち最も争いとなる問題はMOUに向けた議論で片付いた。私たちは、これらの決定が大して変わらないだろうと思った。

最終版をチームメンバーとアドバイザーに送り終えたときに、私は43時間続けて働いていた。これは、若い頃、中国のゴビ砂漠で運河を掘っていたときの31時間連続という記録を更新するものであった。しかし私は、なぜか疲れを覚えず、うきうきしていた。私は、何かに食いついたら放すことはないし、この取引はエキサイティングだった。やっと私たちの粘り強い努力が報われ、取引を着地させることができたようだった。

私がベッドに入ったのは午前1時頃だったが、翌朝の6時には、起きて恒例の朝のランニングに出かけた。朝食時には、韓国の主要な英語紙で、KFBの譲渡が「進展している」と報じられていることに気づいた。憶測記事ではあるものの、韓国政府と交渉を進めている先がニューブリッジだけだということを報道陣が知ったのは明らかだった。

それから私は、午前中ずっとFSCからの連絡を待っていたが、まったく何の音沙汰もなかった。政府側で何が起きているかまったくわからなかったし、何を心配すべきか知らなかった。政府自身がMOU署名の期限とした年末になった。私には何もすることがなかったし、取引のやりとりや交渉の間、私を支えてきたエネルギーもついに衰えてしまった。私はうたた寝をし

ていた。午前10時半頃、FSCは署名の用意ができたというジホン・キムからの電話で起こされた。署名式は当日の午後1時半だった。

　私は得意になって準備した。しかし1時間後、ジホン・キムから、思わぬ障害が発生したという電話があった。すでに私たちの願望以上に増やしていた政府に付与するワラントの額を上積みするよう、MOFEが新たな要求を出したというのだ。MOFEは、この時点まで交渉に関与していなかったので、私たちがどれだけ譲歩をしてきたかを知らないのだった。最後の瞬間に私たちからできるだけ多く搾り取ろうという努力のようだった。私は、この期に至ってそんな些細なポイントで韓国政府が交渉から離脱するはずはないことを知っていたので、要求を無視した。

　午後1時半、ヨイドにあるFSCの建物に着いたとき、FSCチームはすでに私を待っていた。前回のミーティングと異なり、至ってリラックスした雰囲気だった。タフな交渉を経てきたので、双方とも解放感と達成感を感じていた。対立する者というより、同僚のようだった。私たちは互いに立ち話をし、署名式が始まるのを待った。

　しかし、数分間のおしゃべりの後、FSCの担当官が私を脇に引き寄せた。ワラントの増額要求は財政経済部長官が直接出したものだという説明だった。これは状況を変えた。私は、長官の個人的要求を真剣に受け止めなければならなかった。私は、これ以上の譲歩の必要がないことを知っていたが、長官の要求に敬意を表すため、誠意のしるしとして、優先株に関する韓国政府のワラントを0.5%増やすことを提案した。譲歩を重ねればさらなる要求を招くおそれがあるので、この提案は1時間限りであり、その後は撤回すると付け加えた。署名すべき合意はテーブルの上にあり、文字どおり時間切れだった。すべてを終わらせるときだった。

　FSCは私の提案をイ委員長に伝え、委員長は同意するよう長官に伝えた。提案は認められ、すべてがセットされた。

　午後2時頃、ドンス・チン局長と私は、一連の文書が置かれたテーブルの前に座った。私たちはペンを用意し、チンは韓国政府代表、私はニューブ

リッジ・キャピタル代表として、署名を開始した。私たちは目の前にある一連の文書に署名し、交換のうえ再度署名した。全手続には10分間かかった。1週間の激務、徹夜、ストレスと緊張を経て、取引は正式のものになったのである（写真2）。

第4章

新顔の登場

　新聞は、私たちが大きな実績をあげたと報道した。取引が発表されるとメディアは大騒ぎになった。この合意は、大みそかという劇的なタイミングだったために注目されただけでなく、ニューブリッジという比較的無名の存在を一躍目立たせることにもなった。比較的知られていないプライベート・エクイティの企業が、世界最大の銀行の一つであるHSBCを出し抜いてこのような芸当をなしとげるとは信じられないという者もいた。

　信じてくれなかった者の一人にニューヨーク・タイムズの記者がいた。同紙の1999年1月1日付の記事は、KFBに対する投資家のリーダーとしてGEキャピタルをあげた。「韓国政府は今日、KFBの経営権を世界最大のノンバンク金融業者であるGEキャピタルとニューブリッジの主導するコンソーシアムに譲渡することに合意した」というものである。

　記者が事実を調べていないことは明らかだった。私たちは、当初FSCからの信用を得る手段としてGEキャピタルを取引に参加させることを提案したが、最終的には取引に参加させなかった。ニューヨーク・タイムズの記者は、有名な大手企業でないとこうした大きな取引ができないと多分考えたのだろう。

ニューブリッジの取引のニュースは、韓国と英語圏の国の主要な新聞の一面に取り上げられた。多くの外国の投資家は、出口のみえない金融危機のさなかに破綻銀行に投資することはリスキーで冒険的だと考えた。一方、私たちに対する祝電もあった。この取引はたしかに私たちを有名にした。

ウォール・ストリート・ジャーナルの論説は、この取引が「大胆な一歩だ」という表現で韓国政府への賛辞を書いた。「ソウルにおけるプラグマティズムの勝利」という見出しだった。記事は韓国政府の勇気を次のように讃えた。

> もし新しい所有者により韓国第一銀行が再生されれば、韓国政府は、49％の持分で、現在の94％をはるかに上回る収益を得ることができよう。この見通しは、資本再構築のために渋々支出した納税者を喜ばせることになるはずだ。これにより、韓国の評判があがり、韓国第一銀行の円滑な取引に誘われて他の投資による資金が流入するだろうから、値のつけようもない利益になる。韓国第一銀行の取引は皮切りである。韓国のメディアや世論は1年前ほど騒がしくなくなったとはいえ、政府がある種の騒動に備えていることは疑いない。ソウルが"王冠の宝石"を手放そうとしていると嘆く者は、韓国第一銀行は、いまや宝石ではないが、再びそうなる機会を得たのだという意見に耳を傾けるべきだ。

韓国政府はアイスクリームの天ぷらになったように感じていたに違いない。この取引に対しては、韓国外の国際金融界で温かい反応を得たのと対照的に、国内では批判を受け、氷のように冷たい雰囲気にさらされたからだ。

後から振り返ると、こうした国粋的感情が韓国政府の態度や取引への取組方針に大きな影響を与えたことはよく理解できる。金融危機の影響やそれに対応するIMFの厳格な措置は、韓国にとって屈辱的であった。国内最大の金融機関の一つを外国人に譲渡することは、公憤の格好のターゲットとなった。韓国政府に対する攻撃はすぐにやってきた。1月5日付のコリア・タイムズは、「過大な譲歩だ。追加の不良貸出の負担を取引後2年間にわたって背負うことに合意してしまった」と報じた。

しかし、取引自体についてある種の懐疑的な見方があったとしても、韓国人は、国際コミュニティの動きを無視できなかった。MOU は韓国経済に対する強い信頼の表明であり、投資家心理への影響は決定的だった。1999年の最初の営業日、S&P（スタンダード＆プアーズ）は韓国の格付見通しを"ポジティブ"に改訂し、韓国のソブリン格付けを引き上げる見通しを示した。「韓国第一銀行の譲渡完了は、ソウル銀行の処理見込みと相まって、斜陽の韓国銀行業界の蘇生に向けた転機となろう」と S&P は述べ、MOU について、韓国政府が構造改革の積極的推進に意欲をもっている証しだとした。

　格付けの引上げは、なお金融危機にとらわれていた韓国には大きな助けとなり、国際市場における政府の借入コストを低下させた。

　これは世論の流れを変えることにつながった。ウォール・ストリート・ジャーナルの社説と S&P の発表の双方が韓国のすべての主要紙に翻訳され、韓国政府の立場を支援するとともに、批判をある程度鎮静化させた。

　取引の発表は、どこからともなく競争者を連れてくることになった。約1週間後、ジホン・キムが私に語ったところによると、5社もの新規参入者が現れ、そのうちの一つのある大銀行の代理人は KFB の役員に対して、私たちと同じ条件でよいなら銀行を直ちに買収しただろうといったとのことであった。

　1週間でなんと多くが変わったことだろう。私たちは韓国経済に対する投資家の見方を改善したが、その結果として関心の持ち方が変わったことにより、私たち自身の取引にとって幸先の悪いことになった。私たちは、競争者に打ち勝って MOU に署名できたことに満足したが、同時に、MOU には KFB への投資に関する主要事項が盛り込まれているものの、まだ法的拘束力がなく、取引内容の確定までに多くの仕事をせねばならないこともはっきりと意識していた。そこへ突如、他の求婚者が現れたのである。デイビッド・ボンダーマンは、排他的交渉権の期限である5月2日までにプロジェクトを完了することが決定的に重要だと警告を発した。さもないと、韓国政府は再交渉の誘惑にかられるかもしれない。

ポール・チェン、ダニエル・プーンと私は、FSCの金融再構築タスク
フォースの長であるドンス・チンと彼の補佐でFSCの主任交渉官である ソ
ンフン・キム博士と夕食をともにした。彼らから知らされたところでは、チ
ンは昇進し、韓国大統領の事務所である青瓦台で働くことになり、タスク
フォースの長には誰か別の者が就任するとのことだった。彼が去るのは残念
だったが、彼のためにはよかったと思った。彼は、合理的でフェアな考え方
をもち、実際的であり、献身的な政府担当官として、私にとって尊敬に値し
た。

＊　　　＊　　　＊

　私が初めてKFBの本店に足を踏み入れたのは、1999年1月6日で、気温
が零度を少し上回る晴れた冬の日だった。私は、この銀行のために何カ月も
交渉してきたけれども、いままでそこを訪問したことがなかった。KFBの
本店は、ソウルの中心のチョンノ（鍾路）区にある22階建てのビルで、
ニューヨーク市の国連ビルを少し思い起こさせるものだった。とても大きい
というわけではないが、白い石のファサードで飾られた窓をもつ、幅広で
堂々としたビルだった。親指を立てる仕草を描いたKFBのロゴが建物の屋
上に据えられ、何マイルも向こうからみることができた。

　まだ正式な契約書を完成させなければならなかったものの、壮大で天井の
高いロビーを歩いていると、もちろんニューブリッジ・キャピタルの代理人
としてではあったが、自分がすでに所有者になったかのような感じがした。
政府の任命した会長兼CEOであるショル・リュと幹部職員が私たちを温か
く迎えてくれた。リュは60歳代後半の白髪の紳士で、増援隊を迎えて喜んで
いる要塞の将軍のような雰囲気であった。アメリカのコロンビア大学で教育
を受けたので、素晴らしい英語を話した。

　この時点で、KFBは資本不足にひどく悩まされていた。キア（起亜）自
動車やデウ（大宇）グループの会社等、多くの顧客が返済を停止していた。
銀行は、韓国政府が時々資金を投入してくれるおかげで、かろうじて存続し

ていた。

　リュは、1997年に銀行の経営者に就任して以降、アンダーセン・コンサルティングを雇って再建計画をつくらせた。彼は銀行の規模を縮小し、職員数を9,000人から4,000人に削減し、数多くの赤字店舗を閉鎖した。また、経営陣の報酬を30％、従業員の給与を10％削減した。リュは、銀行の貸出とリスク管理の実務を改善するために10人の与信審査委員会を組織した。この委員会は、リュを含まず、独立の立場で貸出を審査することになった。こうした独立組織による与信決定方式は、外国では標準的だったが、韓国では聞いたことがなかった。韓国では、経営者が常に与信の最終決定を行っていた。リュによれば、この結果、韓国経済が安定から程遠いなかでも、銀行は、1998年の最終の2カ月には業務純益を得られるようになった。

　私はすぐリュに好意をもった。彼が直面した環境のもとで銀行の改善のためにとった行動に感銘を受けた。私は、職員の被った痛みや苦しみ、支払った犠牲を思い浮かべることができた。ニューブリッジのMOUが発表されたとき、リュは、「銀行が再生するためには外国投資家に譲渡するしかないのだ」と部下に語った。彼と職員は、新たな外国人所有のもとでの新生活を楽しみにしていた。彼らはよくなるための変化を待ち望んでいた。

　リュ頭取は、引き継ぎ期間中の私たちの臨時事務所として、KFB本社の1フロア全部を提供してくれた。私たちにはスペースが必要だった。ニューブリッジは、この取引を実行するためにアドバイザー部隊を雇った。彼らは、文書の起案をはじめ、正常・不良貸出の評価、法務・規制面への対応、金融モデルの作成に至るまで、すべての事項を処理した。

　リーマンは、金融モデルの構築と銀行資産の評価に関するアドバイスを担った。世界有数の会計事務所の一つであるE&Yは、"マーク・トゥ・マーケット"、すなわち、銀行資産を現在の市場価格により値付けする作業を主導した。彼らはまず、韓国語を話せる専門家を60〜80人送ってくれたうえ、資産評価の専門家であるサムジョン・フーリハン・ローキーからのアナリストを増援してくれた。コンサルティング会社であるベインは、KFBの業務

と管理を点検し、私たちが経営権を得た後に対処すべき問題を調べた。法務面では、引き続きクリアリーを使うとともに、現地法対応について、韓国で最も有力な法律事務所であるキム＆チャン（金・張）法律事務所に依頼した。以上を合計すると、ニューブリッジ側ではおおむね100人以上の専門家が取引のために働くことになった。

1999年1月19日午後、私たちは、すべての関係者の代表を集めた組織編成会議をKFBで開いた。プライベート・エクイティでは私より経験のあるチェンが議事を主宰した。彼とプーンが取引の実行を主導し、私は政府との交渉を主たる責務とした。2時間以上かけて、プロジェクト全体の見通し、作業の予定表、各関係者の責任範囲を検討した。各人の進捗状況を把握するため、すべての関係者は、毎週火曜日と木曜日に開かれる調整会議で発表か電話報告を行わねばならないことになった。KFBにおける私たちのフロアは工場のようになり、書類の山と昼夜働くチームで満杯になった。

FSCの担当官たちは私たちの緊迫感を共有していないようだった。私が彼らと公式交渉の機会を得たのは、KFBのビルに最初に足を踏み入れてから2週間後であった。

1999年1月20日、ディック・ブルームがダン・キャロルと一緒にソウルへ飛んできた。私たちは、KFBの事務所を訪問し、経営者からのプレゼンテーションを受けた後で、昼食をともにした。翌日、ブルーム、キャロル、ジホン・キム、私は、FSCビルに行き、イ委員長に面会した。これは表敬訪問だった。双方がMOUに至ったことについて謝意を述べ、進展に向けて精いっぱい努力すると誓約した。

このミーティングにおいて、私たちは、まったく新しい韓国側のチームに会うことになった。FSCの局長であるスウ・ノオ（南理宇、実名ではない）、彼の補佐のボソン・カン、またはBSカン（尚可倚、実名ではない）だった。

ノオとカンは学校の絆で結ばれていた。"同窓生クラブ"に属していることは韓国ではきわめて重要である。両者ともエリート校のキョンギ（京畿）高校の卒業であった。韓国で最も格式の高い男子校である。両者ともにソウ

ル大学の経済学部に入学した。これは韓国で最高の大学における、最も競争の厳しいコースの一つだった。イ委員長を含め、多くの高級官僚は、この二つのエリート校の卒業生だった。

　私はこの人事異動に懸念をもった。私は1カ月間の交渉を経て、キム博士がチン局長に報告し、局長がイ委員長に報告するという指揮系統がよくわかってきていた。知る限り、キムはチンの信頼を得ており、チンはイ委員長からの信任を享受していた。

　しかしいまや、チンは青瓦台に移り、キム博士は明らかにラインから外れた。追い出されたか自主的に外れたか、私にはわかりようがなかったが、彼は、もはやFSCの主任交渉官ではなく、数週間後には組織から出て行ってしまうことになる。これは、ニューブリッジとの合意に対する反対が新聞記事だけに限られないということの最初の表れだった。私たちにとって、4カ月の排他的交渉期間は3カ月と少ししか残っておらず、5月2日の締切りが厳しく感じられるようになった。FSCの新しい交渉チームとの関係をゼロから確立する必要があり、それには時間がかかる。

　私たちはMOUに基づき、契約の具体的な条項についてFSCの新チームと交渉しようとしたが、彼らは、あまり準備ができておらず、特にMOUの条項について関心が薄かった。彼らは、私たちと関係をもつことすらしたがらなかった。チンやキム博士とはいつでも話ができたのに、ノオとカンはどこかよそよそしかった。ノオはあまり英語を話さず、私たちの議論はすべて通訳者頼みとなった。彼らとのミーティングの設定には数週間かかった。私たちが実質的な会話をもつことができるようになったのは1999年2月3日で、それまでに排他的交渉期間のうち1カ月を費やした。ミーティングは朝から午後4時半まで続いたが、何の進歩もなかった。

　2月11日には、私たちがお互いをよく知ることができるように、BSカンと彼の二人の同僚を招待して夕食会を開いた。主賓のカンは、45分遅れて到着したのに、詫びもしなかった。これは韓国ではあまりないことだった。この国では、人々が道端で会えばお互いに会釈し、若手が年配者や目上の者と

握手するために右手を差し伸べるときは左手で右肘をもつことになっていた。私の経験では、韓国人は外部者に対してきわめて礼儀正しく、早めに来ないとしても時間に正確だった。私としては彼が故意に冷たくしていると解するしかなかった。私は彼らとの交渉に不安を感じ始めた。

2月12日の金曜日、デイビッド・ボンダーマンがダン・キャロルを伴ってソウルに着いた。私たちは、その朝、簡単なミーティングをして状況を議論し、イ委員長との昼食に行った。

ボンダーマンはあたりさわりのない態度をとる人間ではなかった。昼食が終わるとすぐにFSCの委員長に向かって、自分たちのチームは交渉がうまくいっていると思っておらず、FSCのチームが協力的でないと感じていると話した。イ委員長は、多分愉快で儀礼的な昼食を予想していたらしく、びっくりしたようだった。彼は、振り返って、彼のチームと数分間韓国語で話すと、私たちのほうを向いて、韓国政府としては、この取引に高い優先度を置いており、進捗状況をきちんとみていく考えだとボンダーマンにいった。

ボンダーマンのクレームはインパクトがあった。昼食後、ニューブリッジとFSCのチームは再び会議の席に座った。FSC側のテーブルには、ノオ局長、カン課長、そしてミョンチュン・イ（李明春）がいた。私たちはミョンチュン・イのことを、イ委員長との混同を避けるために"イ・ジュニア"と呼んでいた。会議には緊張感があったが、部屋に先の交渉担当官だったキム博士の見慣れた顔があるのを発見し、私の緊張感も和らいだ。

私はボンダーマンへのメモで、「ノオは貴方がイ委員長に伝えたメッセージに怒り狂っています。彼は個人的に面子を潰されたと感じていると思います」と書いた。

私はノオに、自分がボンダーマンに現在の交渉の動きを知らせたことや、解決策を講じないと交渉が脱線しかねない局面にきているとみていることを話した。

この結果、テーブルの反対側にいる韓国人たちに波乱が起きた。私たちの

アドバイザーであるジホン・キムが後日説明したところによると、イ・ジュニアは彼の"態度や人柄"について小言をいわれ、もっと弾力的になるように求められたとのことである。その後、私はしばらく時間をかけて、物事を前に進めるためには双方の信頼関係が必要であると話し、もし私たちが公正でないことがあれば率直かつオープンにいってくれるように頼んだ。FSCの交渉官は同意し、MOUの前に構築していた信頼関係を評価しているといった。

ミーティングの残りの時間で、取引に関連する唯一の個別事項について議論した。KFBがロールオーバーした貸出を時価評価するときの予想満期の設定である。1年間の貸出がロールオーバーされると、実質的に満期が延ばされたことになるから、より長期の貸出にあった金利とするように見直すべきだというのが私たちの主張だった。

私はボンダーマンに対するメモで、「過去2日間の担当者レベルの議論で、イ氏はより我慢強く主体的になりました」と述べた。「彼は、まだ満期の問題では合意していませんが、むずかしい問題は上位レベルの議論に委ねることとして、他の問題に取りかかろうとしています。これで、いくらか進むことができるようになりました」。

* * *

翌週の旧正月(春節)は、韓国でも、中国と同様に大事な祝事だった。韓国人のなかには、キム博士がMOUの交渉をしたようにクリスマスに働く者がいるが、春節の祝日は家族と過ごすものであって、働くことは考えられなかった。

1週間は取引に何も起こりそうにないし、香港の学校も休みなので、ビンと私は、家族一緒に、朝鮮半島の南端にあるチェジュ(済州)島へ休暇旅行に行くことにした。韓国の歴史を勉強している私にとって、この国についてさらに学ぶ機会でもあった。また、休暇後は直ちに戻らなくてはならないので、私は行き先がソウルに近いことを望んでいた。

私たちはチェジュで、海に面したシラ（新羅）ホテルの広々とした明るい部屋にチェックインした。無限の青い海の景色は素晴らしかった。ソウルの天候は極寒であったが、南へ1時間飛んだだけのチェジュの天候は温和で、華氏50度（摂氏10度）だった。別世界に着陸したかのようだった。この島は火山の噴火でできあがっており、その証拠は至るところで明らかだった。多くの場所が溶岩でおおわれていた。地域住民は、何世紀にもわたり、この塊を使って石壁を構築してきた。この壁は吹きさらしの風景のなかを蛇行していた。溶岩が海中に流れ込んだところは、奇妙で美しいかたちとなっていた。島の中心には韓国最高峰であるハルラ（漢拏）山があり、休火山で、緑の植物におおわれて青々としていた。

　チェジュは海女で有名であった。彼女たちは、ウェットスーツ、マスク、腰ロープにつけた重り以外の何の装備もなしに、冬でも海に飛び込んだ。水面下に数分間とどまり、貝、ウニ、ナマコを採って浮かび上がってくる。厳しい仕事だ。彼女たちは、海底から集めてきたものを通りがかりの観光客に売り、観光客は、岩の上に座って、わさびと醤油をつけて生で食べるのだった。

　潜り手はすべて女性であり、彼女たちは生活の必要から売買をしていた。かつては漁師が嵐のなかで消えることが多かったため、未亡人が自分で生活していかねばならなくなり、海に潜って海底から海産物を集めてくることを学んだのだ。私のみた海女は皆とても年寄りで、この伝統は間もなく絶滅するだろうと思った。若い女性がこのような厳しく危険な仕事をするとは想像しがたいからだ。しかし、海女が歴史のなかに消えたとしても、彼女たちの精神は生き残るだろう。彼女たちが冷たい波に飛び込むところをみると、韓国人の精神が表れているように感じた。豪胆さ、持続性、誇りという精神は、韓国の国民が逆境と困難のなかでみせるものである。この国は経済危機を経てより強くなると私は自分にいった。私たちが韓国第一銀行の買収で賭けていたことはこれである。

　チェジュにおける休暇中、私は毎日チームとの電話会議に参加し、KFB

の取引について議論した。ある日、私の娘が部屋に駆け込んできた。私は電話を消音にして、「リーアン、愛しているよ」と呼びかけた。突然、電話会議での会話が止まった。しばしの沈黙の後、「シャン、私たちも愛しているよ」というチェンの声が聞こえた。電話に出ていた者が皆笑った。ホテルの電話の消音機能が働いていなかったのだ。

＊　　＊　　＊

　2月は春節の長い休暇に妨げられながらすぐに過ぎていったが、FSCとの交渉には何の進歩もなかった。MOUの定めでは、取引を成立させるためにあと約2カ月しか残っていなかった。

　市場価格評価が主な争点であり、経済危機のさなかでこれらの貸出に対する市場がほとんどないことが問題を複雑にしていた。私はBSカンの率いるFSCチームとの交渉にその週を費やしたが、評価をどうするかについて合意の目途を立てられなかった。現在の市場環境で銀行が貸出を売ろうとすれば、稼働貸出であっても、簿価より値下げしなくてはならなかった。不稼働貸出については、誰も買いはせず、状況がもっと悪かった。市場がないのに、どうやって貸出の市場価格を決めるのか？

　E&Yのアドバイザーが提案してきたのは、当時の国際標準であるフォワードルッキングの分類手法だった。これは、銀行に対する返済可能性に応じて貸出を分類する方法である。貸出にはいくつかの分類が設けられる。すなわち、正常、要注意、要管理、破綻懸念、破綻である。このうち後の3分類は、通常、不稼働貸出または不良貸出だとされ、しばしば分類貸出と呼ばれる。

　フォワードルッキングの分類手法のもとで、債務者の返済能力に支障が生じれば、銀行は、潜在損失に備えて引当金（準備金）を積むことになる。たとえば、銀行の与信管理者が債務者から80％しか回収できないと判断すれば、銀行は20％の引当を行い、貸出の価値を簿価の80％に切り下げることになる。

当時の韓国の会計実務はフォワードルッキングの手法をとっていなかった。むしろ、債務者の利払い実績に焦点を当てていた。債務者が期限どおりに利息を支払っている限り、貸出は正常に分類され、引当金を積まなくてよいことになった。私たちの見方では、この実務を続けることは無謀だった。何千もの韓国企業が、膨大な債務負担を抱えてあえぎ、キャッシュフローがスパイラル的に縮小するなかで、貸出の返済を行うために職員と支出を削減していたが、貸し手の立場からは、良好な状況だったのだ。事業に行き詰まった膨大な数の借り手が銀行産業を駄目にしているのに、なお FSC は韓国の会計基準に固執していた。

　以前は KFB の顧客であり、韓国の金融危機の引き金となったハンボスティールの破綻を例にとろう。状況に気づいていた人であれば誰でも、この会社が借入れ過剰であり、債務の負担のために破綻が時間の問題であることをわかっていた。しかしなお、ハンボは倒産を宣言する瞬間まで、期限通り利息の弁済をしていたのである。健全な銀行であれば、倒産のはるか前から、ハンボへの貸出を要管理か破綻懸念に分類し、引当金を積んでおいたはずだった。KFB のようにそうしなかった銀行は、ハンボが資金繰り破綻すると貸出を直ちに償却しなくてはならなかった。

　韓国の規制当局は、会計基準の問題に十分気づいていた。FSC の姉妹機関である金融監督院は、フォワードルッキングの新手法適用をすでに計画していた。それなのに FSC は、KFB の契約にこの国際基準を用いようとしなかった。私たちからみると、これは芯の腐った林檎でも、それが表面に現れていなければよい林檎だといっているようなものだった。

　これは、私たちの合意した MOU の条項からの大きな逸脱でもあった。MOU では、優良貸出と不良貸出の定義に関して双方が国際的基準を用いることとしていた。私はすぐに、これ以外にも乖離があることを発見した。

　これは、かつての交渉において、不良貸出を政府に売却する権利を絶対的に確保するため、政府の主任交渉官であるキム博士と1998年12月30日付でサイドレターを交わしていたことにかかわるものだった。ここでは、「韓国政

府は、譲渡完了以前に、投資家に対し、正常または要注意であるか否かを問わず、どの貸出でもバッドバンクに移すことを容認する」と記してあった。

　譲渡完了前において貸出を選ぶことだけでなく、譲渡完了後に貸出を売却することについても、FSC チームがニューブリッジに無制限の権利を認めようとしないことが重要だった。これは MOU の条項を無視した方向転換であるのみならず、取引の経済合理性を失わせるものでもあった。

　FSC は、金融アドバイザーとしてはモルガン・スタンレー、会計についてはコンサルタントのサミル・プライスウォーターハウス（PwC）と作業を行っていた。モルガン・スタンレーと PwC の両者は、私たちに対しては、個人的には同意見であるとする一方、顧客である韓国政府に対しては、MOU に沿うよう説得することができないでいた。私は、合理性が重要だと考え、ニューブリッジを代表する E&Y と FSC を代表する PwC に対し、顧客に対する気遣いなしに、自分たちだけで方法論を議論するよう提案した。ニューブリッジが FSC と直接交渉しなくとも、専門的な基準に従って合意に到達することを願っていた。

＊　　＊　　＊

　突然、私たちには急がねばならない理由が生じた。2 月下旬に HSBC と FSC との MOU において HSBC によるソウル銀行の取得が合意されたという発表があったのだ。HSBC は、韓国政府に前金で 2 億ドルを支払ったうえで、銀行の新資本として 7 億ドルを注入することになっていた。

　HSBC は、KFB の取得を巡る競争では、韓国政府の持分を20％に限定していたためにニューブリッジに敗れていた。しかし、KFB の取得に関する MOU が締結されたことや、韓国のソブリン格付けの引上げが決まったことによって、韓国政府の交渉上の立場ははっきりと改善した。ソウル銀行に関する今回の発表で示された条項は、韓国政府にとってはるかに有利であり、ソウル銀行の株式の30％を保有できるほか、さらに19％を買い増す権利をもち、潜在持分が49％になっていた。またこの発表では、HSBC がソウル銀行

の資産負債を厳格に監査し、5月下旬までに譲渡を終えることとされていた。

特に2億ドルを前払いすることをふまえると、韓国政府にすれば、HSBCとの取引が私たちとの取引より有利であることは明らかだった。

ノオ局長は、HSBCとのソウル銀行の取引は彼の個人的交渉によるものだと誇らしげにいった。ノオとカンは、HSBCからよい条項を勝ち取ったことに鑑み、MOUでの合意内容にかかわりなく、ニューブリッジからも譲歩を得る決意を固めたようだった。私たちにとっては、韓国政府が私たちとの取引をもはや望んでいないのではないかという深刻な疑いを生じさせるものでもあった。

私のおそれは、根拠のないものではなかった。HSBCの取引発表の数日後、私は、MOUに関するかつてのFSCの主任交渉官であるキム博士と個人的に会った。彼は交渉チームの一員ではなかったが、彼らの考え方についてある程度の洞察をしていた。

彼は、FSC内部には私たちの取引に対する強い反対があるといった。「排他的交渉期間内に取引に決着をつけるほうがいいでしょう。さもないとすべてを失うかもしれません」とのことであった。

しかし、私たちが進捗に向けて急げば急ぐほど、交渉はゆっくりとなっていくようだった。いまや私たちのチームは大規模になっていた。キャロル、チェン、プーン、リーマン・チームおよび私に加えて、数名の新顔がいた。ボンダーマンの企業であるTPGのアソシエートのジム・ワーナーは、取引を完成させるためにニューブリッジに派遣された。アメリカン・セイビングズ・バンクの前頭取兼チーフ・オペレーティング・オフィサーであったボブ・バーナムは、業務上の問題についてアドバイスをすることになっていた。業務経験の豊富な銀行員だったボブは、自ら数名を推薦してきた。その一人が、韓国系アメリカ人のSHイだった。彼は、韓国の貸出市場を専門とするクレジットアナリストで、借り手である多くの韓国企業の信用力や財務構造に詳しかった。

韓国政府のチームも大きくなっていた。私たちはもともと FSC だけと交渉していたのに、彼らの側には、MOFE と KDIC の代表が加わっていた。この結果、ミーティングがさらにやりにくくなった。主な論点について何の進展もなく何時間も費やすことがしばしばだった。特に貸出の評価方法についてそれが著しかった。あたかも MOU が存在していないかのようであり、前任のチームと時間を費やして合意した条項一つひとつについて、再交渉を行うことになっているようであった。私たちが方法論について何か新しい提案を行うと、韓国政府は検討や議論もしないで拒絶した。

＊　　　＊　　　＊

　３月になった。排他的交渉期間の終了まで２カ月しかないのに、かつてのチームと異なり、ノオのチームとの間では信頼関係が存在しなかった。韓国政府のチームは、過度に対価を与えてはいけないと考え、私たちからの提案すべてについて、受け入れることをおそれているようだった。多分、私たちのことを金融面でより世慣れていると考え、彼らにつけこむのではないかとおそれていたのだろう。

　ニューブリッジのモデルによれば、もし MOU で合意した条項の最低限すら達成できないならば、経済的にも財務的にも取引を維持できないことになる。このモデルは、要するに、私たちの経営のもとで KFB がどのように業績をあげていくかに関する見通しであった。これは、KFB の現況、事業内容および現在の市場環境に関する私たちのチームの蓄積された知識と分析に基づいていた。私たちは、貸出損失を含む銀行の将来の業績について、こうした情報を用いるとともに、いろいろな仮定や見通しを置いていた。これは、これまでの交渉の基礎となっていた。一方、FSC の新チームは、ニューブリッジが取引で儲けすぎるのではないかという懸念をもっているようだった。

　私は、信頼関係を築くためには、この情報の非対称性をバランスさせる方法を見つける必要があると気づいた。私は、３月２日のミーティングを終え

る前に、韓国政府に対し、私たちのモデルを共有してもらい、この取引全体の経済性をどうみているかを知ってもらったうえで、それが公平で正当かどうかを自ら判断してもらうことを提案した。それは、戦争のさなかに戦闘計画を相手にみせてしまうようなものだった。しかし私は、信頼関係を築くためには透明性が必要だと思った。私たちが公正で正当な提案をしていることを彼らに理解してもらう必要があった。

FSCのチームは、私たちがモデルを共有しようとしていることを歓迎した。翌日、私たちは1日かけてモデルを説明し、基礎計数を示した。雰囲気はリラックスしたものになったが、彼らはあまりコメントせずに注意深く聞いていた。それにもかかわらず、私たちは、提案のすべてに対し、一貫してノーという反応を受け取っただけだった。

その間、KFBの貸出をどのように市場価格で評価するかという問題の解決も行き詰まっていた。E&YとPwCに解決策の策定を委ねるという私のアイデアもうまくいかなかった。二つの会計事務所が値付けの方法論について合意できないことが判明したのだ。E&Yは私たちの必要とすることに焦点を当てた一方、PwCはFSCの立場を譲ることにならないかどうか心配していた。私は彼らの客観性に期待していたのだが、各々の会計事務所にとっては、顧客の最善の利益を優先させることが重要だったので、合意に達することができなかったのだ。

私たちのMOUの条項において、この値付けが双方にとってきわめて重要であったことを思い出してほしい。韓国政府はニューブリッジによる買収前に生じた不良貸出から生ずるバランスシートの穴を埋めねばならなかっただけではなく、私たちが保有することを選択した貸出の値付けから生ずる損失についてもKFBに補償しなければならなかった。言い換えると、韓国政府は保有貸出の簿価と私たち双方が合意した価格との差を支払わなければならなかった。

考えてみると、フォワードルッキングの値付けに関する意見対立は不可避だった。たとえ私たちが方法論について合意したとしても、各々のモデルに

おいて異なる結果を得ることになっただろう。ニューブリッジのチームは多分、韓国経済の当面の将来については、まだ危機に直面しているのだから、楽観的ではなく悲観的に予測することが必要だと思っただろう。これとは対照的に、韓国政府のチームは多分、経済回復のタイミングと程度についてより楽観的だっただろう。将来を占う水晶の鏡がない以上、どちらの側も正しいかもしれないと私は悟った。

　ニューブリッジは、アドバイザーとの部内の議論を行った後、まったく新しいアプローチを提案した。個別の貸出や資産を市場価値に基づいて値付けするかわりに、ポートフォリオ・アプローチをとるのだ。これは実質的に、品質の異なる一群の商品を値引きして買うのと同じである。すなわち、すべての稼働貸出を譲り受けることとし、トップダウンの評価基準を用いてポートフォリオ全体の平均価格について交渉することにしたのである。

　貸出の評価価格の引下げは、保有することとした貸出も毀損するかもしれないという事実を反映して、補償あるいは穴埋めのために必要だっただけではなく、利回り確保のためにも必要だった。これは、市場環境や債務者の業況の変化を見込んで、当初約定利率でより高く十分な利回りとなるよう、貸出の元本額を引き下げることを意味する。FSC は、この新しいアプローチを検討することに同意したが、ポートフォリオ全体の値引き率については、なお交渉対象だった。

＊　　＊　　＊

　2日後、私とチームメンバーは、ノオ局長と会った。私は二つの提案を行った。一つ目の提案は、KFB の貸出ポートフォリオ全体を簿価の87.5%に値付けすること、つまり、12.5%の値引きである。ここでは、譲渡完了時に KFB の保有する貸出から生ずるすべての損失が考慮されていた。二つ目の提案は、貸出ポートフォリオを97.5%で値付けするが、KFB がすでにバランスシートに計上している引当金の50%を留保するというものである。引当金とは、貸出から将来生ずる損失をカバーするため銀行が取り除けておく

金額であり、通常は既存の株主の負担となる。KFBのように株主資本がマイナスとなっている破綻銀行の場合、こうした引当金は韓国政府の負担となる。どちらの提案においても、MOUに書かれたとおり、私たちは、譲渡後に不良化した貸出について、簿価に経過利子を加えた額で売却する権利を確保する。私たちのモデルと計算によれば、二つの提案は経済的に同等であり、私たちとしてはどちらでもかまわなかった。

　私はこの提案は妥当であり、実のところ寛大でもあると思っていた。MOUでは、私たちはすべての貸倒引当金を確保する権利があった。しかしいまや、私たちは87.5%の値付けで引当金の全額を返すか、97.5%の値付けで引当金の半額を返すかの選択肢を韓国政府に与えたのである。これは私たちの側の大きな譲歩だった。ノオは、新しいアプローチが気に入ったようであり、よく調べた後で回答するといった。

　私は、会計アドバイザーに対し、個別貸出ごとの市場価格評価というアプローチを放棄することを予想し、かつて思っていたほど多くのスタッフが必要でなくなるだろうといった。彼らのうち何人かが机を空けたとき、KFBの経営陣は多少困惑した。彼らは、ニューブリッジチームが出ていく準備をしていると思ったのだ。私たちは、これをあえて訂正しなかった。これはFSCに対し、私たちが最悪に備えているというシグナルを送る助けになるかもしれなかったからである。もし交渉が行き詰まったままなら、私たちは引き揚げる用意があった。

　翌日、私たちは、ノオと彼のチームに会った。私たちの提案は建設的な意図に基づくものだったし、私としては、相手も同様に応ずることを願っていたが、彼の回答を聞いてうろたえることになった。私の提案の一つを採用するかわりに、それぞれで最も都合のよい部分をとったのだ。彼の反対提案は、貸出ポートフォリオ全体の価格を簿価の97.5%とするうえ、KFBは引当金の100%を韓国政府に戻すというものだった。これでは、壊れた時計を値引きして買うか、新しい時計を定価で買うかを申し出たところ、店の主人から壊れた時計を新しい時計の値段でしか売らないといわれたようなもの

だった。

　私たちのチームは、ノオの厚かましさに呆れてしまった。彼の提案は明らかに不当だった。彼は、誠意ある交渉の原則を破っており、貸出の品質を考えると、彼の反対提案は馬鹿げているとしかいえなかった。私たちは溝を埋めようと努力しているのに、彼は少しの動きも拒否した。

　私は不満だったので、IMFや世界銀行のような国際機関を招いて貸出ポートフォリオの裁定をしてもらってはどうかといった。ノオはどれも受け入れず、ミーティングは終了した。

　後日、私がキム博士に電話し、FSCで何が起こっているのかを尋ねたところ、彼は答えなかったが、取引の行方について「楽観的でない」ことを認めた。私たちは行止まりに直面したようだった。

＊　　　＊　　　＊

　私とチームメンバーは、このところソウルに泊まり込みで、週末に香港に帰れないことがしばしばだった。

　3月6日の土曜日、私たちは、カン課長と彼のチームに会った。私は第三の提案をした。私たちは貸出を簿価とすることを受け入れるが、MOUに従ってKFBが引当金の100%を留保するというものだ。

　今回は、カンが反対提案を出した。簿価の97.5%に値付けするとともに、KFBが引当金の3.4%を保持することを許すというものだ。これは、私たちのもとの87.5%という提案に対し、実質的に94.1%（97.5マイナス3.4）で値付けするということを意味していた。双方の溝はまだ大きいが、少なくともある程度の進展はあった。

　私たちとFSCチームの議論が噛み合い始める兆しはほかにもあった。この週の交渉では、初めてノオ局長が個人的に参加した。私たちにとっては、ニューブリッジが転機を迎えたことを彼らが悟った証しにみえた。また、彼らが前夜、午前1時までアドバイザーと分析をしていたことも知った。

　話合いが進むにつれ、FSCチームが私たちの限界を試していることがわ

かってきた。私は、すでに限界に達していることを示さなければならないと思った。私は、ノオに一対一のミーティングを申し込んで、私の提案が最終的なものであって、これ以上譲歩の余地がないと明言した。私は続いてレターを書き、私たちの立場はMOUと整合的であり、彼の側が政治的理由からMOUを破棄していると主張した。彼は同意せず、私の状況認識を「不正確な非難」だとした。

　私は、ブルームとボンダーマンへの部内メモでこうしたことすべてを報告した。「興味深いことに、私がIMFや世界銀行のような国際機関を共同招聘してMOUの実行プロセスを監督させてはどうかと提案すると、ノオは特に神経質になり、決してそんなことはしないといっていました」。これは、まさに私が意図したとおりの反応だった。

　月曜日に私は、ボンダーマンからファックスの返信を受け取った。

　　シャン、ファックスと添付資料ありがとう。私たちは、引き続き、とても粘り強くMOUを守っていかねばならないと考えます。また、私たちは、何をする準備をしているかを韓国人に知らせ、そのとおりに行動しなくてはならないと思います。私たちは多分、彼らがここで何をしようとしているかについて再度説明してあげる必要があるでしょう。つまり、彼らが銀行システムの運営方法を知っていること、それがなぜすべての人に証明できる正しい方法であるかを世界に納得させることです。もし必要で有益なら、ディック［ブルーム］や私がもう一度韓国に戻って青瓦台やイ委員長と話しても結構です。

　ブルームは翌日、ソウルに着いた。彼はイ委員長に会いに行った。これは友好的なミーティングだった。両者は、取引をまとめるために努力していくことを約束した。イ委員長は、もし排他的交渉期限の2週間前の4月中旬までに解決に近づいていなければ、双方の責任者が再度会うことを申し出た。しかし、双方の責任者が理解しあったとしても、FSCチームが現場で行う交渉の方法には改善がなかった。

　その間、世界銀行のソウル代表であるペール・ジェドファーから、私たち

に連絡がきた。彼は、世界銀行が韓国に対する貸出の第二次トランシュを実行する前に交渉の状況を知りたいと考えたのだ。世界銀行とIMFは、私たちの交渉の推移に強い関心をもっていた。580億ドルの救済パッケージの条件の一つは、韓国が破綻銀行のうち少なくとも1行を譲渡することだった。私は彼と会って交渉の状況を説明した。

　世界銀行はMOUの主要条項を知っており、私は韓国政府と共通基盤に立つことの困難さについて説明した。彼は、ミーティングの終わりに、私たちがMOUに従ったうえで、実際には韓国政府に譲歩しているという見方に同意した。ジェドファーは、韓国政府のしかるべき高官と話す際に、交渉プロセスを進めるよう促すといってくれた。

＊　　　＊　　　＊

　排他的交渉の期限まで残り6週間となり、私は厳しいスケジュールに追われていた。毎日10から12時間、FSCと取引に関する交渉を行い、その後、数時間かけて同僚に向けて詳細な状況報告のメモを書いていた。3月12日にニューブリッジチームに回覧したメモでは、私たちの状況の困難さについて、以下のように要約している。

　　　担当者レベルでは、先週の水曜以来、意味のある進歩がありませんでした。しかし、ディックが委員長と面会した後、彼らの方針や戦術に特筆すべき変化がありました。彼らが私たちの提案を拒絶する際、かつては、HSBCとのソウル銀行の取引や世論の動向を言い訳にしていましたが、いまでは、MOUの解釈に関する“純然たる不合意”によって食い違いが生じているというようになりました。つまり、彼らもMOUに従っており、両者の主張の違いは単なる解釈問題だというのです。彼らは、ネガティブな報道を使って、何週間も圧力をかけてきました。

　ボンダーマンは、同日、彼らしくファックスを送ってきた。「私たちは、相手に馬鹿にされていると思います。彼らは、MOUから離脱できないことに気づいたものの、実は続ける気もないのです」と書かれていた。「彼らの

企みの内容を知っていることを明確にするため、非常に強い調子のレターを遅かれ早かれ送ろうと思います」。

　取引がいつまでも片付かないので、私たちのアメリカのチームは明らかに、取引の成立に対する信認を失い始めていた。全般に不満が多かった。次の月曜日の３月15日、私は弁護士のマイケル・ライアンと話をした。彼は、私たちがKFBの取引のモデルとしたASBの取引に際し、ボンダーマンと仕事をしていた。彼は、取引が成立しないという悲観論をボンダーマンに伝えていた。私たちは、法的措置を含め、韓国政府を動かす方法について議論した。

　私は彼に電話した後、「なんとかして、できるだけ早く、あの連中に決めさせねばなりません」と書き送った。私の意見は、弁護士からFSCに最後通牒を送るということだった。その内容は、彼らがニューブリッジの最低限の立場を受け入れるか、私たちがMOU違反として韓国政府に対する法的措置をとるかというものだ。

　　もちろん、私たちが彼らに対する訴訟を申し立てる先をアメリカの裁判所とするか韓国の裁判所とするかについては、貴方の専門的判断に従うつもりです。私は、もし取引が破局に至れば、私たちと取引するという彼らの約束を信じた結果、大きな損害を受けることになると感じています。損害は現実的なものです。最終的に、訴訟を起こすという脅しは、もし私たちが勝訴できないとしても、トップリーダーの注意を引くことにはなるでしょう。

　私の用語法は意図的なものだった。私は、アメリカの契約法における法概念である "detrimental reliance" に言及していた。これは、もし一方の当事者が他方の当事者の何かをするという約束を信頼した結果、コストや損害を被った場合、裁判所は、そうした約束をした当事者について、正式な契約でなくとも、約束を破ったことについて弁償する義務があると判断するというものである。

　私としては、MOUが法的拘束力のないものであっても、MOUにおける

約束を信頼して相当な支出を行ったのだから、FSC を訴える理由があると考えたのである。この取引のために、一群の弁護士、アナリスト、会計士に働いてもらい、私たち自身も時間を費やしたことに鑑みれば、この信頼は明らかに損害をもたらした。ニューブリッジは KFB に関してすでに数百万ドルを使っており、勘定書はいまも積み上がり続けていた。法的な措置に出れば、韓国政府に私たちがいかに深刻な状態にあるかを示すことができるかもしれなかった。そして、もし最悪の事態になれば、私たちは自らの利益を守らねばならなかった。

第5章

迫り来る期限

　私は、韓国政府に対する法的措置について、真に最後の手段であり、当面は行使の必要がないと考えていた。翌3月16日、私たちがFSCの事務所で6時間のミーティングを行ったところ、FSCチームはついに、貸出の査定と分類において、韓国の基準ではなくフォワードルッキングの国際的ベストプラクティスを用いることに合意した。私たちは、双方のアドバイザーがガイドラインをつくり、KFBの経営陣がそれを実施することで合意した。

　このミーティングでは、交渉の力学に興味深い変化があった。モルガン・スタンレーのバイス・プレジデントであるゴークル・ラロイアが議論を主導したのだ。FSCチームのメンバーはあまり話をしなかった。ラロイアによれば、モルガン・スタンレーとPwCのチームは、FSCチームにフォワードルッキングの基準使用に合意してもらうため、長時間をかけたとのことだった。不運なことに市場価格評価等の他の問題についてなおかなりの溝があったので、私たちは、彼らの申出を拒絶するほかなかったが、少なくともこれが始まりになると思った。
　私の楽観は、長くは続かなかった。翌日は、FSCのオフィスの会議室に戻り、残る問題を洗い出した。ミーティングの当初、前日の合意に沿って、

フォワードルッキングの貸出分類のガイドラインについて双方のアドバイザーが検討するという提案を切り出した。ところが今回、FSCの交渉を主導していたBSカンは、フォワードルッキングの貸出分類の方法使用に合意する前に上司と相談する必要があるといったのである。

　私が驚きから立ち直ることができないでいるうちに、サンムク・イ（李尚木）博士が話に割り込んできた。イ博士はMOFEの銀行システム課の課長補佐であった。彼は最近オブザーバーとして交渉に参加してきたのである。

　イ博士の発言は、「FSCは、ニューブリッジと相談する前に、最近の提案内容をMOFEに知らせていなかった」というものだった。MOFEとしては、この提案により混乱し、FSCがニューブリッジに過度に寛大だと考えているとのことだった。彼が暗に示唆したことは、私たちが実質のある変更をしない限り、さまざまな官庁から承認を得るのがむずかしいということだった。

　私は、「それは結構だ。現在の提案はニューブリッジにとっても同様に受け入れられないものだからだ」と応じた。そしてカンに向かって、「そもそもFSCは私たちと交渉する権限があるのか」と尋ねた。カンは、権限があると答えたうえ、彼の最近の提案が本当に最終のものであって、その結果ニューブリッジとの取引が潰れても仕方がないと断言した。

　この期に至って、私には話合いを続ける理由がなくなった。建物を離れるとき、ホールでイ委員長とすれ違った。彼は、「交渉はどんな調子ですか」と聞いた。私は「よくないですね」と答えた。

＊　　　＊　　　＊

　私たちは初めて、KFBの取引を巡る韓国政府内の政治的動きに接するようになった。まず、FSCとMOFEの間には、明らかにある種のライバル関係があった。MOFEは、MOUの交渉に直接には参加しておらず、財政経済部長官は取引に反対票を投じた。彼の反発はMOUに署名する数分前だったので、KFBが付与する韓国政府のワラントを増やしてなだめることになっ

た。いまや、MOFE が交渉過程に直接関与することとなり、代表者のイ博士が時計の針を戻すよう求めていた。

　そのうえ、ノオの問題があった。私の接触した韓国の担当官はすべて、専門家で、勤勉で、礼儀正しかった。ノオは例外だった。ミーティングで座っているときは、心ここにあらずで、近寄りがたかった。彼はえらが張っており、真っ黒な髪を一方にとかし、銀縁の眼鏡の奥から細くて表情のない目で訪問客を見つめるのだった。微笑むこともなかった。彼は、雲の上の重要人物であるかのように振る舞っていたが、決定を下すことができないようだった。彼がたまにミーティングに出席したときの交渉スタイルは、私たちの提案をすべて拒否することだった。彼と実のある議論をして物事を解決することはほとんど不可能だった。彼が MOU を好んでいないことは明白で、初日から取引に敵対的だった。

　アドバイザーのジホン・キムによれば、主任担当官をノオ以外の者に替えるよう上層部に頼むことは非常にむずかしいとのことだった。ジホンはこのドラマの登場人物すべてをよく知っており、イ委員長は、なお取引を支持しているが、手が縛られていると語った。ノオはライバルの政治派閥から来ており、その派閥は DJ キム大統領の政策にもしばしば異論を呈していた。

　ジホンは、事態の打開のため、交渉状況の管理を支援するステアリング・コミッティーの設置をイ委員長に提案した。韓国政府のなかには、キム大統領の銀行改革の方針に忠実な人たちもいた。そうした支持者を含む委員会であれば、ノオの権限を制約し、手詰まりとなっている現状を変えられるかもしれなかった。私は、もしステアリング・コミッティーに不適当な人が入ったら、FSC がいまの立場にもっと深く立て籠もるかもしれないと少し心配だったが、ジホンは、イ委員長としては取引を前に進めるためにノオの影響力をなくす機会をねらっていると私に請け合った。

　しかしその前に、イ委員長をはじめとする KFB 取引の関係者全員に対し、ニューブリッジが真剣であることを示しておく必要があった。当時、私たちのチームでは、イ委員長に強い表現のレターを送ることを議論していた。現

在の交渉状況に関する懸念を遠慮なく伝え、時間切れになっていることを強調するレターである。私はそうしたレターを送る時期に来ていると感じていた。

　そのレターは、私が文案をつくり、ブルームの署名を得て、1999年3月18日に送られた。私たちの見方に沿って、「交渉は決裂したも同然です」という書出しにした。そして、韓国政府が国際的ベストプラクティスに沿って銀行部門を再構築する決意を示すためには、MOUの条項に沿うことが重要な要素だと強調した。ブルームは次のように述べた。

　　しかし、MOUが署名されて以降の10週間、FSCは、提案された取引の鍵となるコンセプトを変えようと繰り返し試みてきました。……私たちが会ってから、この交渉パターンは実質的に変わることなく続いており、ニューブリッジにおいては、取引が可能かどうか自体に疑問をもたざるをえないため、重大な懸念が生じています。

　ブルームの結論はこうだった。「私たちの交渉は危機的な状況を迎えています。これ以上の遅延は致命的だと信じています」。

＊　　＊　　＊

　私は、韓国の交渉相手の足元に火をつけようとしているまさにそのとき、ニューブリッジの裏庭でのもめごとの消火に追われることになった。ニューブリッジに派遣されたTPGアソシエートのジム・ワーナーが、FSCに対する私の最近の提案について、韓国政府側に寛大すぎるという懸念を表明するメモをボンダーマンとTPGに書いたのだ。

　彼のメモは「主な懸念は、私たちが保有を決定した貸出ポートフォリオについて正しい値付けを確保できるかどうかです」としていた。私たちはFSCに対し、貸出ポートフォリオを加重平均で87.5％の価格とすることを提案していた。ワーナーは、この価格では、「ウォン建ての貸出（最大の構成要素）先の55％において、1997年のEBITDAが支払利息未満であるという現実をカバーできていない」と考えていた。

EBITDAとは、支払利息、税金、減損、償却を差し引く前の収益を指し、会社の業務キャッシュフローをみるうえで広く用いられている指標である。ワーナーのいっていることをわかりやすく書けば、KFBの貸出先のうち55％の企業は、業務上得られるキャッシュフローによって、借入れの元本はもとより、利子すら払うことができないということである。貸出の半分が貸倒れのリスクにさらされているのに、なぜKFBの貸出を額面の87.5％で値付けすることを正当化できるのかと、彼は怪訝に思っていた。ワーナーの結論は、私が「取引を仕上げるために、権限外の無責任な妥協を行いつつある」というものであった。

　ワーナーは、なぜか、自分の見方について私と話をしなかった。私は、ボンダーマンからメモをみせられ、ワーナーの提起した問題について質問されたときにその内容を知ることになった。私としては、韓国政府側から妥協が少なすぎるとされる一方、チームメンバーからは妥協が多すぎるとされていることを皮肉だと思った。私たちは、FSCチームとさらに交渉できるようにするため、まず部内の食い違いを整理しなければならなかった。私たちと韓国政府の間の溝は、狭まるのではなく、広がっているようだった。

　ワーナーのデータは正しかったが、彼は全体をみていなかった。KFBの貸出のほとんどが不良であることは事実だったが、MOUの条項により、そうした貸出はすでに私たちの問題ではなくなっていた。それらは、譲渡の前か1〜2年後に、韓国政府へ売却されることになっていた。

　値引きが大きければ大きいほどニューブリッジに利益があることはいうまでもないが、本当の問題は、正しい評価とは何かということだった。私たちの分析によれば、87.5％の値付けであれば、債務者の信用リスクを反映する利回りを得られ、債務者の返済能力の毀損というダウンサイドに対して十分な保全となった。私たちの提案は、正常貸出についてさえ12.5％値引きするというものだった。加えて、私たちに売却権があることを前提とすれば、すべての貸出について、借り手を再生させるか、弁済可能となるように貸出を再構築するかを判断するため、1年から2年の観察期間を設けることができ

た。その間、私たちは貸出からの利息収入を通じて、リスクフリーで魅力的な利回りを確保できるのである。

「特定の値付けに満足できるか、合意した値付けの方法でどのような結果が得られるかは、あなたが指摘するとおり、私たちの保有する貸出ポートフォリオの質と、譲渡の前後における移管権行使にあたりどの程度選択の自由があるかによります」と私はボンダーマンに書いた。最後のポイントは決定的に重要だった。もし不良貸出を韓国政府に移管する権利を行使できないことになれば、どんな値付けをしても意味がなかった。破綻銀行を立て直すことは、深い谷から高い山頂に登るようなものだ。山頂に着くためにKFBは、重い荷物、すなわち不良貸出を外す必要があった。

ワーナーと私がチームメンバー数名を交えて話をしたところ、私たちの提案した値付けが機能するという共通認識にすぐ到達した。

一方、ボンダーマンは分析のため、何人かの親しいアドバイザーを招聘していた。彼はこう書いた。「要するに……この取引はうまくいくだろうが、私たちの考えていたよりも長くて厳しい取組みになるだろうということです。私たちの成功は、KFBの顧客基盤の分散にかかっており、それは、一部は韓国経済全般の成長から影響を受けます。そうすると、3年間での事業再生という私たちの想定は、過度に楽観的かもしれません。KFBの新しい頭取をどうするかという問題もあります。これは、誰にでもできる仕事ではありません」。

* * *

交渉の締切りまで残り5週間となった1999年3月23日、同僚のチェン、リーマン・ブラザーズチームのオハンロン、E&Yのジャック・ロドマンおよび私は、FSCでノオおよび彼のチームと会った。私の当日の記録には、ノオとシャドー・ボクシングのような会話をしたと書いてある。ノオは、私たちが個別貸出の評価の代替策として提案した"トップダウンの評価アプローチ"がよいと話した。私たちの提案した値付けには同意しなかったもの

の、ポートフォリオ全体で評価すべきだということには同意したのだ。私にとってはノオの交渉方法に関する自分の仮説を試すよい機会だった。

　私たちがトップダウンの評価アプローチの手法を提案した理由は、値付けに早く合意できると予測したことであった。しかし、もし値付けに合意できないなら、トップダウンの評価アプローチは役に立たず、ボトムアップの手法に戻るほうがよいだろう。

　「シャンさん、トップダウンの評価は正しいやり方だと思います。私たちはこの手法によることを主張します」とノオは応答した。

　ニューブリッジが自らの提案を取り下げようとすればするほど、ノオはこの手法に固執するようになった。これは、私の考えていたとおりだった。私は、彼がどういう考え方をするかを学んだ。彼は、自分が何を望んでいるかを本当には知らないので、私たちの限界を試すために圧力をかけてくるのだ。私が「はい」といえば、彼はまだ圧力をかける余地があると思い、取引を受け入れないだろう。しかし、私が「いいえ」といえば、彼は、私たちから最後の雫まで搾り取ったと思い、その案に固執するようになるのだ。

　ノオ局長に対する新しいアプローチのためか、FSC内部でなんらかの力が働いたためか、私たちの交渉はついに前進したようだった。これは部分的には、国際市場が韓国の構造改革の兆しを見守っているなかで、FSCにとって国際的ベストプラクティスに公式に反対することはむずかしいからだと推測された。このため、MOFEのイ博士の反対にもかかわらず、国際的ベストプラクティスに基づく貸出査定がついに机上にのることになった。ただし、それが正確にどうなるかについては、合意ができていなかった。

　3月25日午後私たちは、BSカン課長とそのチームに会った。私は、87.5％という値付けの提案が有効だといったが、議論はすぐ他の論点に移っていった。私たちは、双方のアドバイザーに分類のガイドラインや他の文書を起案させることで合意した。

　私は、その日の部内メモで「今日の議論は建設的だったといってよい」と書いた。私たちは、毎回の会合でFSCチームの非妥協的立場にひどく悩ま

されてきたので、彼らの側の軟化の兆しをみて嬉しく感じた。ポール・チェンの書いた第二のメモでは、ミーティングでの論点がリストアップされていた。私たちは、多少の歓喜のトーンを込めて、「本当に進展できました」と書いた。ノオは、彼の側のアドバイザーを集めて解決を要する事項について議論することに同意した。私たちはついに軌道を回復したかのようだった。

＊　　＊　　＊

　3月になると、韓国の報道陣は、FSCとニューブリッジの交渉の進展や状況に強い関心をもち、盛んに取材してくるようになった。韓国政府の交渉官は、内外の世論に影響を受けていた。彼らは、韓国の報道陣の表明する見解を気にしており、韓国の王冠の宝石（重要資産）を売り渡していると公衆の面前で攻撃されることをおそれていた。しかし、韓国経済の回復には外国投資家の見方が重要なので、韓国政府がMOUを破ろうとしていると受け止められることも望んでいなかった。

　韓国の報道は、何十年間も厳しく検閲されてきた。権威主義的大統領であったチョンヒ・パクは、1960年代に主要な新聞のほとんどを閉鎖した。その後継者のドファン・チョン（全斗煥）は通信社とテレビ局を国有化した。しかし1980年代の末になると、政府は自由化を開始し、韓国のメディアは拡大した。KFBの取引の時点では、この国には奔放で影響力のある自由な報道陣があった。もっとも私は、多少の苦労の末、特定の事項については、ジャーナリストがなお政府に遠慮していることを知った。

　排他的交渉期間が残り少なくなりつつあるなか、私はコリア・タイムズの記者に会った。これは「ニューブリッジはMOUを完全に遵守する」というタイトルの記事になった。記者は私に電話で、FSCが記事の公表前の審査を求めてきたといった。これは、ほとんどの西側諸国では考えがたいことだった。そのうえでFSCは、記者の書いた記事に変更を求めず、そのまま公表させたとのことだった。

　私たちは、FSCが韓国の報道陣を通じて世論を操作し、はっきりしたメッ

セージを私たちに送ろうとしていることを知っていた。特にノオは、不器用ながらストーリーを吹き込むのが好きであり、報道があったときには誰が吹き込んだか疑いがなかった。彼もメディアのスポットライトを浴びたくはないようだった。メディアに対する共同戦線を張り、取引に対する世論の受けをよくするため、私はFSCの女性広報官であるサンディ・パク（桑迪・朴）にランチミーティングを申し入れたが、ノオの命令でキャンセルされたと知った。ノオが何をおそれているかわからなかったが、FSCの広報官と私の接触を望んでいないことは明白だった。

　韓国政府が取引からの離脱を望むとしても、交渉が物別れになったことについて非難を受けたくないと考えていることは、私にはわかっていた。ノオの姿勢がわずかに軟化しても、むずかしい問題に関する合意に向けた真剣な努力なのか、彼の側が非難を受けないようにするためにすぎないのかを区別することはむずかしいことが多かった。報道されていることと、交渉のテーブルを通じてみられる前向きなサインとの間では、食い違いが目立った。

　3月26日に、韓国最大の新聞であるチョソン・イルボ（朝鮮日報）は、「選択肢はニューブリッジだけか」という見出しの記事を公表した。この問いかけは明らかに反語だった。この記事では、MOUは契約でなく、ニューブリッジに有利すぎる取引をもたらしているという、匿名の"外国投資銀行の支店幹部"の意見が紹介されていた。この記事は、不特定の情報源に依拠しており、匿名のIMF職員たちが「KFBはニューブリッジの格好の餌食だと冗談を言い合っている」という噂を引用していた。そして、記事は、韓国政府による二つの破綻銀行の売渡しを救済パッケージの条件としたIMFを非難し、自らの考えを示した。韓国政府としては、KFBに多額の資本を注入するよりも、同行を清算して新しい銀行を設立したほうがよいということだった。記事は次のように続いた。

　　KFB譲渡交渉に参加した金融当局関係者は、「MOUへの署名が拙速だったことはたしかだが、当時はニューブリッジが唯一の候補であり、他に選択肢はなかった」といった。ただし、「政府がIMFに二つの破綻

銀行―韓国第一銀行とソウル銀行―の譲渡を誓約したことは、*M&A戦略の観点からはまったくの失敗だった*」と付言した。

　これは悪意に満ちた批評であり、そこらじゅうにノオの指紋がついていた。韓国のビジネス報道ではあやふやな情報源と匿名の引用が日常茶飯事であって、最悪の場合、ゴシップより少しましなだけだった。銀行を清算して新しく設立するという主張は、書き手の無知を示すものだった。政府は、銀行の預金と債務をすべて返済する責任があり、単純に清算することはできなかった。こうしたことを書き手が知らないのは明らかだった。外資系企業の匿名の情報源を引用して記事の真の情報源を隠そうとする取組みについて、私は笑止千万だと思った。国際的コミュニティ、特にIMFと世界銀行には、韓国政府が取引から離脱すべきだと考える者はいなかった。

　この記事の結論はおそらく、私たちが交渉のテーブルを挟んで受け取るどんな印象よりも、ノオの真の意図を表していた。「交渉の専門家によれば、もし取引がうまくいかないならば、MOUを遵守しなくてもかまわないが、それが韓国のせいではないことを示さなければならない。さもないとMOUからの離脱は韓国の信用を落としてしまうからだ」という記事について、"交渉の専門家"が誰かを推測するのはむずかしくなかった。

　ノオにはジレンマがあった。ニューブリッジは、一貫してMOUの遵守を主張し、その旨を公言してきた。MOUから離脱したいのは彼の側だった。しかしノオは、そうすると国際コミュニティで韓国が悪くみえることも知っていた。そうなると、韓国が足元の苦境から立ち直るために必要な貸出や投資が危うくなるかもしれなかった。したがって彼は、実は国際的ベストプラクティスに従う意図がないのに、それを受け入れるふりをしているだけだと、私たちは推測した。

　最近は進展しているようにみえたものの、私たちは、チョソン・イルボの記事をみて、FSCが誠意をもって交渉しているのかどうか疑念をもった。3月26日、ボンダーマンは、ブルームがノオ局長に送るレターの原稿を書いた。そこでは、合意にとってMOUの核となる原則が決定的に重要であり、

私たちが少しも譲れないことを強調していた。このレターは、少なくとも部分的には、チョソン・イルボの記事に対する反論とも読めた。私たちは、ノオのトリックには引っかからないこと、MOUの核となる原則に政府を従わせたいと考えていることを彼に知らせるほうがずっとよいと思ったのだ。ノオ氏との交渉で進展が得られるという確信をもてなくなっていたし、彼に何か圧力をかけたかったので、レターの結論では、イ委員長がブルームと最後に会ったときの意見を次のように引用した。

　　　　したがって、交渉チームが取引に合意できないために、上位の者が問題解決に向けて会う時期について、私としては、4月中旬まで待とうというイ委員長の決定に従います。ただし、貴方としては、4月中旬の日程を押さえるようイ委員長にアドバイスすべきだと思います。この数週間のうちに大きな進展がなければ、この取引の交渉を最上層レベルで行わねばならなくなると思われます。

　4月になると私は、FSCとのミーティングのたびに、毎日、暖簾に腕押しだという感じを受けるようになった。期限が近づくにつれて、報道では、交渉を難航させている理由についてさまざまな憶測が示されるようになった。韓国メディアの多くの記事は、政府筋の情報を引用して、進展がない理由をニューブリッジのせいにしていた。私たちは、FSCの姿勢と否定的な報道がお互いを強め合っていることに懸念をもっていた。

　4月2日、またしても実りのないFSCとのミーティングのさなかに、私はノオのオフィスに呼び出された。彼は机の後ろに座り、私に覚えておいてほしい主張のリストを述べ立て、私の隣に座った通訳がその発言を翻訳した。「まず、韓国政府は最も困難な時期にニューブリッジが署名してくれたことを忘れない」と彼はいった。それは私も彼に覚えておいてほしいことであったが、彼の振る舞いはこの発言と矛盾していた。彼は、「韓国政府はニューブリッジとの取引の成功にコミットしている」とも発言した。この点を強調したのは、驚くべきことに彼のほうだった。しかし彼は、報道で取引がどのように描かれているかという問題を取り上げ、FSCの意図について

疑問を呈した、私たちの最近のレターの内容やタイミングに懸念をもつといった。報道陣がどういおうと、韓国政府は、MOU を忠実に支持し、遵守しようとしているとのことであった。韓国政府としては、誤った報道があれば是正に必要な措置をとると彼はいった。

　私がノオとのミーティングに呼ばれる直前、FSC の交渉担当官たちは、チームの誰もメディアと話したことがないと主張していた。もし私がノオのオフィスの外で待たされている間、彼が記者グループとのミーティングを終えようとしているところに出くわさなかったら、その主張にはもっと信憑性があっただろう。

＊　　＊　　＊

　世論を巡る戦いに勝つことは決定的に重要であり、報道陣との関係は重要な武器だった。しかし、これまでの戦況は私たちに不利だった。FSC のチームは、MOU よりもずっと有利な取引を欲していたが、交渉のテーブルから離脱しつつあるとみられたくはなく、ニューブリッジが悪いとみられるようにせねばならなかった。公衆は実情を知らず、現地の報道は当然ながら国粋的な感情を反映していた。私は、報道陣と良好な関係を築いて誤った印象を是正することが重要だと決心した。交渉の具体的内容を秘密にしなくてはならないなかで、これはむずかしい仕事だった。しかし、報道陣ひいては公衆とのコミュニケーションは、私の仕事の重要な一部となった。

　韓国の内外の記者は、私たちと話をして交渉の進展状況を知ることに大きな関心をもっていた。私は、機会あるごとに主要な英語メディアの記者と会い、彼らの多くと知り合いになった。コリア・タイムズのジャーナリストであるヒョンミン・キム（金賢民）は、面白いことに、私を"シャン博士"、時には単に"博士"と呼ぶ習慣があった。ニューヨーカー誌に、しゃれたレストランの給仕長が「ジェニングス博士の名前で7時半に四人のパーティーの予約ですね。本当の医学博士か、PhD にすぎないのか、お伺いしてよろしいですか」と電話で話している漫画があったのを思い出した。PhD にす

ぎない私としては、ヒョンミンが敬意を表しすぎだと思ったが、彼の真面目さをありがたく感じた。

　韓国のトップ英語紙コリア・タイムズは、1月には、この取引を批判する記事を載せていた。しかし、ヒョンミン・キムが私と時間を過ごしてMOUの裏表を知ってからは、論調がずっとバランスのとれたものになった。

　4月のある日、彼は、翌日掲載予定の記事とともに、いつでも私の望むときにお話できればありがたいという内容のファックスを送ってきた。その記事は、要するに、世界銀行の事務所長に対する彼のインタビューのレポートだった。MOUで示された取引は国際コミュニティの期待していたものであり、グローバルに強い支持を得ているというのが世界銀行の見解であり、記事はそれを明確にしていた。そのなかでは、世界銀行のソウル代表であるラム・アイヤー氏の「取引は取引である。MOUであろうと最終契約であろうと、双方による合意は尊重されなければならない」という発言が引用されていた。彼はさらに、韓国への投資が外国からなお非常にリスキーだとみられており、多くの投資家にとって魅力がないことを説明していた。これは、HSBCの取引の成立後に多くの韓国人が楽観的になっていたことに対する重要な警告だった。最後にアイヤーは、つい1年前に、他の外国投資家が皆逃げ出すなかで、ニューブリッジが韓国経済を信頼していたことを指摘した。

　私はアイヤーに会ったことも話したこともないが、彼の見方のみならず、その率直さに強い感銘を受けた。この記事を同僚に送り、表書きに「こうした国際機関には珍しく、彼は私たちの立場をはっきりと代弁してくれた」と書いた。

＊　　＊　　＊

　排他的交渉期間が残り1カ月を切ったが、FSCチームには、私たちと最終合意に達しようと努力する兆しがみえなかった。彼らは、排他的交渉期間が期限切れになるまで、みるからに時間稼ぎをしていた。重要な問題を解決するため、私たちはイ委員長とブルームやボンダーマンを交えたミーティン

グの設定を決めた。このミーティングの予定日は、排他的交渉期間の終了2週間前の4月16日とした。

当日が近づいてくると、私たちは慎重にミーティングの準備をした。キャロルと私は、可能な限り早く友好的な雰囲気を確立したいと思った。私は、ブルームとボンダーマンに対し、彼らの人柄を反映した小さな贈物をもっていくようアドバイスした。イ委員長とボンダーマンは、前者がアドバンスト・マネジメント・プログラム履修、後者が法学部の評議員ということで、双方ハーバード大学に縁があったので、ボンダーマンにはハーバードの記念品である学章付きカフスをもっていってもらうことにした。ブルームは熱心な登山家だったので、ニュージーランドのエドマンド・ハリーとネパールのテンジン・ノルゲイによる最初のエベレスト登山成功の本をもっていってもらうことにした。彼は、イ委員長と打ち解けた密接な関係を築くことを願い、人柄の一端を示すために、エベレストで撮影した自分の写真を添付した。

私たちは平和な申出の準備をしていたのに、FSCは戦争の準備をしているようだった。ミーティングの日が近づくにつれ、プレッシャーが高まるばかりだった。委員長とのミーティング前の日々には、交渉の進展状況を問い合わせるおびただしい電話がきた。そのなかには、韓国の記者だけでなく、ウォール・ストリート・ジャーナルとフィナンシャル・タイムズの外国ジャーナリストもいた。現地の新聞は交渉の決裂を予告し、ニューブリッジを非難する記事で溢れていた。実をいうと、私たちをサポートしている現地の英語紙はコリア・タイムズだけのようだった。多少有利になるかと思ったので、私はコリア・タイムズの記者にブリーフィングを行い、報道されている憶測と異なり、両当事者間の溝が狭まっていると話した。

ミーティングの数日前には、FSCのアドバイザーをしているモルガン・スタンレーのマネージング・ディレクターであるハリソン・ヤングから電話を受けた。

彼は「貴方はこの取引を失いつつある」と単刀直入にいった。彼はそれ以

外に何もいわなかったが、その意味するところは明白だった。私たちが取引を救うためには、もっと譲歩をしなくてはならないということだ。

　FSCは、この時点までは報道経由で脅しをかけてきていたので、私はモルガン・スタンレーの役員の言葉を非常に重く受け止めた。彼が信じてもいないメッセージをそのまま転送するとは考えられなかった。その事実は私たちの心を不安でいっぱいにしたが、ほかにできることがあまりなかった。この脅しがより多くの譲歩を引き出すことをねらっていたとしても、私たちには与えるものがなかった。委員長とのミーティングが事態を救う唯一の希望のようだった。

＊　　＊　　＊

　ブルームとボンダーマンは、４月15日にサンフランシスコから到着し、翌日、私たちは、FSCで最も大きな会議室でイ委員長と彼のチームに会った。私は心に希望をもってミーティングに臨んだ。私たちは部屋の片方の側の長いテーブルに向かって座り、FSCチームは反対側にある自分たちの長いテーブルに向かって座った。両者のテーブルの間には広いスペースがあった。ボンダーマンとブルームが委員長に贈物を手渡し、委員長から感謝の言葉があった後、ビジネスの話に取りかかることになった。私は、FSCチームにタームシートの改訂版と論点リストを事前に送付し、イ委員長が準備期間をもてるようにしておいた。

　とても驚いたことに、イ委員長は、論点について述べることなく、準備された発言原稿を読んだ。彼は、ニューブリッジが世界銀行のような第三者と話したことを非難した。明らかに彼は、コリア・タイムズによるアイヤーのインタビューに激怒していた。私は、アイヤーと話したこともなく、記事をみて委員長と同じくらい驚いたと説明したかったが、その機会がなかった。

　イ委員長は続けて、「お金が問題ではありません。ニューブリッジには実務経験と経営を持ち込んでもらいたいと思っています」といった。また、韓国政府と市民は、私たちがそれらを提供できると信じていないともいった。

ボンダーマンは少し間を置き、ニューブリッジと韓国政府は同じ目標を
もっていると答えた。そして、ミーティングを軌道に戻すため、「委員長の
コメントとMOUに戻ると、問題は、何がクリーンバンクかということにな
ります。市場価格評価の問題が解決されれば、ほかの事項はすべて簡単で
す。この事項に焦点を当てて解決しましょう」といった。

　イ氏はこれには応じず、「ダニを駆除するために家を燃やしてはいけませ
ん」といった。

　私は、こんな言回しを聞いたことがなかった。ほかの場合なら魅力的だと
さえ感じたかもしれないが、この言葉はニューブリッジと韓国政府の間に深
い溝があることを示すものだった。私たちは市場価格評価の論点が取引で最
も重要だと考えてきたが、委員長は、それを"ダニ"という小さな邪魔だと
考えていたのだ。

　「銀行は国際基準でみて健全でなくてはなりません。しかし、もちろん、
市場は韓国にあります。両者の違いは、グラスが半分空になったか、まだ半
分入っているか、どちらなのかを論ずるようなものです」とブルームは大声
で述べた。

　イ氏はそれ以上何もいわなかった。彼は立ち上がり、二人の共同経営者を
残してミーティングから退出した。二人が部屋の向こうにいるノオ局長を見
つめると、ノオ局長はいつもの超然とした眼差しを返した。

　私たちは皆、イ氏の怒った語調と乱暴な退出に大きなショックを受けた。
世界銀行事務所長の表明した見解は私たちと関係がなかった。事務所長は、
どんなかたちでも私たちの取引に関与していなかった。世界銀行の見解が私
たちの見解と同じだったため、MOUからの韓国政府の離脱がよりむずかし
くなっており、担当官は、このことに明らかに怒っていた。二つの国有化銀
行のうち少なくとも1行を譲渡することは、IMFと世界銀行による580億ド
ルの韓国救済パッケージの条件の一つだったからだ。

　イ委員長が部屋から出ていくと、ノオが残りの時間のミーティングの司会
をした。イ・ジュニアが多くの事項に関する韓国政府の考え方を説明し始め

た。そのなかには、銀行に利払いの義務がある預金等の負債をどう評価するかということも含まれていた。彼らが負債側の当座預金の評価切下げを求めていることを知って、私は驚いた。これは資産の評価切上げと同じ効果をもった（たとえば、もし負債が1,000ドル減れば純資産が1,000ドル多くなる）。私にとっては、この議論は異様な感じがした。銀行に10万ウォンの預金があるなら、負債が10万ウォン以下となる理由はどこにもないからだ。アメリカと同様、韓国でも預金はKDICによって全額保全されており、預金者に満額払い戻すことになっていた。イ・ジュニアがリストの説明を終えた時点で、FSCは私たちの提案すべてを拒絶することになった。従来と同様、彼らは拒絶の理由を示さなかった。

彼の説明後、ボンダーマンは、「銀行の資産側で市場価格評価を行わないなら、負債側の市場価格評価もありえないでしょう」と述べた。私たちは、この銀行の負債のすべてについて額面で評価しない理由がないし、これと異なるアプローチを正当化することはできないと思った。

ノオは、ボンダーマンの主張に答えることなく、「ボンダーマン氏の発言に反論します」といった後、ニューブリッジが交渉を行き詰まらせたことを痛烈に非難するスピーチを始めた。

部屋に入る直前、ブルームは私のそばに来て、「シャン、このチームと交渉するときには、冷静で我慢強くしていることが大事ですよ」といった。私が何回か冷静さを失ったことを彼が聞いていることは明らかだった。私は、彼が正しいことを知っていたので、頷いて同意を示した。

この時点では、ノオが交渉を行き詰まらせたとして私たちを非難し続けているため、ブルームが興奮を募らせていることがわかった。彼の表情はこわばり、視線が険しくなった。やっと発言する機会がくると、彼はテーブルを叩き始めた。私は彼の隣に座っていたので、冷静になってもらうよう、そっと袖を引いた。彼は、顔を真っ赤にして乱暴に振り向き、「こんな連中と、どうやって長い間つきあってきたんだ？」と怒鳴った。

ミーティングが終了したが、またもや何も達成されなかった。私たちは

皆、ひどく落胆していた。何カ月も交渉した後、FSC チームは離脱の準備を始めているようだった。深夜のミーティング、家族と離れていた時間等、私たちの努力すべてが無駄だったように感じられた。その日は金曜日で週末の始まりだった。私たちは皆、次に何が起こるか知ることもなくソウルを離れた。

* * *

日曜日、私は香港に戻り、通りでフィリップ・ギリガンにばったり会った。フィリップは、FSC の法律コンサルタントをしているホワイト＆ケースの弁護士だった。彼の相棒であるエリック・ユン（埃里克・尹）は、金曜日のミーティングに出席し、うまくいったと思ったとのことであった。いうまでもなく、私は困惑した。フィリップの説明では、イの厳しい発言は単なるポジショニングであって、FSC としては、私たちが交渉から離脱するのではないかと懸念していたとのことだった。

私にとっては、FSC の見方は常識外れだった。私たちの二人の共同経営者が取引を守るためにはるばるアメリカから飛んできたのだ。FSC はどうして私たちが離脱するなどと考えたのか？

モルガン・スタンレーのハリソン・ヤングにも聞いてみたところ、彼の解釈が論理的だと思った。韓国政府の部内の考え方はなお割れており、政府のアドバイザーであるモルガン・スタンレーですらどうなっているのかわからなかった。彼は、韓国政府側の意図をはっきり知るまで、どうするか決めることを待つべきだといった。

* * *

FSC からは、１週間近く何の音沙汰もなかった。その後、４月22日、驚いたことに、FSC の交渉チームから提案を受けた。その条件の多くは受け入れられなかったものの、それは FSC がなお話合いをしたいと考えていることを示していた。多分状況は、私たちの考えていたほど悪くなかった。

私たちは翌日 FSC チームと会った。私たちの見方では、ミーティングの目的は彼らの提案に盛り込まれた条項の明確化にあった。ノオは、私たちの議論がよい結果に終わることを希望するといってミーティングを始めた。彼の希望は、私たちが FSC の提案を受け入れるかどうかを聞くことだったのだろう。私たちが明確化のみを目指しており、検討の機会を得るまで回答を留保することが明らかになると、ノオは、技術的詳細にはっきりとうんざりしたようすとなり、ミーティング開始後まもなく部屋を出て行った。

　残りの議論は、礼儀正しく前向きなものだった。FSC の交渉担当官は、提案の理由を説明し、質問に答えてくれた。彼らはまた、私たちの主張にも耳を傾けてくれているようだった。私たちは、回答のため、次の火曜日である 4 月27日に再び会議を開くことに合意した。

　ミーティングの後、私は、FSC チームのメンバーのうち、親しくなっていた一人に連絡した。進展があったばかりなのに、彼は心配しており、内緒の話をすると、FSC は提案の条項について柔軟でないといった。彼によれば、金融市場の実態や韓国における信用状況が現実に改善していることにより、FSC は態度を硬化させているとのことだった。前回の提案は、彼のチームの精いっぱいの努力の結果だといった。

　たしかに市場の雰囲気は改善していた。その月の初め、ウォール・ストリート・ジャーナルは、ゴールドマン・サックスが韓国最大のリテール銀行であるクックミン（国民）銀行に約 5 億ドルを投資し最大株主になったことを報じた。この取引によって、ゴールドマン・サックスは、経営権を得られなかったものの、16.8％の株式をもち、取締役 1 名を送る権利を得た。これは、市場にとって、最悪の事態が去ったというシグナルであり、少なくとも、外国投資家が韓国の銀行の株を買うときには、純資産に対してディスカウントするのではなく、プレミアムを付けて投資する意欲があるということであった。私は、この新しい取引によって、ニューブリッジが経営権をもつような KFB の取引がなお必要かという疑問が韓国政府や世論に生ずるのではないかと懸念した。

私は、記者説明会を設けて PR を強化することを提案した。これは二つの目的に役立つものだった。一つは、私たちの主張が適切であり MOU に沿っているということを公衆に知らせることであり、もう一つは、取引の遅延や難航の原因が私たちにあるという非難を甘んじて受け入れるわけではないと FSC に示すことであった。FSC が新しい提案をしたことで、私の案が賢明かどうかに疑問が生じた。ニューブリッジのチームのなかには、報道陣への説明会が意図的な挑発と FSC に受け止められ、取引に関する世界銀行のアイヤーへのインタビューを読んだ後のイ委員長のような反応を生むのではないかという懸念があった。もしそうなれば、望ましくない反発を招き、FSC をより頑なにしたり、取引から離脱させたりするかもしれなかった。私たちに好意的な内容の報道に対し、彼らがどんなに悪い反応をするかはすでにわかっていた。同僚のなかには、報道陣への説明会が最近達成したばかりの進展を無にするのではないかとおそれる者もいた。

　それでもなお、私は実施を決めた。これは、世論の支持なしに取引が成立しないことに確信があったからだ。そして私は、この取引がすべての当事者にとって最善だと信じていた。私たちだけでなく、韓国政府も取引を必要としていた。記者会見は 4 月27日火曜日の朝に予定された。これは FSC とのミーティングのほんの数時間前だった。

　記者会見の前の数日間、私は頻繁に記者と話をした。特にウォール・ストリート・ジャーナルのマイケル・シューマン、フィナンシャル・タイムズのジョン・バートン、コリア・タイムズのヒョンミン・キムと話をした。私は具体的な内容を開示しないよう気をつけながら、交渉の状況を知らせた。そのかわり、彼らは政府側から聞いていることを教えてくれた。この交換取引には利益があった。FSC が韓国だけでなく外国の報道陣も動かしていることは明らかだった。

　交渉が長引くにつれ、韓国第一銀行の状況は悪化した。4 月初め FSC は、KFB が政府からすでに受け取った 2 兆〜 3 兆ウォンに加え、2 兆〜 3 兆ウォン（17億から25億ドル）の追加資本注入を受けると公表した。銀行が国有化

される前に株式資本は消滅していたので、注入されたすべての資本は貸倒れ損失によって生じた穴を埋めるために使われた。銀行の資本不足は差し迫っており、交渉が長引けば、韓国政府は、銀行の存続と稼働のための資金をもっとつぎ込まなくてはならなかった。一方、KFBの経営陣の一人であるウォンキュ・チェ（崔元圭）は、KFBの職員組合がニューブリッジによる買収を強く支持しているといった。銀行の職員が私たちの取引に賛成だと知れば、現地の世論も有利に動くだろうし、韓国政府もそれを無視できないだろうと思われた。

　私たちの記者会見と同じ週に、韓国大統領のデジュン・キムは、五大チェボルをはじめとする韓国のビジネスリーダーたちと会った。KFB頭取のシヨル・リュとイ委員長も同席していた。大統領は、イ委員長に対し、ニューブリッジとのKFB取引について質問し、進展状況の報告をするよう求めた。ニューブリッジチームは勇気づけられた。これは、政府のトップがなお取引を支援していることを示していたからである。FSCにとっては、離脱がむずかしいことを示すサインとなった。

　記者会見とFSCとのミーティングの日の前日、ウォール・ストリート・ジャーナルとフィナンシャル・タイムズの双方は、韓国政府がニューブリッジへのKFB譲渡をやめるかもしれないという記事を出した。これに続いて、ダウジョーンズ、ブルームバーグおよびコリア・エコノミック・デイリー（韓国経済新聞）が私のコメントを求めた。韓国政府が報道陣を通じて私たちを攻撃し始めたことは明らかだった。

　翌日の午前11時、記者でいっぱいになった韓国第一銀行本店の会議室で、私は記者会見を始めた。英語の流暢なKFBのチェが通訳をしてくれた。チェはよい男であり、公平で、私たちの取引を強く支持していた。ノオは記者会見の前に銀行に電話し、チェが通訳をしないよう説得したが、チェはノオの圧力を無視して私についてきてくれた。銀行員として、規制当局の高官に逆らうことには勇気がいると思われた。彼がこの取引を強く支持していることの証しだと思った。

私は、韓国語で片言しか話せないこと、もっと早く報道陣に会わなかったことを詫びたうえで、次のように語った。

　　しかし私は、韓国の言葉、歴史、文化を勉強しています。私たちは、行動のほうが対話より大事だと思ったので、これまで記者会見をしませんでした。しかし、報道にはニューブリッジに対する誤解がみられましたので、私たちの実情について説明する責任があると感じるようになりました。

　　私たちは、ヘッジファンドではなく、短期的投資家でもありません。下落基調の市場に対して、短期的投資家は投資しませんが、私たちは投資します。

　　私たちは、プライベート・エクイティ企業であり、事業再生の専門家です。特に、ステイクホルダーのために長期的投資をしています。よい企業市民です。私たちは、韓国第一銀行の資本を増強し再生させるために必要な資本と経験を有しています。私たちには成功の実績があります。これが、モルガン・スタンレーが私たちに銀行買収を要請した理由です。韓国政府は、私たちの提案が最善だったので、MOUに署名したのです。

　私は、ニューブリッジがなぜ韓国に投資したいと考えているかという説明に移った。

　　まず、私たちは、韓国の人々を信頼しています。韓国人は、勤勉で、世界市場で競争に勝つ潜在的な力をもっています。また、韓国が改革をするというコミットメントを信じています。さらに、破綻銀行の再生については誰よりも私たちがよく知っています。私たちはワールドクラスのチームなのです。

　記者たちとのやりとりのなかで、私は、韓国政府と二つの目標を共有していることを力説した。それは、クリーンな銀行の運営と国際的ベストプラクティスの適用である。特に韓国政府にとっては、大きな値上り益が見込めること、この取引が韓国の銀行改革のベンチマークとなることを強調した。そ

して、KFBで是非確立させたいクレジット・カルチャーがどんなものか、それがどのように銀行に国際競争力を与えるかを説明した。

　ある記者は、「レイオフをするのでしょうか」と質問した。私は、誰も解雇する計画はなく、現在KFBにいる役職員と働くことを楽しみにしていると説明した。この時点までに、KFB頭取のシヨル・リュがかなり人件費を削減していたので、さらなる削減が必要だとは思わなかった。

　皆がMOUの排他的交渉期間が残り1週間ということを知っていたので、記者たちは交渉の状況をとても知りたがった。

　私は、それについては沈黙し、取引の長所に焦点を当てた。私は、この取引は韓国政府との完全かつ尊重されるべき結婚のようなものだと説明した。もちろん合意していない事項はあるが、私たちはFSCの交渉担当官を尊重しているし、取引が物別れとなれば双方にとって損失となるといった。

　「この取引がまとまらなかったときのコストはどうでしょうか」と私は反語的な質問をしてみた。その意味するところは明白であり、回答は不要だった。もし取引が決裂すれば、IMF・世界銀行の580億ドルの救済パッケージの前提条件に韓国政府が違反することになるうえ、これまでKFBに投入されたすべての資金が納税者負担となる。しかも、銀行を持続させるためにさらに資金が必要になるのだ。

　排他的交渉期間が終了した後、取引には何が起こるのか？　この点についての議論はお断りした。私には手がかりがなかったのである。

　翌日、内外の主要新聞はすべて私の発言を掲載していた。全般的にみて反響はよかった。記者会見は成功のようだった。少なくとも、ニューブリッジが貪欲で不当だという嘘は払拭された。韓国のMOFEですら私の記者会見に好意的であり、ニューブリッジのKFB取引を支持しているという声明を出した。FSCだけは、記者会見を面白く思っていなかったと聞いたが、沈黙を守っていた。

＊　　＊　　＊

記者会見の当日、FSC チームと机を挟んで座ってみると、KFB に経済的圧力がかかっており、トップレベルも取引に関心をもっているのに、FSC チームの交渉戦略はまったく変わらなかった。またしても袋小路になり、進展のないことが明らかになった。

　交渉が物別れになっていたので、私たちは韓国政府に何が起きているかを解明したいと感じた。そのため、私たちはニューヨークにあるアドバイザリー会社に助力を求めた。その経営者で、名前を出せない二人の人物は、ソウルの政界に精通し人脈も豊富という触れ込みだった。彼らは、秘密、策謀、狂信という雰囲気を私たちの心に吹き込み、デジュン・キム大統領の改革アジェンダに協力したり対抗したりする政治党派の陰謀の話をして私たちを楽しませた。

　彼らは、私たちの電話やファックスの回線が盗聴されており、韓国政府の交渉担当官は、私たちが部内の電話会議で議論した戦略や手口を知っているだろうといった。ホテルの電話や私たちの携帯電話は、どれも安全でないとのことだった。この後、私たちは、セキュリティの確保されていない回線で秘密の情報を議論しないように気をつけるようになった。残念ながら、走り出て公衆電話で話す以外には、セキュリティの確保されたコミュニケーション手段がなかった。秘密の電話のため、ポール・チェンが、何度か雨のなかをホテルの前の通りを隔てた電話ボックスに走って行かねばならなかったことを覚えている。私たちにできることは、韓国の外に出るまでは電話やメモであまり多くを話さず、漏洩のリスクを最小化することだけだった。

　アドバイザーによると、韓国の諜報機関は私たちの会話を聞くだけでなく、私たちそれぞれにコードネームをつけているとのことだった。デイビッド・ボンダーマンは、韓国の食卓でおなじみのキャベツの辛い漬物にちなんで"キムチ"というコードネームで呼ばれていることが明らかだった。アドバイザーは守秘のため、私たちの各々にコードネームをつけた。アドバイザーの一人は"背の高いやつ"、もう一人は"背の低いやつ"、私は"やせたやつ"、ダン・キャロルは"ハンサムなやつ"というコードネームだった。

こうした秘密工作はあったものの、私は、ジェームズ・ボンドのような気持ちにはならなかった。もしこの陰謀の話が真実だったら、韓国の諜報機関は私たちよりずっと創造的で専門家のようだ。私たちのコードネームでは誰も騙せないだろうと思われた。もし私たちを整列させれば、私の7歳の娘でも、誰が“背の高いやつ”、“背の低いやつ”、“やせたやつ”、“ハンサムなやつ”かが簡単にわかっただろう。それはともかく、おそらく本当の名前よりもコードネームのほうが私たちを見分けやすかった。

　“背の高いやつ”と“背の低いやつ”は、何人かを連れてきて私たちに会わせた。彼らは、韓国政府のなかで何が起きているかを知っており、国会や青瓦台での決定に影響力のある人々に紹介すると主張していた。しかし私は、訪問者のいった話が本当かどうかわからないと思っていた。私は、“背の高いやつ”と“背の低いやつ”の手配で国会議員や青瓦台の担当官を訪問し、取引の状況、KFBに関する計画について説明した。私には、この訪問が取引をまとめるために効果があるかどうかわからなかった。それでも私は、彼らが役に立つと思った。機会のあるたびに報道陣に説明して公衆にわかってもらおうと考えるのなら、政治家にも同じようにしたほうがよいからだ。この時点では、KFBの取引が公衆の高い関心を集め、韓国の国民的話題になっていた。誰が取引に賛成か反対かは知らなかったが、できる限り多くと友人になり、取引に対する支援と共感を獲得することが賢明だった。

　排他的交渉期間の終了に至るまでの日々、“背の高いやつ”と“背の低いやつ”は、取引が大丈夫だと何度もいった。いつ韓国政府が署名するかという具体的な予言までした。しかし私には疑問だった。交渉ではそんな気配がなかったし、署名すべき文書もなかった。“背の高いやつ”と“背の低いやつ”は、取引に関していろいろなことをいい、外れるたびに何かうまい説明を見つけるのだった。

　1999年5月2日、排他的交渉期間の終了する数時間前、私は、“背の低いやつ”と話をした。彼は、取引が大丈夫だと言い続けたが、「交渉のテーブルで取引を得られることはないが、交渉のテーブルで取引を失うことはあ

る」と警告した。私は、当時、彼の発言の意味を真剣に考えていなかったが、振り返ってみて、彼の意味していたことの重大さに気づいた。つまり、もし取引を成立させれば、「交渉のテーブルでは取引を得られない」のだから、私の手柄にはならない。しかし、もし取引がまとまらなければ、「交渉のテーブルで取引を失うことがある」のだから、私のせいになる。後日、私が自分の覚書に書いたように、「とるべき戦略は、現状を維持して背後の状況変化を待つこと」だった。

5月2日の期限前の2日間は、落ち着かず、どこか混乱していた。FSCは私たちの最近の提案をにべもなく拒否し、銀行預金の評価の1.5兆ウォン（約12億ドル）切下げを提案して、溝を広げた。

私たちは、この芝居がかった行動にどう対応したらよいかわからなかった。FSCがはるか遠くまで提案を押し返してきたので、妥協点を見出すことが不可能になったようだった。実際彼らには、主張の違いを埋める意図がないようだった。

この間、他の応募者が動き始めた。5月1日、香港のヘッジファンドであるリージェント・パシフィックは、排他的交渉期間の終了後、ニューブリッジよりずっとよい条件の申出をすることを公表した。

私たちは部内で戦略を話し合った後、5月1日の会議はリーマンのマイク・オハンロンに主導してもらうことにした。FSCチームにもう少しリラックスしてもらい、交渉中のコメントが逐一記録されているかのように感じないでもらうことが希望だった。

この戦略は少しうまくいき、多少とも中立的な第三者とやりとりすることで、FSC側の緊張が少し和らいだようだった。しかし、彼らは従来と同様に硬直的であり、私たちが拒絶ずみの4月22日の提案を受け入れるよう求め続けていた。オハンロンは、私たちの直近の4月27日付提案に基づかなければ交渉できないと告げた。この提案の条項とFSCが以前の交渉で出した提案の間の溝は比較的狭く、埋めやすそうだった。この数カ月間で、FSCの当初の交渉上の立場がどれだけ変わったかは不問に付された。この日の交渉

を切り上げる前に、オハンロンがテーブルの上に妥協案を置き、私たちは同じ日に確認のための文書を送付した。

　期限までに8時間を残すだけになったその日の午後、ニューブリッジとリーマンのチーム全員がFSCのオフィスに行き、最後のミーティングに臨んだ。私たちはある情報源から、この取引に関する当日の部内会議すべてにイ委員長が出席していたことを知った。相手の交渉チームがトップからなんらかの指示を受けたかもしれないと聞いたのは、これが初めてだった。

　挨拶が終わらないうちに、私はノオのオフィスに呼び出された。オハンロンと私が一緒に行った。オハンロンが私たちの新しい提案の概略をノオに説明すると、ノオは、韓国政府としては検討して回答するのに少し時間が要ると答えた。オハンロンが排他交渉期間の延長の話題を出すと、ノオはすぐさまそれが公式の要求かどうか尋ねた。

　私は、「公式の要求にすることもできます」といった。彼は、部下に要求を記録するよう指示するとともに、私に要求を文書で提出するよう依頼した。

　ノオの行動は、彼が排他的交渉期間の延長問題を自分たちの提案を受け入れさせるための梃子として使おうとしていることを物語っていた。彼は多分、排他的交渉期間終了直前に私たちが降伏すると予想していたのだろう。このため私は、彼が私たちのために排他的交渉期間の延長を望むはずがないと思っていた。

　当日私たちがノオから知らされたことはこれだけだった。私は彼に要求を送り、新しいMOUに盛り込むべき主要条項について合意するために10日間、文書化と“実務上可能な限り早期の”完了のために3週間の延長を求めた。

　そして私たちは待った。

　韓国政府からの言葉はなく、私たちの排他的交渉権は1999年5月2日の真夜中に期限切れとなった。翌朝になっても、何の知らせもなかった。私は、ブルーム、ボンダーマンおよびチームメンバーに向けて交渉に進展がなかっ

たことを知らせる報告書を作成した。しかし、報告書送付の直前、FSCからのレターが来た。それを読んで、私は報告の最初に次の文を書き足した。「私は、FSC が排他的交渉期間の延長要求を拒絶するという公式文書を受け取りました。彼らは、非排他的なベースで 5 月12日まで話し合いたいといっています」。

第6章

大　　使

　韓国の首都であるソウルは、朝鮮半島を中央部で南北に分割する境界線の
すぐ南にあって、東京、アテネ、アメリカのリッチモンドやバージニアとほ
ぼ同じ緯度に位置している。この韓国の首都では、4月はまだ少し肌寒い
し、6月には夏の酷暑が始まるので、5月がおそらく1年で最も快適な月
だ。雨はまれだ。すべての樹は新緑におおわれ、陽光のもと、ワックスで磨
かれたようにきらきら光っている。

　ニューブリッジチームはシラホテルを定宿としていた。ソウルを訪問する
たびに泊まっていた。シラホテルは、ソウル中心部を取り巻く多くの丘の一
つであるナムサン（南山）という丘に沿って続く長い自動車道路のいちばん
高い場所に位置していた。メインビルは赤みがかった茶色の煉瓦づくりで、
20階建てだった。ホテル自体はかなり古く、外見にも古さが表れ始めてい
た。ホテルの裏にはソウル旧市街の城壁跡があった。城壁は歴史的なゲスト
ハウスにつながっていた。これは中国様式の古い政府の建物であり、歴代の
韓国の指導者が外国の要人をもてなしてきた。その正門の扉の上には、"迎
賓館"と漢字3文字で書かれた銘板が架けられていた。この建物とホテルの
間には広い芝生があり、私の部屋からも見渡せた。5月にはほぼ毎週末、こ

の芝生の上で結婚式が行われていた。

　私は、中国語を読めるので、韓国の歴史をより広く理解することができた。宮殿、寺院、展示館、博物館等の多くの歴史的建造物はすべて漢字を使っており、通りの名前にも漢字を使っているものがあった。漢字は、韓国語でハンジャ（日本語のカンジに相当）と呼ばれており、2000年以上前に韓国に持ち込まれた。当時、チン（秦）王朝が中国を統一し、敗北して王国を失った北部の支配者は韓国に逃れた。韓国の文字は15世紀まで中国の文字だけだったが、セジョン（世宗）大王と彼の学者がハングルとして知られる表音文字による表記法を開発した。1970年代にはチョンヒ・パク大統領がハンジャの使用を禁止し、ハングルの使用を促した。私が初めて韓国を訪れた1980年代には、多くの通りの標識はなおハンジャで書かれていた。現在では、ほとんどの韓国人の名前がハンジャで書かれる以外、中国の文字は使われていない。年配の韓国人の多くは中国の文字に精通しており、中国の書道に従って書くことができる。

　私はランニングを趣味としており、気持ちのよい５月の天気のなかで、ナムサンの山頂に向かうジグザグの山道を走るのが好きだった。そこにはソウルタワーがあり、眼下に広がる街並みの眺望を楽しむことができた。光のベルトのように街を横切っているのがハンガン（漢江）、すなわちハン川である。

＊　　＊　　＊

FSCは５月３日月曜日、KFBの譲渡について、ニューブリッジと５月12日まで非排他的なベースで交渉を続けると世界に向けて発表した。私は1999年５月７日の日曜日に、「プロジェクト・セーフ—次の期限に向けて」というメモを香港からファックスした。プロジェクトは、その時点では暗礁に乗り上げていたが、コードネームは相変わらず"セーフ"だった。

　私の書いたことは、「"背の高いやつ"と"背の低いやつ"は大丈夫だと請け合いましたが、テーブルの向こう側に軟化の兆しはまったくみられませ

ん。相手は、これまでの2カ月間に比べれば積極的に私たちと会おうとするようになりましたが、主要な条項に関する姿勢は変わっていません」ということだった。

私の結論は、「両者の溝の大きさを考えると、多くの主要な条項が片付かないままなのに、どうすれば最後の段階になって急に両者が合意できるのかわかりません。相手は、私たちと取引したいと思っているかもしれませんが、私たちが受け入れられない取引を受け入れることを期待し続けているのではないでしょうか」だった。

韓国政府が自ら定めた期限の前日、5月11日午前10時半、私たちはFSCのオフィスで、私たちの提案に対する回答をFSCチームから聞くべく、最後のミーティングを開催した。ノオはミーティングに儀礼的に現れたが、5分で退出した。FSCチームは、私たちの提案にコメントすることもなく、新たな提案を出すよう求めてきた。

その時点で私が交渉の進行を委ねていたリーマンのオハンロンは、無限に我慢強い人間だった。特に不満の残る交渉の後で、彼は「シャン、個人攻撃だと受け止めないほうがよいですよ。これは単に取引なのです」と助言してくれた。すべての事項に際限なく難癖をつけてくる相手方に対しては、彼の我慢強さが最高の武器だと私は思った。

しかしいまや、オハンロンでさえ堪忍袋の緒が切れたようだった。彼は「規制当局のつもりにならないでください。これはビジネスの交渉なのです」とFSCの交渉担当官にいった。ニューブリッジチームのもう一人のメンバーであるボブ・バーナムは、取引の経済性とストラクチャーのどちらが受け入れられないのかと尋ねた。彼らの答えは、「ニューブリッジの提案は受け入れられません。よりよい提案をもって戻ってきてください」というものであった。

ニューブリッジチームは、シラホテルのビジネスセンターにある会議室に集合し、韓国政府の要請にどう対応するかを議論した。"背の低いやつ"が入ってきて、「取引は大丈夫なのだから問題はない、私たちの最善の提案を

相手に提示すればよいだけだ」と再びいった。たまたまそのとき、コリア・タイムズの記者を含む数人から電話がかかってきて、私を祝福した。彼らによれば、KFBの取引相手はニューブリッジで固まった、韓国政府は条件を改善するために最後の一頑張りをしているだけだという現地の報道があったということであった。

　私は、とても信じがたいと思った。デートした女の子に話をしたくないといわれ、顔を叩かれたのに、家に帰ると、彼女が私と結婚するつもりだと友人からいわれたようなものだった。そんなことがありうるだろうか？

　私たちは皆、この４カ月間自分自身と交渉してきたように感じていた。韓国政府に促されて提案を繰り返し、彼らの要求に応じて自らの条件を切り下げてきた。

　その日の午後、私たちは、交渉の成行きを劇的に変えることを願って、大胆な決定をした。私たちは、カバード・アセット・モデルの使用を提案するという新しい方針を決めた。このモデルは、以前検討したけれども提案しなかったものだった。このモデルを使うことで、貸出ポートフォリオの評価方法とバッドバンクに問題貸出を売却する際に使う分類方法という二つの鍵となる問題を解消することができると期待した。

　カバード・アセット・モデルのもとでは、ニューブリッジは、韓国政府に対して貸出を売却しない。そのかわりに、私たちは、KFBの全貸出について５年間の利回り保証条項を提案した。言い換えると、私たちは、政府から、貸出の元本と利子に対する保証を受ける。KFBは５年後に、政府に対し、その時点で分類される債権を購入してもらう際の価格を提示する。韓国政府は、その価格を受け入れて簿価との差額を支払うか、簿価で貸出を直接買い取るかを選択できる。

　私たちがこのモデルを好むのには、いくつか理由があった。まず、貸出がバッドバンクに送られる企業について否定的なメッセージを発しなくてすむ。また、譲渡前に分離される不良貸出を除く全貸出が銀行に留保される。このため、貸出について市場価格評価を行う必要がなくなる。

5年後、不稼働貸出は、国際的ベストプラクティスではなく、FSCによる韓国基準で分類されることになっていた（私たちは、いずれにせよ、そのときまでに韓国基準が国際的ベストプラクティスに収斂すると予測していた）。その時点で、韓国政府には二つの選択肢がある。もしKFBの決めた価格を受け入れるならば、KFBに償却額を支払うことになる。もし合意できない（つまり、償却額がKFBの見積りより小さいと判断する）ならば、貸出を簿価で購入して市場に売り、KFBの値付けよりよい価格を得ればよい。このようにして、韓国政府は、私たちの価格の受入れと拒絶を選択でき、KFBによる貸出の過小評価から守られることになる。この枠組みのもとでは、韓国政府に貸出を売り渡せば顧客を失うことになるので、KFBには貸出を過小評価する誘因がない。一方、仮に過大評価すれば、損失を被ることになるので、KFBが貸出を過大評価することもない。

　この枠組みは反対方向に使うこともできた。このシナリオでは、貸出について、韓国政府が価格を提示し、KFBがその価格を受け入れるか、韓国政府に簿価で売るかという選択肢をもつことになる。ここでも、当事者は相手の機会主義的な振る舞いから守られることになる。

　私たちは、これをバイ／セル・アレンジメントと呼んだ。これはジョイントベンチャーの問題解決に用いられる手法である。一つの資産を共有していた二人の当事者が共有を解消したいと考えたとしよう。どちらが買い手になってどんな対価を払うのか？　典型的なバイ／セル・アレンジメントでは、一方が価格を提示し、他方は、その価格を公正な市場価格と対比して買ったり売ったりする権利を得る。価格を提示する当事者と、その価格で買ったり売ったりする権利を得る当事者がどちらであってもかまわない。これは、公正な市場価格を発見するための最善の方法である。私たちの目的からすれば、バイ／セル・アレンジメントにより、現時点で貸出を評価しなくてもすむようにして、FSCとニューブリッジの間の主要な争点を取り除くことが大事だった。

　私たちの新しい提案は、KFBに危険をもたらすことなく韓国政府の懸念

に対処しようというものだった。韓国政府は、私たちが貸出の満期にロールオーバーせず、政府に売却する権利を行使することをおそれていた。韓国の銀行の古くからの慣行では、短期貸出が満期を超えてロールオーバーされていたので、KFBの借り手の多くは短期の貸出を長期プロジェクトに使っているということを私たちは知っていた。ロールオーバーされなければ、借り手は債務不履行になり、貸出を売却する権利が生ずる引き金となる。新しい提案のもとでは、そうした貸出は韓国政府により保証されるので、KFBは原則としてロールオーバーすることになるだろう。貸出が5年間ほぼ自動的にロールオーバーされることになれば、KFBが貸出を売却して債務者に関する否定的なシグナルを市場に送るのではないかという韓国政府のもう一つの懸念への手当にもなる。

この提案の素晴らしい点は、韓国政府とニューブリッジの双方にとって、リスクが小さくなり、状況が改善することにあった。私たちは、銀行を買収する立場なので、よい借り手が将来不良先になることにつながる経済危機の深刻化に懸念をもっていた。一方、韓国政府は、経済が回復して貸出の価値が上昇することを期待していたので、現時点で貸出を保守的に評価することに反対だった。完全に予測が異なるのだから、両者が合意に達する望みはなかった。私たちの新しい提案により、現時点で貸出に値を付ける必要がなくなった。KFBの借り手にとっては、経済危機から回復し財務上の体力を改善するために5年間の猶予を得ることになった。そうなれば貸出の価値が上昇し、保証を行っていた韓国政府にも、顧客をつなぎとめられるKFBにも有利となる。新しい提案がもとの合意よりも双方にとってよいことはまれだが、これはそのケースに当たると私たちは思っていた。私は、FSCチームも同じようにみてくれることを願うのみだった。

私たちは、5月11日の夕方6時半頃、FSCに戻った。オハンロンが口火を切り、新しい提案を注意深く説明した。FSCチームは度肝を抜かれたようだった。彼らは二、三の質問をした後、研究したいといった。その後、モルガン・スタンレーのゴークル・ラロイアが電話で追加の質問をしてきた。

提案の受入れは無理でも、せめてその考え方を韓国政府チームが受け入れてくれるのではないかという望みが高まった。

　その日の夕刻、ディック・ブルームがプライベート・ジェットでソウルに着いた。彼の訪問は私たちの政治アドバイザーの手配によるもので、ウンジ・チェ（崔雲志）との翌日の面談を目的としていた。チェは、統一自由民主党に属して連立政権の三政党の財務を担当しており、大事なことに、ホンジェ・イ委員長の後援者であるとみられていた。"背の低いやつ"と"背の高いやつ"は、チェがブルームとの会合にイ委員長を連れてくるだろうといっていた。イ委員長はそのミーティングで、前回の４月のミーティングで乱暴だったことをブルームに詫びるだろうし、その後、取引が始まるだろうということだった。

　翌日の５月12日、私たちは皆、ブルームとチェの会合の時間確認を待っていたが、私たちのアドバイザーから何の連絡もなく午前中が過ぎてしまった。私たちは、"背の高いやつ"と"背の低いやつ"が秘密に動いていることを知っていたので、辛抱強く待った。ブルームとキャロルは、ついにリュ頭取への表敬訪問のためKFBへ行った。午後２時になって"背の低いやつ"と彼の韓国人の友人は、ブルームがノオ氏に電話をかけるように求められているといってきた。ノオは電話を待っているということだった。

　ブルームがその番号をダイヤルしたが、電話口の男は、ブルームが誰か、ノオがどこにいるかが皆目わからなかった。ブルームは激昂して、電話のスピーカー越しに「大物が皆ここで待っているんだ」といった。電話の相手は、ブルームが何をいっているのかわからなかったが、下手な英語で丁寧に、「貴方が大物であることは存じております」と答えた。電話のスピーカーの周りに座っていた私たちは皆、笑い声を抑えるために手で口を押さえた。

　やっとノオを捕まえたとき、彼はブルームからの電話を予想していなかった。彼らはほんの３分間ほど話をしたが、ノオは、FSCが新しい提案を検討中だといっただけだった。それにもかかわらず私たちの政治アドバイザー

は、取引が真夜中までに片付くと言い続けた。

　実質的に政府の広報窓口となっている韓国の通信社ヨンハプ（聯合）ニュースは、ニューブリッジの新たな提案をFSCが検討中だと報じた。匿名の政府関係者のコメントを引用して「新しい条項には多くの罠があると予測される」とご丁寧に説明していた。誰がそんな話を吹き込んだか、推測しなくてもわかった。

　ムンファ（文化日報）という別の新聞は、「ニューブリッジのKFB取引が完了―政府は4.5兆ウォンの負担を決定」という見出しの記事を流していた。この記事によれば、契約書が正午に署名され夕刻に公表されるが、韓国政府としては、ソブリン格付けに懸念をもっているので、なお交渉中だということだった。この取引は韓国のソブリン格付けの改善に役立ったのに、どうして懸念の対象になるのかについて、記事には説明がなかった。この報道は私たちのアドバイザーの話と奇妙に符合していたので、私は彼らの仲間の誰かが背後にいるのではないかと疑った。

　私たちの取引の見通しについては、多くの人々が私たち自身よりもよく知っているようだった。私は、いろいろな結果について当て推量することをやめた。5月12日の期限が過ぎたが、FSCチームと私たちの間には、ノオとブルームの3分間の会話以外に接触がなかった。

　5月12日の午後4時、24時間にも満たない滞在の後、ブルームはソウルを出てサンフランシスコに戻った。彼は、約束のチェ氏やイ委員長とのミーティングをせず、ノオと3分間電話で話しただけだった。何という時間の浪費だろうか。

　私は、"背の低いやつ"と"背の高いやつ"が何度も取引が片付いたと請け合ってきたことについて、すでに疑問に感じるようになっていたので、何が起きたかに関する彼らの説明を聞きたいと強く思った。彼らの説明によれば、デウの会長ウチュン・キム（金宇中）自身の率いる政治的反対派が5月11日の夜に大反撃に出て、取引をひっくり返したとのことだった。彼らによれば、デウのメインバンクであるKFBが外国人に所有されると、デウのい

うことを聞かなくなるので、この取引に反対しているとのことだった。

　私は、キム会長が私たちの取引を理解していたら反対しないはずだと思った。韓国政府に対する私たちの新提案は、現在の金融不安から回復する時間を顧客に与えて関係を維持することを意図していた。私は、彼を訪ねて状況を説明することにした。噂が真実かどうかにかかわらず、こんなに有力で影響力のあるチェボルのトップを私たちの側につかせることが賢明だった。

　幸いなことに私は、キム会長と個人的面識があった。私たちの関係は1987年にさかのぼる。当時まだウォートンのプロフェッサーであった私のアドバイスを彼が求めてきたのだ。そんな関係だったので、今回は、私が彼に電話すればよかった。私たちは翌週の５月18日に昼食をともにすることにした。

　ミーティングの準備として、私は新しい提案の鍵となる条件と利点を説明する秘密メモを書いた。キム会長は英語がうまかったけれども、このメモは韓国語に訳しておいた。

　私たちの提案に彼の興味を引く項目があることはわかっていた。カバード・アセット・モデルを用いた新提案のもとでは、買収実行後、少なくとも５年間は貸出の売却が行われない。デウのような借り手は、KFBとの取引関係が破壊されることについて心配しなくてもよいのだ。

　私はキム会長に、この取引は"ウィン・ウィン"であり、私たちは顧客の継承を望んでいるといった。もし取引が決裂すれば、関係者全員に"ルーズ・ルーズ"の結果をもたらすだろう。

　キムは注意深く聞いていた。私の前でメモを二度読んだ。それから、状況がどうなっているか調べてみるといった。

　数日後、リーマン・ブラザーズの会長兼CEOのディック・ファルドがたまたまソウルの街にやって来た。彼とオハンロンは規制当局とリーマンの主要顧客に会っていたが、そのなかにはFSCのイ委員長とデウのキム会長が含まれていた。オハンロンと私は、ある程度の時間をかけて、ファルドのために、KFB関連のミーティング用の発言要旨を準備した。

　オハンロンは、彼のCEOと１日中顧客を回った後、午後６時頃にホテル

へ戻ってきた。彼は落胆しているようだった。イ委員長はファルドに対し、取引を支持しているし、前向きの見通しをもっているといった。しかし、イによれば、いまの主要な問題は、価格でなく、銀行の経営者と顧客だということだった。ファルドは、前者については、ニューブリッジの指名に応じて新経営陣が待機しているが、取引ができなければ就任できないと説明した。さらに、カバード・アセット・モデルを用いた私たちの新提案では、5年間は顧客との関係が壊れないことも説明した。オハンロンとファルドの双方からみて、イ委員長が新しい提案について何も知らないことが明らかだった。

キム会長とのミーティングはもっと悪かった。数日前のミーティングでは建設的な印象を私はもっていたが、デウの会長は、ぶっきらぼうに、もう手遅れであり、取引を救える見込みがないとファルドにいった。オハンロンによれば、キム会長はとても否定的で、取引のことを過去形で話した。

翌朝、キム会長から電話がかかってきて、私をヒルトンホテルに招いた。ミーティングは簡単で、私に一言のメッセージがあるだけだった。彼は、第三者に知られないように、直接コンタクトすることを求めた。彼とのやりとりは絶対に秘密にしてほしいということだった。彼は、イ委員長と当日の午後4時に会うといった。

私は、韓国人の友人から、イはキムの参謀長だったことがあるので、お互いによく知っており、個人的に親密な関係にあると聞いたことがあった。これはよいサインだと思った。

その夜9時頃、キム会長から再び電話があり、私はヒルトンホテルへ行った。彼によれば、イ委員長はこの取引に否定的ではないが、KFBの顧客の半分が切り捨てられるのではないかと心配していたということだった。この情報はオハンロンから聞いたことと辻褄があっており、私たちの新提案に関するイの知識がゼロだということのさらなる証拠だった。ノオが私たちの提案を委員長に報告しておらず、1週間以上前の申入れに何の回答もつくっていないことは明らかだった。

＊　　＊　　＊

　FSC が私たちに連絡してこない理由は、FSC がソウル銀行を巡る HSBC との交渉に注意を向けているからではないかと思われた。ウォール・ストリート・ジャーナルのマイケル・シューマンから、こちらの交渉が進んでいると聞いたことがあった。もう一つの主要銀行の譲渡について FSC と HSBC の取引が妥結すれば、韓国政府は多分ニューブリッジを必要としなくなるだろう。取引から離脱し、取引の失敗は私たちのせいだと非難するかもしれなかった。しかし、HSBC との交渉がニューブリッジとの交渉よりも進んでいるとは信じがたいと思った。私の疑念に十分理由があることはすぐに証明された。

　キム会長との内密のミーティングの後、ウォンキュ・チェ（崔元圭）は、昼食で私が着席するや否や、「HSBC の取引にトラブルが生じた」といった。私は、4月の記者会見でノオを無視して通訳を買って出てくれたので、チェを高く評価していた。彼は二つの銀行の取引を巡る状況をとてもよく知っていた。

　チェによれば、HSBC は新しい提案を申し出、多くの新たな要求を出してきた。その多くはなじみのあるもので、ニューブリッジがもともと KFB について論じていた項目だった。たとえば、問題貸出の分類に際して韓国の銀行の基準でなく国際的ベストプラクティスを用いること、稼働貸出について簿価で受け入れるのではなく値下げを行うこと等である。しかし、HSBC はこれらの条件を MOU に入れていなかったようだった。さらに HSBC は、ソウル銀行の本店の評価を現在の市場価格によることとし、簿価の3分の2という大幅な切下げを求めていた。

　「FSC チームは、HSBC の新提案にショックを受けました」とチェは私にいった。「実際、彼らは面食らいました。韓国政府からみて、HSBC の条件はニューブリッジよりも悪いのです。FSC はいまや、HSBC に対してどう対応すればよいかわからなくなっています」。

「どうなると思いますか」とチェは続けた。「いまや FSC は、ニューブリッジについて、HSBC と比べると正直で穏当であり、結局は悪い連中ではないと思っています」。

　私は、FSC チームが私たちの正直さをやっと評価してくれているようだと聞いて嬉しく思ったが、本当はこの成行きに驚いたわけではなかった。HSBC としては、ソウル銀行の不良貸出の保有に伴う損失を買収のために支払う対価だと割り切らない限り、MOU の条項を変えることが不可避のようだった。HSBC やほかの誰かがそんな対価を払いたがるとは思えなかった。韓国の経済状況はなお脆弱で、どれだけ隠れた損失があるかを計量化することはほとんど不可能だった。

　HSBC は、韓国政府との交渉に際し、私たちと反対のアプローチをとったようだった。私たちは MOU の交渉にあたってすべてのカードをみせた。それに引き続く交渉では、合意した条項のどれについても、逸脱して要求を増やすことを決してしなかった。私たちは、譲歩のために条件を緩めただけだった。これとは対照的に、HSBC は韓国政府に譲歩を求めているようだった。

　銀行員は、"おとり商法"の戦術や"一粒で二度おいしい"という手口を使うことで知られる。彼らは、交渉相手に洞察力がなくて要求が多い場合、話合いの入口にたどり着くためのやむをえない方便として、決して意図的ではないと正当化している。このアプローチは、激しい反発を生むのでリスキーであり、使う相手が悪化した条項を受け入れるほど絶望的な状況にあるときにのみ有効である。また、一度引っかかった相手に同じ手口が再び通用することはまれである。

　私たちは、この種のやり方をしなかった。おとり商法は長期的関係の確立を不可能にする。素直で正直であることは、仮にそれでチャンスを逃すことになっても、信頼確立のための唯一の方法だと私は信じる。私たちはそれによって長期的に信用を得ることができるのだ。

　私は、ノオが HSBC との MOU を勝ち取ったと喜んでいたことを思い出

した。実際には、彼は多少世間知らずだっただけなのだ。経験のある者なら誰でも、投資家が正気なら、HSBCのMOUの条項のように金を儲ける前に損するような申出をしないことを知っている。

チェは、「いまやFSCはどうすればよいかわからないのです」と繰り返した。もし彼の話が事実なら、私たちの立場ははっきりと改善したのだ。彼はまた、デジュン・キム大統領の側近に言及し、「DJの仲間は、銀行改革を前進させるよう圧力をかけています」といった。彼は、大統領の強力な同盟者が反対派を圧倒し、FSCに取引をさせるための政治的な後ろ盾となることを希望していた。

「FSCに取引をしない立派な理由があれば別ですが」とチェは私にいった。「取引は国益に沿うのですから、DJの仲間が勝つでしょう」。

「しかし、それはどんな取引ですか」と私は尋ねた。「大統領の側近が私たちの新提案を知っているとは思えません」。

チェは違う意見だった。「彼らは知っていると思いますよ」。

彼は、その日の新聞に、KFBの取引で進展がないことへの不満を反映する記事が二つ出ていることを指摘した。どちらもFSCに批判的だった。一つはFSCの能力を問うていた。もう一つはKFBの職員がモラルをなくしていると報じていた。そこではチェ自身の「政府による資本注入が話題になるたびに、職員は税金泥棒とみられないかと心配になっています。それによりモラルが落ちています」というコメントが引用されていた。

彼は、私たちが最終的に成功することを確信しているといい、しっかりと座ってFSCの次のカードを待つべきだとアドバイスした。彼が確固として私たちとの取引を信じてくれていることは、私の気持ちを奮い立たせた。

その午後遅く、私は、アメリカ大使館の経済参事官ケビン・ホーナンから、彼と彼の上司ベン・フェアファクスのところに来るよう招きを受けた。私の同僚ダニエル・プーンが同行し、二人で新しい提案を説明した。驚いたことに、彼らは事態の進展をよく知っていた。彼らによれば、アメリカ大使のスティーブ・ボズワースがこの取引に強い関心をもっており、韓国が銀行

システムの再構築に成功するかどうかのリトマス試験紙だとみているとのことだった。彼らの情報源がどこかわからなかったものの、アメリカの外交チームとは私たちの誰もこれまで会ったことがなかったので、ニューブリッジでないことはたしかだった。チェが正しかったようだ。大統領の側近が交渉を事細かに観察していたのだ。

退出する前に、ホーナンは現地の新聞の漫画をみせてくれた（写真3）。それは一人の醜い少女を描いており、彼女は村の真ん中の地面に泣きながら座っていた。彼女はKFBというラベルを付けた韓国の伝統的うちわをもっていた。その後ろでは伝統的な韓国服を着た二人の女性が立っており、互いに話し合っていた。一人は「早く結婚させるために整形手術をしようとするのね」といい、もう一人は「仕事を終えるにはもう3兆ウォン要ると聞いたの」と答えていた。右側では、やはり伝統的な韓国服を着た一人の女性が、西洋人を追いかけて引き戻そうとしていた。彼は、「ニューブリッジ」というラベルの付いたブリーフケースをもって、顔に汗を滴らせながら立ち去ろうとしていた。彼の考えを書いた吹き出しには、「彼女は写真と全然似ていないね」と書いてあった。

私は、とても気がきいた漫画だと認めざるをえなかった。それは公衆の受け止め方が変わりつつあることを示していた。銀行を持続させるために3兆ウォンの税金が要るという見通しを前にすると、ニューブリッジとの取引が何もないよりもずっと好ましくみえていたのだ。

それにしても、FSCとの交渉は滞っていた。5月12日の期限が過ぎても、彼らからは何も連絡がなかった。そのため、プーンと私は、ソウルですることが何もなくなり、アメリカ大使館を出て、再び飛行機で香港に戻るために空港に向かった。

家に着いてボイスメールをチェックすると、MOUへの署名後すぐに私たちが雇っていたキム＆チャン（金・張）法律事務所の弁護士ジン・パク（朴鎮）からのメッセージがあった。上級パートナーのホンチュ・ヒョン（玄鴻柱）大使が、ブルームかボンダーマンと接触したがっているという知らせ

だった。

* * *

　ヒョン大使のことは、１カ月以上前、取引が危険な状況に陥っているようだった時、キム＆チャン法律事務所の弁護士グループとの朝食会の場で、初めて聞いた。そのとき彼らが話したところによると、この上級パートナーは、国会議員をした後、1990年代に韓国の国連大使やアメリカ大使を務めていたとのことだった。皆が彼を"大使"と呼んでいた。彼らの意見では、韓国で高く尊敬されている人物であり、キム＆チャン法律事務所チームに加われば、FSCのトップレベルにニューブリッジの立場を知ってもらううえでよい支援になるというのだった。

　私は、４月半ばに、キム＆チャン法律事務所でヒョン大使と会ったことがあった。ヒョンは50歳代で縁なしの眼鏡をかけ、仕立てのよい背広を着ていた。彼の髪には重要人物にふさわしい灰色が混じっていた。彼は、流暢で模範的な英語を話し、私がこれまでに会ったどの韓国人よりも英語が上手だった。彼の話し方はゆっくりとした紳士的スタイルであり、ひとことひとことを吟味しているという印象を与えた。彼は、申し分なく洗練された外交官かつ紳士という感じだった。

　翌日の、５月21日、私はキム＆チャン法律事務所のパートナーに電話で確認した。彼によれば、KFBの取引についてニューブリッジがどういうつもりでいるかFSCはよくわからないでいるので、私たちとFSCとの間のコミュニケーションをよくすることがヒョン大使の使命であるということだった。

　多分偶然ではないのだろうが、モルガン・スタンレーのゴークル・ラロイアが同じ日の午後に私に電話してきた。

　彼は「シャン、これは非公式な話です。確実ではありませんが、FSCは私たちのカバード・アセット・モデルに対する反対提案を準備しており、来週提示してくるようです」といった。ただ、FSCチームは、なお現実をわ

かっていないので、「あまり期待しないほうがよいでしょう。奇妙なことをいってこなければよいですが」と、彼は溜息をついた。

　世論、HSBC の取引方針、大統領側近の圧力のどれであるにせよ、何かがFSC 側に変化をもたらした。彼らは、長い沈黙の後で、交渉のテーブルに戻ってきつつあった。しかし、私たちは、なお警戒しなくてはならないと思った。交渉が容易になるわけではないだろう。ブルームとボンダーマンに対するヒョン大使の訪問への準備として書いた同日のメモで、私は次のように説明した。

　　FSC チームは、私たちと取引するように部内から圧力を受けているようです。しかし、彼らは多分、何を提案すべきかを知りません。彼らは最善の取引を望んでいるのですが、私たちの限界がどこかわかりません。私の知るところでは、彼らは私たちのような分析やアドバイザーの活用を行っておりません。彼らにとって唯一のベンチマークは、私たちを押し込んで限界を試すことなのです。これが、彼らがいままで私たちの提案をすべて否認してきた理由です。……ですから、彼らに提案を真剣に受け止めてもらう唯一の方法は、直近の提案により私たちがすでに経済的限界に達していたり越えたりしていると理解してもらうことです。私たちにまだ経済性の面で譲歩の余地があると彼らが信じている限り、どんな提案をしても、受け入れられることはなさそうです。これまでの交渉で、残念なことに、これが典型的な韓国式の瀬戸際交渉スタイルだとわかりました。したがって私たちは、相手側における政治面等のナーバスな問題については柔軟に対応することを示しつつ、自分たちの立場をしっかりと保つよう、注意深く行動しなければなりません。

これに対しボンダーマンは同日、次のようなファックスを送ってきた。

　　交渉戦略に関する５月21日付のメモありがとう。私はまったく同意見です。特に、ヒョン大使との関係では、私たちは、部分的には FSC の助けとなるようにしようと考えているけれども、経済的な最低線は直近の提案で示したとおりであることをわかってもらうべきだと思います。

私たちは、こうした考え方のもとで、韓国人との話合いを再開する準備をした。ブルームとボンダーマンが大使と会うべきときだった。

第7章

大統領の訪問

　ホンチュ・ヒョン大使とディック・ブルームのミーティングは、1999年5月24日にサンフランシスコで行われた。同僚のダン・キャロルと私も参加した。ブルームは大使と楽しく会見し、すぐに彼を好きになった。驚いたことにヒョン大使は、イ委員長の代理として、イとブルームおよびボンダーマンの"サミット・ミーティング"を6月に開くことを提案した。彼は韓国の外でミーティングを開くことにこだわった。最も適切で便利な場所は香港だとみられた。私はこの要請を聞いて意欲が湧いてきた。イ委員長が私たちとの取引に真剣でない限り、ヒョン大使がこうした申出をするはずはなかった。

　この間、ソウルでは、ノオがリーマン・ブラザーズの主任駐在員クンホ・チョとのミーティングを求めていた。FSCは、締切りを過ぎてしまったので、私たちとの交渉に復帰するうまい口実を必要としているようだったが、私たちに直接連絡するのではなく、アドバイザーを通じてメッセージを送ってきた。

　このメッセージは、いつものことながら、混乱し、葛藤を示していた。ノオは一方で、ニューブリッジと是非取引したいという希望を表明した。彼は「他の潜在的な応募者との話合いは行っていません」といっていた。チョは

後に、FSCとしては「進路変更の前にもう一押ししたい」と考えていると私にいった。「FSCはルビコン川を渡ろうとしています」というわけだった。

ノオは他方で、私たちの直近の提案には否定的で、韓国におけるビジネスのやり方を私たちがなお理解していないといった。彼はチョに対し、FSCの最大の懸念は、私たちがKFBの借り手の事業活動を制限することだといった。これは、デウのウチュン・キムが深夜のソウル・ヒルトンで話していたことや、私たちがKFBの既存の借り手の半分を切り捨てようとしているのではないかとFSCトップのイ委員長が懸念していたことと相通ずるものだった。当時私は、イが誤って理解しているか、ノオが私たちの提案を知らせていないだけかと思っていたが、いまやノオが何をいっているのかわからなくなった。

ノオは、チョにニューブリッジの"最低線"がどこかを見つけるように頼んだ。FSCは、どこまで私たちを押せるかを見出したいと考えていたのである。これに対しチョは、ニューブリッジとしては、経済的にはもう与えるものがなく、その気もないが、取引の仕組みの工夫についてはFSCのニーズに応じて柔軟に対応すると答えた。

チョがどのようなニーズがあるか尋ねると、ノオはまたはっきりしたことをいわなくなった。ノオは、「紙で書いたことは取返しがつかない」といい、反対提案も公式回答もしなかった。

私たちは、FSCの意向に沿うべく、新しいカバード・アセット・モデルの提案という大きな努力を行ったが、ノオは、従来の姿勢から私たちが変わっていないと考えていた。「ニューブリッジが貸出について裁量権や管理権限を行使し続けることになる」からだった。ニューブリッジが韓国政府にダウンサイドから守ってもらうよう求める一方でリスクをとろうとしないことについて、彼は不満に思っていた。資産保証期間の5年間は長すぎる。私たちが経済的には譲りたくないが、仕組みでは柔軟に対応するということは、一貫していないし役にも立たないと彼はいった。

最後に、ノオはチョに「韓国政府を信頼していればよい。私たちは、この

投資を悪いようにしない」といった。

モルガン・スタンレーのラロイアやチョたちを通じて伝わってくるFSCのメッセージはどれも同じようなものだった。韓国政府としては取引をまとめたいと考えているが、私たちの提案を受け入れる用意はまだない。韓国政府にとってよりよい提案をもってくるよう私たちに求めていた。

パズルの断片のいくつかが所定の位置に収まり始めたようだった。数日後、イ委員長が青瓦台に呼ばれ、キム大統領にニューブリッジとのKFB取引の状況を報告したという報道があった。続いて私は、イ委員長がプレゼンテーションを行い、諮問会議や副長官会議でも同様の報告をする予定だということを知った。

私は、大統領の承認なしでイ委員長が副長官会議に出席することはないと聞かされた。私たちは、キム大統領が何を承認したか正確には知らないものの、イ委員長としては、自分のできない取引を大統領に説明するはずがないと推察した。

一方、ソウル銀行を巡るHSBCと韓国政府の話合いは暗礁に乗り上げたようだった。メイル（毎日）経済新聞（韓国のウォール・ストリート・ジャーナルに相当）は、市場価格評価問題を巡りHSBCと韓国政府が対立し、取引がまとまるのが遅れると予想されると報じた。FSCは、この報道を否定する声明を発表したが、ウォール・ストリート・ジャーナルの記者からは、この報道が事実である旨の電話があった。

裏では別の動きもあった。信頼すべき情報源によれば、FSCの課長であるBSカンは、上司であるノオ局長への不満を募らせていた。カンは個人的に、ノオが決定能力をまったく欠いているという不満を口にしていた。私たちはFSCの交渉チームからもそうした不満を聞いていた。残念ながら、その情報筋によれば、イ委員長も詳細な内容を知らないので、ノオからの助言なしに取引を前に進める決定ができないとのことだった。

こうした背景からみて、イ委員長がニューブリッジの会長のどちらか、あるいは両方と会いたいと考えていることが重要だと私は思った。「過去の経

験からすると、貴方たちの貴重な時間を浪費するリスクを冒すことになります」と私はブルームとボンダーマンに書いた。「しかし、突破口があるとしたら、これが絶好の機会のようです。もしイが本当に腰を据えて話したいのであれば、今回こそ、私たちの提案が彼やFSCの懸念を招くものではなく、実際にはその多くを解消させることを理解してもらう唯一の機会になるかもしれません」。

＊　　＊　　＊

ノオとの奇妙で謎めいたミーティングの後、リーマン・ブラザーズのチョは、ノオの依頼に応じて私たちのチームとFSCとのパイプ役となった。ノオ局長はチョに対し韓国語のほうがニュアンスを伝えやすいといった。絶好の機会を無駄にしたくはなかったので、私たちも喜んで従った。

数日後チョは、ノオの補佐官であるカン課長と夕食をともにした。カンは、FSCがこの取引を望んでおり、他の誰とも話し合っていないと請け合った。しかし、政府の担当官としては、できないことや責任を負いかねることがあるといった。特に、貸出ポートフォリオについて私たちが提案したような値付けを許したり、売却権を与えたりすることはできない。もし私たちが資産側の時価評価に固執するなら、彼らも負債側の時価評価に固執せざるをえない。最低線は簿価評価ということだった。

しかしカンからは、ニューブリッジに好意的な発言もあった。非常に長い時間を一緒に過ごした後で、FSCチームは私たちを気に入り始めていた。かつては、私たちが彼らを利用しているのではないか、策謀を巡らせているのではないかと思っていたが、いまでは、私たちが正直で率直であることがわかったというのだ。これとは対照的に、FSCチームは、以前の姿勢を撤回したHSBCに憤慨していた。

その週の後半には、イ委員長とキム大統領の間で何が起こったかについて、若干の追加情報があった。私たちの情報源によれば、FSCとしては、ニューブリッジの5月11日の提案は有望であり、MOUから改善していると

みている旨、イ委員長が報告したとのことであった。イは、ニューブリッジとの取引がまとまればHSBCにインパクトを与えられるので、FSCはニューブリッジとの困難な駆け引きを進める必要があるという意見を述べた。最後に、韓国政府としてはKFBを存続させるために追加的に3兆ウォン（約25億ドル）を注入することが不可避であるが、そうしてもニューブリッジとの交渉に影響がない旨を大統領に知らせたとのことだった。

5月26日、私は「こうした確固たる証拠からみて、彼らが取引を強く願っていることはまったく明白だと思います」とブルームとボンダーマンに書き送った。「彼らが、どれほどよい取引を手に入れようとしているかわかっていないことも同様に明白です。だから彼らは、私たちの最低線を試し続けてきたのです」。部分的な並べ替え以外に私たちには譲歩の余地が本当にないことについて、ノオ、カン、イ委員長が最終的に理解してくれれば、ボールがもっと早く転がり始めるだろうと私は感じていた。

＊　　　＊　　　＊

数日後、5月27日にチョはノオと会った。具体的内容に関する両者の間の隔たりはなお大きかった。FSCは従来と同様の苦情をいっていた。すなわち、売却権がKFBの大口顧客に悪影響を与えること、ニューブリッジがこの取引から不当に過剰な利益をねらっていることだった。チョの回答も従来と同じだった。すなわち、5月11日の提案（カバード・アセット・モデル）が最終であり、FSCは決断すべきだということだ。ノオは、「失望しましたが、FSCとして反対提案を提示します」といった。ノオの最後のコメントは、「それを誠意をもって取引に向かっている証しだと受け取っていただきたい」というものだった。

同日、私は、アメリカ大使館の経済担当参事官ケビン・ホーナンから有益な情報を受け取った。駐韓アメリカ大使のスティーブ・ボズワースがFSCのイ委員長とミーティングを行い、二つの銀行の取引の近況を議論するとのことだった。

ボズワース大使は委員長に対し、二つの取引がうまくいかなかったときの改革への影響を懸念しているといった。イはどちらの取引も進行中だと請け合った。イは、いまではFSCの懸念をニューブリッジが理解していると思っていた。

　しかし、イはなお、見た目を懸念していた。取引が成立すれば報道陣が彼を追ってくること、自分の結んだ合意が韓国と韓国人のために役立っていると証明する必要があることをわかっていた。また、市場に戻って新しい買い手を発見するのはむずかしくなりつつあると心配していたため、取引をできるだけ早くまとめたいとも思っていた。

　彼のもう一つの懸念は、KFBの貸出分類が他の銀行と異なるものになれば、同じ借り手について他の銀行もその例に従うことになるのではないかというものだった。そうなると、顧客と他の銀行にとって困ったことになる。さらにイとしては、カバード・アセット・モデルにおける5年間の保証がモラルハザードを生み出し、政府保証のある貸出を回収する誘因をなくすかもしれないと考えていた。

　彼は大使に「もうすぐ議論を再開します」といった。

　ボズワース大使は、ニューブリッジは、評判がよく、多くの企業を再生してきた実績があり、韓国第一銀行を再生させる能力が十分にあると請け合った。

＊　　＊　　＊

　5月30日、私たちは、アドバイザーのモルガン・スタンレーを通じ、6月1日火曜日午前10時半からミーティングをしたいというFSCの要請を受けた。そこで私たちの直近の提案について議論するとのことだった。彼らは、これが交渉の場ではないと念を押したうえで、報道陣にこのミーティングのことを話さないよう依頼してきた。これは、3週間近く前の5月11日以来、久々の直接ミーティングだった。"背の低いやつ"は、彼の接触先によれば、私たちの提案に沿って取引が週内に片付くと意気軒昂に報じた。私はもうそ

れをあまり信用しなかった。

　翌週は、いくつかの不吉なサインで始まった。英語メディアでは、FSC のスポークスマンのコメントとして、ニューブリッジに反対提案を出すこと、この提案は MOU の条項には基づかないこと、ニューブリッジが拒絶する場合は韓国政府が交渉から離脱することが報じられた。こうした報道は、韓国語メディアでは報じられなかった。コリア・ヘラルドの見出しは「FSC がニューブリッジに最後通告へ」だった。ヨンハプニュースは、FSC の別の担当官が、貸出には 2 年以内の政府保証を付すが、貸出は簿価で評価しなければならないと語ったと報じた。

　しかし、私たちが火曜日の朝に FSC の本部の会議室に着いた時、雰囲気はまったく違っていた。私たちの側にはニューブリッジからポール・チェンと私、リーマンからオハンロンとデイビッド・キム、相手側には BS カンとイ・ジュニアがいた。

　FSC は私たちの直近の提案について二、三質問をしただけだったが、それは彼らが提案を真剣に受け取っていることを示しているようだった。彼らは、提案に対する懸念ももっていた。それらは、私としては当然そうだろうと思われるもので、四つのカテゴリーに分類できた。

　第一の懸念は 5 年という保証期間だった。私たちの"カバード・アセット・モデル"提案では、KFB の留保するすべての貸出の金額と利子に対し、韓国政府が 5 年間の保証を行うことになる。FSC 側としては、

a)　5 年では、KFB が留保しないことを決めた貸出の管理の枠組みを韓国政府が設けられないかもしれない

b)　韓国政府がリスクを負う期間として 5 年間が長すぎるのではないか

という懸念をもっていた。FSC の指摘によると、貸出のなかには、経済回復に伴って本当に改善するものもあれば、2 年後に正常と分類されても、その後 3 年間で駄目になるものもあるので、韓国政府のリスクは大きいとのことであった。

　第二の懸念は96％という値付けだった。カバード・アセット・モデルで韓

国政府の保証があったとしても、貸出ポートフォリオから十分な利回りを得るためには値引きが必要だったが、韓国政府の交渉担当官は96%がなお過大だとみていた。

第三の懸念はニューブリッジの投資収益だった。韓国政府は、おそらく世論に敏感であったため、私たちがこの取引で儲けすぎるのではないかと懸念していた。彼らはニューブリッジの資本収益率に25％の上限を設けることを提案した。

最後に、バイ／セル・アレンジメントもFSCにはよくわからなかった。私たちはこのモデルとその基本原理を再度説明した。一方当事者が売却対象資産の価格を提示し、他方当事者がその価格で買うか売るかを決めるというものである。FSCは結論を留保し、さらに議論することとした。

ミーティングの後で私はヒョン大使と会い、ミーティングに関する彼のコメントを聞くとともに、来週に予定しているイ委員長、ディック・ブルーム、デイビッド・ボンダーマンの香港でのサミット・ミーティングの計画の仕上げをした。ヒョン大使は、否定的な報道はFSCの立場の弱さを反映したものだが、いずれにしても、イ委員長は何としても取引をまとめたいようだといっていた。

私が「この国の政治家とオピニオンリーダーに対し、私たちを支持してもらうための対話を続ける」といったところ、ヒョン大使は、「あまり多くを語らないほうがよい。パンチの効いた説明と明快なキャッチフレーズを示すように」といった。彼の知恵は称賛に値した。

委員長の訪問に向けた準備は全速力で進められた。

DJキム大統領が、韓国の銀行システムを再建して経済を改革しようという強い意向をもっており、彼の政策を遂行するよう担当官に圧力をかけていることは心強かった。6月4日、彼は外国人銀行家とのミーティングで「韓国第一銀行とソウル銀行を外国投資家に譲渡する」と力強く述べた。そうした政治的声明は非常に異例のことであり、FSCにはいっそうの圧力になった。二つの対立する力が働いており、ニューブリッジのKFB取引はその戦

いの決戦場であった。

　その週は、不吉なサインで始まったが、新たな前向きの報道で終わった。チョソン・イルボは、ニューブリッジの新たな提案について、FSC の高官がより実効的なものになったと評価していることを報じていた。残る問題は利回り保証の期間であった。私たちの提案における利回り保証は、貸出の時価評価や引当増を必要としていないので、納税者負担も少なくてすむというという発言もあった。

＊　　＊　　＊

　サミット・ミーティングは、1999年6月8日火曜日、香港のアイランド・シャングリラ・ホテルで開催された。私は、その日の朝5時半に、家に近い静かなランニングコースであるボーエン・ロード（宝雲道）へ出かけた。ボーエン・ロードは、ビクトリア・ピークの側面に沿ってその半ばまで通じている。険しい緑の山腹を曲がりくねり、市街の摩天楼や高層ビルのパノラマを楽しむことができた。その半分まで進んだところで、大雨になった。私は、10キロメートルのランニングを終えたとき、汗と雨でずぶ濡れになっていた。

　私は、午前8時にシャングリラ・ホテルに着いてチームに合流し、ブルームとボンダーマンに対し、私たちの提案の要点や、イ委員長に解決してもらいたいと願っている FSC との主要な対立点を説明した。ここには、役者が勢揃いしていた。ボブ・バーナム、リーマンのマイク・オハンロン、ニューブリッジのダン・キャロル、ポール・チェン、ダニエル・プーンがいた。

　その後すぐ、私たちの待つビジネスセンターにイ委員長が降りてきた。ブルーム、ボンダーマン、ヒョン大使もイ委員長に会うために会議室に入った。残りの私たちは隣室にいた。ボンダーマンが時折出てきて、いくつかの事項や取引の論点について私たちと相談した。

　昼頃にミーティングは終わり、イは空港に向かった。ボンダーマンはミーティングのメモを書いてヒョン大使に確認した。それは次のとおり、典型的

なボンダーマンのスタイルで、簡にして要を得ていた。

会議録、1999年6月8日、香港

議論

(1) *KFBのポートフォリオを3分割する*

  (a) *不稼働貸出（韓国基準による：NPL）*

  (b) *稼働貸出（ニューブリッジの決定に基づく：PL）*

  (c) *灰色貸出（その他すべて）*

(2) *NPL：韓国政府が承継*

  PL：簿価の96％で評価しKFBが留保

  灰色貸出：簿価の94％で評価しパラ(3)に従って処理

(3) *灰色貸出の処理*

  (a) *再生貸出および満期まで2年以上の貸出すべてについて*

    (i) *3年間に返済不履行があれば韓国政府に売却可能*

    (ii) *この期間に（金融監督院の）ガイドラインに基づいて、合意された第三者により追加引当が求められれば、韓国政府が期末に換金可能な政府債務（IOU）で支払う*

  (b) *それ以外の灰色貸出については、2年間に限り(a)に準じて取り扱う*

(4) *チェボル向け貸出の集中については、新制度の適用外とするか、KFBの既存貸出集中を新制度の適用外とするかにより規制対象から外す（これは、銀行の特定チェボルに対する貸出や与信の集中を制限する新規制に対処するためであり、KFBの既存のチェボル向け貸出は経過措置により適用除外となる）*

(5) *投資家の収益については、市場実勢に任せ、韓国政府としては上限も下限も設けない*

その後、ニューブリッジチームは、ヒョン大使とホテルで昼食をとり、進展が得られたことで元気づけられた。イ委員長によって示され、両者が合意した大枠は前向きで、実行可能なものであり、私たちの主張したカバード・アセット・モデルと整合的だった。

しかし、私たちの楽観は時期尚早だった。

*　　*　　*

その日の午後、私と家族は、ニューブリッジの投資家年次集会に出席するため、ブルームほかの数名と一緒に、ブルームのプライベート・ジェットでバリに向かった。バリは、インドネシア諸島のなかの牧歌的な島であり、ビーチ、サーフィン、リラックスした文化で知られていた。不幸なことに、私はそれをあまり楽しめなかった。

このミーティングは、輝く青い海を見渡す大きなホテルの会議場で開かれた。投資家たちは、広く報道されている KFB 取引に関して私たちが話せることのすべてを、非常に聞きたがっていた。私は、取引の状況についてプレゼンテーションを行った。その際、交渉の困難を表し緊張をほぐすためいくつかの漫画を使った。漫画ではしばしば、ニューブリッジという失望した婚約者からみて、未婚あるいは望まれない韓国人の花嫁として KFB が描かれていた（写真4）。

この漫画は皆の気持ちを明るくしたが、私たちがどれほどよい取引を獲得することができるか、取引が成立する確率はどの程度かについて、多くの質問が出た。最後にボンダーマンが「取引をまとめられる確信はまだないが、もしそうなれば、私たちには銀行を再生させる能力があると信じています」と明言した。

会議の最中に私は、韓国政府の新たな提案を示した FSC の BS カンからのファックスを受け取った。それを読むにつれ驚きが増していった。

FSCの新提案は、イ委員長が香港で行った提案とはまったく違うものだった。とりわけ私たちの投資収益に12％の上限を設けること、貸出すべてを額面どおり評価し値引きを行わないこと、不良貸出に関する売却権を与えないことがその内容だった。イ委員長が香港で提案した条項が一歩前進なら、FSCの新提案は十歩後退だった。これは不可解で腹立たしいことだった。

　6月10日私は、いまや私たちとFSCトップとのコミュニケーションのメインルートになっていたヒョン大使にレターを書き、FSCの新提案に対する私たちのポジションと反応を知らせた。

　　今回、受け取った提案にディックとデイビッドがとても仰天し、困惑していることをご理解いただきたいと思います。この提案は、イ委員長との議論や了解事項を反映していないのみならず、市場価格評価と売却権に関するFSC自身の4月27日提案からも後退しています。4月27日提案はFSCの3月16日提案よりも後退していましたが、いまや、4月27日提案よりもさらに後退した内容の新提案を目のあたりにしています。彼らの提案が私たちにとって経済的に対応不可能なだけであることを知ってもらう必要があります。私たちは、FSCが本当に取引を望んでいるのか、単に挑発しているだけかを疑うようになりました。アドバイザーの多くは、DJキム大統領が銀行部門の改革に固くコミットし続けていても、実際には官僚機構が取引をしたくないのだろうといっています。官僚機構は板挟みになり、時間稼ぎをしているだけだというのです。私たちは、長い間そんな話を疑ってきましたが、証拠からみるとそうではないようです。

　　もちろん貴方からは、ディックとデイビッドをはじめとする私たちに対し、最善のアドバイスをいただけると思います。私が最も心配していることは、合意に近づく見通しもなしに資源と時間を浪費し続けているとして、彼らや出資者の堪忍袋の緒が切れることです。閣僚であるイ委員長が部下に無視されたままだったり、FSCが他の取引（すなわちHSBCとの取引）よりも私たちのほうが非常によい取引であることがわ

からなかったりすることは、理解できないのです。こうしたことすべてが信用を損なっています。私たちは常に、この取引がすべてのステイクホルダー、つまり韓国政府、納税者、銀行、顧客、投資家にとってよいものだと信じてきました。韓国政府の表立った了解のもとでこんなにも多くの資源を費やしてきたのですから、離脱するにあたっても、投資家は静かにしていることを許してくれないでしょう。私たちはそうした"ルーズ・ルーズ"に陥りたくありません。私たちは"ウィン・ウィン"にしたいのです。私たちはFSCの職員たちの信頼を勝ち取るべく激務をこなしてきましたし、今後も協力していきたいと思っています。しかし、FSCが委員長の言明すら尊重しないのであれば、どうすれば取引をまとめられるかわからなくなってしまいます。問題は、取引をまとめる政治的意思があるのかどうかということです。

　ヒョン大使、私たちは皆、貴方を尊敬し信頼しています。ディックとデイビッドにとっては、貴方のおっしゃることが大きな意味をもちます。私は、貴方のご意見を非常に重くみており、今後の方針や具体的対応を決めるにあたって決定的に重要だと考えています。

私は6月11日に、ヒョン大使からの電話を受けた。彼は次のようにいった。「貴方からのメッセージを受け取った後、私はイ委員長と話をし、これはいったいどういう意味なのかと尋ねました。「これは委員長ご自身の提案からの退歩であり、香港でのブルームとボンダーマン両会長との了解にも反しています。ニューブリッジの人たちは困惑していますし、私も同じです」といいました」。

ヒョンによれば、イは、いくつかはっきりさせたい点があるので、ニューブリッジと話す必要があると答えた。しかし、イは"担当者レベル"、つまりノオとFSCの交渉担当官には公式な回答をしないでほしいといった。委員長は、ニューブリッジが大使を通じて直接に連絡することを望んだ。

「香港ミーティングでの了解事項について、いくつかの見解の相違があるかもしれませんが、彼はまだ誠実に交渉を進めたいと考えていると思いま

す」。ヒョンは、こう私にアドバイスした。「大きな懸念は見当たりません。彼が誠実に取引を進めたいと考えていないことを示すものは見当たりません。貴方の考えを詳細に伝える手紙を書いてください。そこから始めましょう」。

私には、デイビッド・キムからの電話もあった。クンホ・チョ、マイク・オハンロンおよび彼というリーマンチーム全体のアドバイスを伝えるものだった。FSCの直近の提案の土俵に乗ることにならないよう、各論点には回答をせず、もう1カ月間彼らの動きを待つべきだということだった。

こうしたアドバイスに従って、私はFSCの反対提案に直接応答しなかった。そのかわりに、ブルームとボンダーマンからイ委員長へ宛てたレターの原稿をつくった。ボンダーマンはそれをみて少し訂正した後、6月15日に送付した。

　イ委員長様

　1999年6月8日の火曜日に、貴方やヒョン大使とミーティングをし、進展をえたことは、私たちの励みになっております。貴方の意見をまとめて回覧させていただいた論点メモ（写しを添付してあります）については、韓国第一銀行に関する交渉を成功裏に完結させる基礎となるものと信じています。したがって、課長［BSカン］から私の同僚が受け取った6月9日付のレターには心底驚きました。［カン課長の］レターは、論点メモにまとめた貴方の意見や、その後の貴方やヒョン大使との会話をまったく反映していないようなのです。［カン課長からの］レターは、貴方の提案された内容と矛盾しているのみならず、FSC自身が過去に提示した主要な条項からもはっきり後退しています。どこに違いがあるかを簡単にまとめた文書を添付しますので、ご高覧ください。こうしたことから、6月9日の［カン課長の］レターで示された内容に対し、項目ごとの反論を行うことは建設的ではないと考えます。しかし私たちは、……交渉中の取引をまとめることの重要性を確信していますので、貴方の提案に沿ってまとめた6月8日のミーティングの論点メモを基礎

として、交渉をまとめる用意があります。この目的を達成するために、貴方の提案と、5月13日に私たちがFSCに提示した条項や条件とを今後の議論の基礎としてはどうかと考えます。もちろん私たちは、合意を仕上げるために、貴方やヒョン大使と再びお会いしたいと思っています。

＊　　＊　　＊

この時点で、私はどうしてよいか本当にわからなかった。イ委員長はFSCの部下職員に取引を進めろと指示したのかしなかったのか？　なぜ彼のメッセージは彼自身の傘下にあるチームのメッセージとかくもまったく異なるのか？

私は自分自身のPRキャンペーンを強化することを決めた。6月14日の朝、私はウォール・ストリート・ジャーナルのマイケル・シューマンに取引の近況を伝える短信を送った。翌日、ジャーナルは「アメリカ企業による韓国の銀行の買収に新たな障壁」という見出しの記事を出した。

> ソウル発：アメリカの投資企業ニューブリッジ・キャピタルによる国有銀行の買収は困難に直面していたが、さらに韓国政府の新たな提案により大きくつまずき、両者の溝が拡大している。ニューブリッジの幹部によれば、韓国政府は、韓国第一銀行の資産の評価方法と、不良貸出を将来ニューブリッジが韓国政府に売り戻す権利について、従来の立場から後退した。これらは、かねてから交渉における主要争点であった。ニューブリッジの幹部は「これでは、そもそも彼らが取引をまとめたいと考えているのかどうかわからなくなった」といっているが、なお買収をまとめられるという楽観的な見通しを表明している。

FSCはこの記事の情報源が私たちであることをすぐわかっただろうが、私は意に介さなかった。私は事実を明確にすることを望んでいた。FSCチームは、現地メディアを使って私たちに圧力をかけ、それによる誤解を解消するために私は働き続けてきた。私たちに共感するような記事を韓国の報道陣

に書いてもらうことはむずかしく、現地の新聞記事の正確さを確保することは不可能だった。けれども、韓国政府は国際世論も気にしており、私たちのメッセージや事実関係を発信するうえで、ウォール・ストリート・ジャーナル等の外国メディアのジャーナリストの専門家意識が役に立つと思った。

その週私は、何人かの他の記者たちと話をし、HSBCチームがニューブリッジのKFB取引について否定的な記事を書くよう促していることを知った。私は笑い飛ばしたが、イギリス人たちが私たちを犠牲にして自らの立場を有利にしようとすることについて、たとえ韓国政府との自分たちとの交渉上のトラブルを隠すためであっても、非常に卑劣だと思った。ニューブリッジが競争者に対し同様のことをすることは考えられなかった。私たちは、皮肉にも、また少し無邪気にも、イギリス式のフェアープレイ精神を信じていた。

バリにおけるニューブリッジのミーティングの後、私はチームと一緒にソウルに戻った。私たちは6月17日にFSCチームと会った。その時までに彼らは、6月8日のミーティングの議事録の内容については知っていたが、私は、イ委員長がサミット・ミーティングを秘密にするよう望んでいたことから、ミーティングの場所や誰が議論を進めたかについては知らないのではないかと疑っていた。

ノオはニューブリッジのアドバイザーとだけ話すことにしていたので、ミーティングの後、リーマンのオハンロンおよびチョが話に行った。局長はリーマンチームに対し、ニューブリッジが政府提案を受け入れるよう説得すべきだと三度にわたりいった。それはあたかも、私たちの側に再び私たち自身と交渉を始める意欲があると考えて、それをゴリ押しする欲求に抗しきれないかのようだった。ヒョン大使も当日ノオと話をした。彼が局長にニューブリッジはすでに限度まできており、取引をやめようとしているといったところ、ノオは驚いたようだったとのことだった。

*　　*　　*

翌日、ヒョン大使は私に、FSCのイ委員長のレターをファックスしてきた。それはヒョン宛てだったが、明らかにブルームとボンダーマンへの回答を意図していた。このレターでイは、6月8日の議事録に含まれる条項に彼が同意したことを否認し、ブルームとボンダーマンが提示した論点にすぎないと主張していた。彼としては、特定の貸出を灰色債権のジャンルに入れるという考え方を支持していないので、カン課長の6月9日提案を検討し、回答してほしいとのことだった。

　6月8日の香港ミーティングにおける自身の提案について、あたかもミーティングがなかったかのようにイ委員長が否認するのは、奇妙なことだと思った。彼は、そのかわりにカンの提案を提示したけれども、これについては、ボンダーマンからイ宛てのレターで、FSCの従来の提案からの後退だとして拒絶ずみだった。実際、これまでのFSCの三つの提案は、時間を追うごとに悪化していた。FSCチームとの交渉は壁に水を打ち付けるようなものだった。私たちがなんとか便宜を図った途端に、政府側ははるか遠くに移動してしまっていた。

　このレターを私たちにみせた後、ヒョンはイに再度電話し、単刀直入に、そもそも取引が可能と考えているのかと尋ねた。

　委員長は「取引をまとめたいと本当に思っている」と答えた。ヒョンが後で私に語ったところによると、イは従来と同様、取引にコミットしており、ニューブリッジと韓国政府のポジションに大きな差はないと思っているが、ヒョンに対し、私たちができるならFSCのポジションに近づくよう努力してほしいと頼んだとのことである。

　私はイのレターをみて、イの提示した論点に関する私たちのポジションをFSCチームに知らせる以外にないと感じた。しかし、ヒョンの考えは違った。

　ヒョンのアドバイスはこうだった。私たちの考え方を明示するのはいいが、FSCの文書にできるだけ似た形式でタームシートをつくることを検討すべきだ。彼らの形式を用いることで、その提案を真剣に検討しているとい

う印象を与えることができるし、両者の考え方の溝を狭めることができるかもしれない。また、コミュニケーションにあたって新しい用語法や新しい概念を用いることは避けるべきだ。その典型として、"灰色債権"という用語法に対するFSCの強い反発があげられる。ヒョンは、「彼らの語彙を用いるように努めなさい」とアドバイスした。

　大使のアドバイスは素晴らしいと思った。彼はとにかく練達の外交官であり、どうすれば自分の原則を曲げずに相手によく思ってもらえるかを知っていた。また、イ委員長が香港でのミーティングをなかったことにしようとしているとはいえ、最近のFSCとの交渉のトーンはポジティブなものであることは認めざるをえなかった。

　大使は、イ委員長が誠実に交渉したいと考えていると信じており、イとその部下との間で、取引成立に向けた意欲に大きな違いがあることを指摘した。また、イ委員長が再びトップレベルのミーティングを開くことに前向きだと信じていた。その後数日間、私たちは、大使の勧めに従ってタームシートをつくり、彼やキム＆チャン法律事務所のスタッフとの長時間の議論を経て、それを修正した。彼らは、私たちにとっての経済性を損なわずにFSCの気にしている点に対処したようにみえるタームシートとするため、いくつかの修正を勧めた。貸出を"灰色"のジャンルに入れると、債務者が困窮しているというシグナルを市場に送ることになるという懸念に関しては、"灰色"のジャンルをまったく廃止し、譲渡後にKFBに留保した貸出すべてを額面の95％で値付けするという妥協案を提案した。これは、６月８日のミーティングにおいて、不稼働貸出を94％、稼働貸出を96％と値付けしたことの中間をとったものであった。

　私たちは６月23日、この文書をFSCへ送った。「このタームシートはFSCとの議論を反映しており、ニューブリッジが取引をまとめるためにできる経済的な最善の措置を示すものです。このタームシートに関する詳細をFSCとさらに議論できれば幸いです」と私は締めくくった。

　クンホ・チョは、引き続き私たちとFSCとの間のパイプ役であったが、

この間にBSカンと夕食をともにして、FSC部内の温度差についての情報を仕入れてきた。

カンは内々に、取引の大きな障害はノオだと感じており、彼もノオに嫌気が差していると語った。ノオがイ委員長に上がる情報にフィルターをかけている限り、取引は行き詰まるだろう。ノオの頭越しにイと直接話すことしか打開策がないとカンは信じていた。彼はチョに対し、委員長のところに直接行って、次のサミット・ミーティングを開くことを要請するよう勧めた。ここまで来るのに双方が多くの時間と資源を投入したので、彼のほうでも取引をやり遂げたいと考えていた。

「またしてもノオなのか」と私は思った。問題はいつも局長に戻ってきた。彼の上司が物事を進めるためには、彼を迂回しなければならない。いまや彼の部下も彼を迂回するよう求めてきた。この取引は、FSC委員長や韓国大統領をはじめとする交渉の相手方から支持されているのに、官僚機構で決定的な地位にある人物が無能なのか進める気がないかのために、何も進展させられないでいた。誰もが彼に不満をもつのは当然だ。彼は何事にも否定の回答をするしか知らないようだった。

チョが夕食会からもってきたもう一つの有益な情報は、HSBCが交渉を中断し、KFBの取引がどうなるかを見守ることにしたというカンの証言だった。カンによれば、投資家にとってHSBCの取引のほうがニューブリッジの取引よりも悪いので、HSBCはKFBの取引をベンチマークとすることを望んでいた。

＊　　　＊　　　＊

1999年の年央には、韓国経済がかなり好転し始めた。これは、韓国にとってはよかったが、私たちの取引にとってはよくなかった。韓国政府は年間経済成長率の見通しを予測より高い6％へ改訂しようとしていた。韓国の国有バッドバンクであるKAMCO（韓国資産管理公社）は、不稼働貸出を外国投資家にドル建てで額面の50％以上で譲渡していたが、これは、数カ月前の

20%より上昇していた。投資家の信頼回復を受けたものだった。株価も上昇中だった。こうしたことすべてから、韓国政府にとって、ニューブリッジとの取引をまとめる誘因は小さくなっていた。

6月23日、ウォール・ストリート・ジャーナルは、韓国の新財政経済部長官ボンキュン・カン（康奉均）のインタビューを掲載した。このなかでカンは、私の懸念を確認するかのように、「遅れている二つの銀行の譲渡の条件を決定する際には、議論の開始時点より韓国経済の見通しが改善していることを反映させるべきだ」と語った。翌日に同紙は、「HSBCは、経済が改善の兆しをみせているなかで、ソウル銀行の株式を買収しないかもしれない」というタイトルの記事を掲載した。記事は、最近の経済成長からみて、FSCの交渉上の立場を再検討することが求められており、「そうすると、韓国政府は、外国の投資家を惹きつけるために劇的な譲歩をする必要がなくなったという結論を出すだろう」と指摘していた。

しかし、なんらかの理由で、FSCの側には急がなければならない事情が生じたようだった。ウォール・ストリート・ジャーナルによるカンに対するインタビューの記事を読んだ次の日、イ委員長が私たちと会うことを求めるとともに、部下に交渉状況を可能な限り早く報告するよう指示していることを知った。イは、週末になんらかの決定をしたいと考えているようだった。イにとっては、私たちが直近のタームシートについて議論するためにFSCチームに会うことが必要なようだった。

もう木曜日だったので、私は、香港からソウルに行く飛行機を予約するとすぐに空港へ向かった。

FSCとのミーティングは驚くほどうまくいった。彼らはいくつか質問をしたほか、建設的と思えるいくつかの主張を出してきた。彼らは、貸出ポートフォリオを95%で値付けすることについて、提案を明示的に受け入れるには至らなかったものの、私たちのポジションに近いところまで来たようだった。これは、これまで膠着状態に陥っていた問題であった。

それでも私は警戒していた。韓国にとって政治的に微妙な時期だった。南

北朝鮮間の緊張が再び高まるなか、アメリカは、キム大統領が7月にホワイトハウスのビル・クリントン大統領を訪問すると発表したばかりだった。両者の議論の多くは、ソウルの好戦的な北の隣人を巡る事項に費やされるだろうが、クリントン政権が韓国の経済改革のペースに不満をもっていることもよく知られていた。FSCからの申出は、キム大統領の評判をよくするための試みにすぎないかもしれなかった。「もしそうなら、今日のミーティングはできすぎのように感じられます」と私は同僚宛てに書いた。

＊　　　＊　　　＊

急がなければならなくなった理由が何であるにせよ、FSCとイ委員長自身が私たちとの取引に積極的に取り組んでくれることには元気づけられた。私はいつも、この取引が韓国政府にとってもよいものだと思っていた。取引をまとめる政治的意思が必要だった。しかし、韓国政府内にある政治的反対勢力を過小評価すべきではなかった。反対方向に引っ張る力はいつも存在していた。

日曜日遅く香港に戻ってみると、イは、交渉中の取引について大きな問題を感じていないものの、三点を要求していることがわかった。第一は、貸出を債務不履行とする基準について、韓国の慣行を受け入れてほしいということであった。私たちは90日延滞を基準としていたが、イは180日を望んでいた。第二に、イは、貸出の値付けを改善したいと望んでいた。第三に、イは、KFBのROE（資本収益率）の上限を25％とすることを望んでいた。

私はボンダーマンに電話した。ファックスではすまない案件だった。

双方とも、第一の点に応ずることは易しいと思った。

第二の点について、ボンダーマンは当初、値付けの改善に合意しなかった。これに対し私は、もし貸出を韓国政府に売却できれば、KFBは3.5％の引当金を留保できるので、値付けを95％から96％に改善できるとして説得した。

ボンダーマンは、KFBのROEに対する25％の上限についても合意した。

この点に関しては、彼が譲歩しても、私としては内心このアイデアを好きでなかった。私は、それでは不公正だと思い、絶対に必要だということにならない限り譲らない計画だった。もっとも、銀行のROEはニューブリッジのROEと同じではなかった。銀行として25%のROEを達成すれば、投資家には非常に高い利益率になるので、ニューブリッジとしては投資コストの何倍もの値段でKFBを譲渡できるだろう。しかし、FSCはこの違いを理解しているだろうか？　私には確信がなかった。最もよい戦略はこの考え方自体に合意しないことだと考えた。

　翌6月28日の月曜日、私はソウルに飛んだ。飛行機のなかで、私はFSCに対する文書を書いた。このなかで、私たちはMOUに従って5％のワラントをすでに与えているので、韓国政府はその持株割合よりも5％多くの値上り益をとれることになり、これはニューブリッジよりも多くなると強調した。したがって、ROEの上限やこれ以上の値上り益の譲与には同意しないと書いた。

　翌日、私は、顧問のキム＆チャン法律事務所に行き、ヒョン大使および彼の同僚として本件に従事するビョンム（BM）・パク（朴炳武）とケソン（KS）・チョン（丁啟聲）に会った。ヒョンは、前日の私のメモをみて、すでにイと議論していた。イは、ワラントはすでにMOUに含まれているので、私たちが譲歩したことにならないと思っていた。また、韓国政府が引当金を引き渡すことや、債務不履行になった貸出を引き取ることには合意するものの、ROEの上限を16〜17％にすること、貸出の値引きをしないことを求めていた。

　6月30日は集中的な交渉の日になった。ヒョン大使は、私たちのためにイ委員長と電話で交渉してくれた。イは、他の緊急事案により交渉を中断せざるをえず、私たちに3〜4回コールバックすることになった。キム大統領が7月1〜2日にアメリカを訪問する予定になった。FSCはすでに、キム大統領の訪米前にニューブリッジとのKFB取引について結論を出すと報道陣にリークしていた。イ自らが私たちとの交渉に従事していた。また彼は、報

道陣に対し取引成立が差し迫っていることを示すいくつかのシグナルを送っていた。私は心のなかで、まとまるとすればいまであり、さもなければ永久にまとまらないだろうと思った。私たちはこの機会をとらえなければならなかった。

イは、ニューブリッジが今後2年間にわたって6億ドルを投資し、持株割合を高めることを提案してきた。これは問題がなかった。また彼は、貸出の値引きをなくすよう圧力をかけてきたが、次第に折れて、ぎりぎり96.5％とした。ただし、他の問題がすべて解決するまで、私たちがこの数字を受け入れなくてもよいとしていた。しかし当日中は、他の問題が未解決のままだった。

7月1日木曜日は、香港では休日で、家族は蒸し暑い夏の熱気を逃れ、アメリカで私抜きのバカンスを過ごした。私は、韓国における交渉から抜けるわけにはいかず、ポール・チェンと一緒にソウルにとどまって交渉を続けた。

私たちは皆、7月1日中に取引をまとめることが決定的に重要だと感じていた。キム大統領とクリントン大統領は、ソウルからの時差が13時間後となるワシントンDCで7月1日に会う予定であり、イ委員長が両リーダーの握手の前に取引をまとめたいと願っていることは明らかだった。

ボンダーマンは前夜にメモをファックスしてきており、私は朝一番でそれを受け取った。「まとめられるとすればいまがそのときです」と書いてあった。いま解決できていないことは4点であり、私たちは1日でこれらを片付けることになる。

私は、この4点の考え方に関するボンダーマンのメモを確認した。

　1. 値付け。もしイ氏がポジションを変えず、明日、貴方が手打ちのときだと思ったなら、96.5％でもやっていけると思います。

　2. 資本増強。貴方の提案でよいと思います。

　3. 政府支援。この点については私たちのポジションを守ってください。そのためなら、1. と2. の点についてイと取引しても結構で

す。

4．値上り益の共有。交渉の対象になっていないと思いますので、対象
　としないで結構です。

　　要するに、明日はイとの取引にたどり着くよう頑張ってください。

4．は交渉の対象になっていません。必要になれば1．と2．について
　は提案に応じても結構ですが、3．については固守してください。

　私たちの準備は万全であり、体制も整っていた。私たちの努力の実るとき
がきた。

＊　　　＊　　　＊

　7月1日の午前中いっぱい、私は、ヒョン大使による電話を通じ、再びイ
委員長と交渉した。今後2年間で6億ドルの資本を提供することについては
合意に達した。貸出の値付けについては、いまのところヒョンには、資本が
大きくなったので94％とすべきだといっておいた。私は、96％を受ける考え
であったが、他の問題すべてが解決するまでは、この点についても譲らない
でいるべきだと思っていた。イは、もはやROEの上限や値上り益の共有を
主張しなかったし、政府支援に関してさらに異論を唱えることもなかった。
取引がまさにまとまるところだと私は思った。私は、休暇で不在にしていた
ダニエル・プーンに電話し、旅行を切り上げて、徹夜でタームシートを完成
させるという作業に備えて合流するよう依頼した。

　同日の午後も、すべての主要な問題を解決するべく、イ委員長と交渉し続
けた。この間、ポール・チェン等の残りのチームメンバーは、FSCのオフィ
スに行って、カン課長と交渉していた。私が大変驚き狼狽したことは、彼ら
が交渉すればするほど、より多くの問題が浮上してきたことだ。ソウルの日
没とワシントンの夜明けがきたとき、チームは、なお未解決の18の問題があ
ると報告してきた。

　私は、キム＆チャン法律事務所の会議室でヒョン大使と一緒にいたが、こ
の報告を聞いて急いでFSCに行き、チームと合流した。到着は午後6時頃

だった。着いた後交渉がとても円滑に進展したので、私は再び驚いた。私たちは1時間余りで残るすべての問題について合意に達した。FSCチームを含む私たち全員は、取引がまとまりそうになったので、目にみえて嬉しい気持ちになった。

　私は、ヒョン大使に報告するために、急いでキム＆チャン法律事務所に戻った。私は、ヒョンに対し、イ委員長の提案した96.5％に合意するといった。イはかつて、私が他のすべての問題で満足しない限りこの数字に合意しなくてもかまわないといっていた。いまや他の問題がすべて解決したので、ボンダーマンの意見に従い、イ委員長の申出に応ずることができるようになった。

　その夜、私は「いってみれば取引をものにしました」というメモをボンダーマンに送った。

　私は、ヒョン大使に対し、拘束力のあるタームシートに署名するまでは、公式声明を出すことに合意しないというメッセージをイ委員長に伝えるよう依頼した。いまや私たちは、すべての合意事項を盛り込んだタームシートを急いで作成し、FSCチームに送ろうとしていた。「私たちは、明日署名できるよう希望していますが、可能かどうかわかりません。詳細はタームシートの原案に書いて夜中に送ります。明日また連絡します」と私はボンダーマンに書き送った。

　タームシートに署名してもらえなければ私たちは取引の公表に合意しないとはっきりイ委員長に告げていたにもかかわらず、7月2日付の韓国の新聞はすべて、KFBの取引でニューブリッジが韓国政府と合意に達し、キム大統領とビル・クリントン大統領の会見に間に合ったと報じた。すべての主要な問題について合意に達したというイの発言も引用された。彼は、ニューブリッジに対する多くの賛辞を述べていた。

　FSCは初めて、私たちよりもすみやかに動いた。彼らは朝、自分たちのタームシートを送ってきた。私たちは、午後まで自分たちのタームシートを送れなかった。私は、FSCのアドバイザーであるモルガン・スタンレーの

一人に対し、私たちのタームシートとFSCのタームシートの突合しない部分を知らせた。私たちのタームシートを送った後、再度彼に電話し、最後の提案について議論するために1時間後にキム＆チャン法律事務所で会うことにした。

　最後の一頑張りだと思っていたとき、ヒョン大使から電話があった。彼は、「問題が起きた」といった。

第8章

委員長による交渉

　ノオ局長が癇癪を起こしたのだった。

　7月2日の午後、ヒョン大使が電話で、彼らしく控えめに私に語ったところでは、ノオは、イ委員長に対し、ニューブリッジが最後通牒を出して韓国政府を侮辱したと苦情をいったというのだ。これは1時間後にミーティングを行うという私の申出を指す発言だった。彼はまた、私たちの弁護士がタームシートに挿入したいくつかの法的条項に仰天し、こうした条項を韓国政府に押し付けた私たちを非難した。それを聞いてイ委員長も激怒したとのことだった。

　何が起きたかに関するヒョン大使の説明を聞き、私は唖然とした。イとノオの反応はどちらもまったく不当だと思った。私たちは、面会を強制したことはないし、最後通牒に近いものを出したこともない。儀礼を尽くしてミーティングを提案しただけだった。これは、私たち双方とも期限に向けて作業を進めている時期だったから、次のステップとして論理的だった。ノオが単に気まぐれなのか、取引を沈没させる口実として利用したのか、私にはわからなかった。

　いずれにせよノオは私たちに会いたがっていたが、ミーティングは最初か

ら災難だった。FSC チームの態度も突然、全面的に変わった。ノオは、この事態を利用して私たちを叱りつけ、委員長の言葉を「捻じ曲げている」と非難し続けた。ミーティングの間中、ノオは怒鳴り、建設的な話合いを拒み続けた。私としては、彼が発散し尽くして冷静になり、ビジネスに戻ってくることを希望していた。しかし彼はそうしたことはせず、スタンドプレーに走った挙句、深夜、唐突にミーティングの終了を宣言した。彼は翌朝9時半の再開を要請した。

　ブルーム、ボンダーマン、そして他のチームメンバーは、すでにタームシートが署名されただろうと予測していた。私は、事態の不幸な展開で狐につままれたように感じながら、就寝前の午前2時の少し前に何が起きたかを走り書きした。

　翌日、私たちはノオとそのチームに再会した。しかしノオは、実質的な内容の議論に関心をもっておらず、なんら建設的な意見を出さず、声明を発しただけだった。大げさな声明が読み上げられている間、彼は天井を凝視し、視線を上に向けていた。私は、“死んだ魚のようだ”と覚書に書き、私たちは時間を無駄にしていると感じていた。

　それだけでは足りないかのように、FSC チームの他のメンバーは、前夜合意した条項について、問題をあげ始めた。彼らは MOU の基本的な前提や条項をひっくり返そうとしていた。彼らと私たちとの間の溝は急速に広がっていった。午前中のセッションが終わったとき、FSC の提示した問題は20件にのぼった。

　私たちは皆不満だった。FSC がゲームをしているのか真面目なのかわからなかった。いずれにしても、いまのところ合意に達する見込みはなかった。ヒョン大使は、イ委員長に対し、ノオの報告は単なる間違いだと説明した。その後イは落ち着いたとのことだったが、私としては、ノオと何も交渉できないなかで、どうしたらよいかわからなかった。両者の間の溝は、数日前にはほとんど埋まっていたのに、いまや相手がどこにいるのかわからないほど広がっていた。

7月4日、ワシントンにおける米韓首脳会談の状況が知らされた。キム大統領はクリントン大統領にKFBの取引がまとまったと知らせ、両者は相互に祝辞を述べた。少なくとも政治的には、賽が投げられたようだった。取引が実施されなくてはならない。しかしどうやって？　逆説的なことに、大統領の会談がすんでしまったので物事を前に進める推進力が失われた。

　私たちのチームは、FSCが直近に提示した問題への対応を含め、徹夜でタームシートの書換えを行った。私たちは午後2時のミーティングの前に文書を準備したかった。

　ところがFSCは、またもミーティングを延期した。午後7時過ぎになり、私はヒョン大使に会いに行き、何が起きているか知らせ、どうすべきかを相談した。

　私がヒョン大使のところにいる間に、FSCは私たちのチームを彼らの会議室に呼び出した。同僚たちは私抜きでそこに行った。午後10時過ぎ、ポール・チェンはFSCから私に電話し、またも新たな問題が生じたことを告げた。FSCは営業譲渡後の銀行を韓国政府が経営することを求めているというのだった。

　この状況下では、途方もないショッキングな主張だった。外国投資家が銀行を経営して韓国の金融システムに新たなクレジット・カルチャーを導入するという、取引の基本的前提に反していた。車のディーラーが売却後もその車を運転すると主張するようなもので、馬鹿げていた。ノオがついに乱心したと私は思った。

　局長は、この新たな要求により自身のチームを終日混乱に陥れた挙句、いまやニューブリッジに一群の新たな条項を受け入れさせようとしていた。その内容は、韓国政府がニューブリッジと同数の取締役を送り込むこと、経営者の人選への政府関与、50億ウォン（400万ドル）以上の貸出に関する政府の承認であった。私はチェンに対し、礼儀正しく、静かに、整然とミーティングから退去するように指示した。交渉の余地はなかった。

　チェンはFSCに対し、新たな変更提案がこの取引の基本的前提を変更す

るものなので、退去して、自分たちの会長とまったく新たに取引を考え直さなければならなくなったと告げた。驚いたことにノオはこの反応にショックを受け、私たちのチームが退去しないよう必死に引き止めた。

「ノオ氏は私たちが真に受けないように全力を尽くしたようでした」と、私はその夜、ボンダーマンへの報告に書いた。

＊　　　＊　　　＊

翌朝ボンダーマンからの電話を受けたとき、私はランニングに出かけていた。私は、この状況下でどう行動すればよいかについて、彼と短い議論をした。私がホテルの部屋に戻るまでに、彼はイ委員長に対するレターの原稿を送ってきていた。その内容は、ノオを交渉ラインから除くことをイに強い調子で求めるものだった。私がそれをヒョン大使にみせると、彼は、微妙な言い回しで、このレターが役に立つとは思えないといい、ボンダーマンが書いたとは思えないほど文言を修正してしまった。私は彼の外交的なアプローチによることに決めた。

大使はイ委員長に会った。委員長は、ノオによって提起された新たな問題には触れず、ノオを除外せよというボンダーマンの要請にも応じなかった。イには、彼自身の大きな要求が二つあった。第一点は、ニューブリッジの投資額を彼が先に提案した600億ドルから増額し、当初500億ドル、その後2年間にわたって100億ドルずつの計700億ドルとすることだった。第二点は、2年目以降に期限の来る貸出について、韓国政府は3年間の保証責任を負わないということだった。

第一点目については、一定の条件付きであればそうした投資を考えてもよいという説明のレターを委員長に書き送ることに決めた。第二点目については、以前のタームシートで、再生先向け貸出（work-out loans）について、満期時にバイ／セル・プロセスの対象とするという取扱いにしたことがあり、本件も同様に取り扱えばよい旨を、キム＆チャン法律事務所のBMパクが主張した。私はこれに同意した。

＊　　＊　　＊

　7月7日水曜日、大使がイ委員長と彼のチームに会った後、私は、「今日はよいことも悪いこともありました」とチームメンバーに書き送った。未調整だった事項の多くが解決された。いくつかの事項については、イが部下の反対を押し切って私たちの主張を受け入れてくれた。しかし、その他の事項については、イに別の考えがあるようだった。

　主要な問題は、"善管注意義務（due care）"だった。FSC側では、銀行の経営にあたってニューブリッジに「善管注意義務を果たす」義務があるという文言を入れたがった。もちろん私たちは、慎重な株主としてこの義務を果たすことに問題がなかった。実際、韓国の商法でもこれが要求されていた。しかし私たちの弁護士は、相手に対する義務としてこうした規定を契約に盛り込むことに反対であった。彼らはその法的リスクを指摘した。もしこの件で韓国政府が善管注意義務の範囲を判定するようなことになれば、私たちがその義務に反したと恣意的に決定するかもしれなかった。

　私たちとしては、合意文書のサイドレターにおける非拘束的条項としてならば、"善管注意義務"条項を加えてもさしつかえなかった。そうであれば、私たちは法律に従うだけであり、紛争が生ずれば裁判所で裁定してもらうだけのことだからだ。その前日、イ委員長はサイドレターでよいといっていた。しかしノオは、ホワイト＆ケースの弁護士エリック・ユンの助言を受けて、反対していた。彼らは、ボンダーマンのアメリカン・セイビングズ・バンクの取引に際して善管注意義務違反を巡る紛争があったという間違った認定のもとに（紛争は存在しなかった）、ニューブリッジは善管注意義務の履行を怠った前歴があると主張したのだ。「イは部下に説得されて善管注意義務条項をタームシートに入れようとしているようです。これは明らかに受け入れられません」と私は近況報告に書いた。

　もう一つの深刻な論点は、イ委員長による私たちの投下資本の増額要請だった。彼が先日来提示していた条件は、資本の通貨建てに関する微細な修

正のほかはいまだ有効であり、私たちに当初5,000億ウォン、その後2年間にわたって各年1,000億ウォン（それぞれおおむね500億ドル、100億ドルに相当）を投資するよう求めていた。しかし銀行のバランスシートは、破綻と国有化の後でひどく縮小しており、必要額をはるかに超える資本をもつようになることが心配であった。過剰な投資は収益率を下げることになった。

これは経済的な問題だった。もし銀行が10億ドルの自己資本をもち、1億2,000万ドルの収益を得れば、資本収益率は12％である。もし自己資本が12億ドルに増える一方で収益が1億2,000万ドルにとどまれば、資本収益率は10％に低下する。

議論の後、イは、ニューブリッジが譲渡後2年間で各年1,000億ウォンを投資するという要請を取り下げたが、当初の5,000億ウォンの投資については断固として譲らなかったし、ニューブリッジの投資増額によって韓国政府の49％の持分が希薄化することも認めようとしなかった。「ニューブリッジは、交渉の過程で数多くの無理を申し入れてきました。私のほうから申し入れる無理はこれだけです」と委員長はヒョン大使にいった。

リーマン・ブラザーズのオハンロンたちは、特別配当付きの優先株のかたちで過剰資本を提供し、その優先株で韓国政府がもつKFBの株式を買い戻す等、問題処理のためのいくつかの処方箋を書いた。しかしイ委員長からみると、こうした策は役に立たないようだった。私は、この問題が最終的に解決不能だと思っていなかった。もし銀行が経済回復のなかで貸出を拡大し、資産を急速に増やすことができれば、この問題に文字どおり発展的解決をもたらすことができる。銀行の収益も資産の増加に応じて増大するだろう。しかし私たちが51％の持分のもとで資本を増額すれば、韓国政府も49％の持分のもとで資本を増額しなくてはならなくなる。もしニューブリッジだけが資本増強に応ずれば、私たちの持分が拡大し、韓国政府の持分は希薄化して縮小することになる。見返りが何もないのに一方的に資本増強に応ずることには、私としては合意できなかった。

＊　　＊　　＊

　私たちは、イ委員長に対し、投資増額の要請を検討するが、それ以外はむずかしいということを知ってもらうことにした。また、私は、翌日の日曜日にヨーロッパに飛ばなければならないので、その前にタームシートを完成したいと思っていることも知らせた。

　土曜日の夜遅く、FSCのカン課長と話をした。彼は、キム＆チャン法律事務所の弁護士との交渉のさなかであったが、際限のないミーティングと仕事で極度に疲れているといっていた。FSCチームは私たちと同様に激務をこなしており、私は彼の状況に本当に同情していた。彼と私たちの弁護士の交渉が午前2時半頃まで続いたことを後に知った。

　翌朝私が起きると、陽光溢れる晴れた日になっていた。数日間の曇りと大雨の後で、歓迎すべき変化だった。大変な激務のなかで、オフィスの建物とホテルの会議室でばかり日を過ごしてきたので、季節が変わったことに気づかなかった。早春の快適な気候が過ぎ去り、7月のソウルは蒸し暑かった。韓国のビジネスエチケットに従って、ミーティングではいつも背広とネクタイをしていたが、真夏の暑さのなかでは不快だった。ミーティングが長引き私たちに有利でないときには、耐えがたいものになった。

　ヒョン大使からのボイスメールが私を待っていた。イ委員長は、私が街を離れると聞いて、引き留めるようヒョンに電話をしてきた。遅くとも月曜日か火曜日までにこの取引をまとめなくてはならないというのだった。これが、もしいま交渉が物別れとなったら取引が無限に延期されるかもしれないという認識を暗に示していることは、双方にとって明らかだった。航空便を変えることはむずかしかったが、取引をまとめたいと思い、なんとか出発を24時間延期した。

　7月11日日曜日の午後、ニューブリッジ、リーマン・ブラザーズ、クリアリー・ゴットリーブを含むチーム全員が集まり、ヒョン大使およびその同僚とのミーティングのためにキム＆チャン法律事務所に行った。キム＆チャン

法律事務所のパートナーである KS チョンと BM パクは、BS カンと昨夜午前2時半まで交渉しており、私たちは何が合意でき何が未解決なのかに関する報告がほしかった。

　私たちがさまざまな未解決の問題に関するポジションを決めると、KS チョンと BM パクはそれに基づいて交渉するため、イ委員長に会いに行った。残りのメンバーは、青瓦台の背後の丘にあるレストランで夕食をとった。このレストランは、韓国の伝統的な様式の建築物で、大きなテラスと広々とした緑の芝生があり、山々、青瓦台、ソウルの街並みの素晴らしい景観を眺めることができた。真夏というのに、空気は冷たく新鮮だった。長い間で初めて、私たちは美しい環境のもとでリラックスした夕食を楽しむことができた。

　夕食後、私は、キム＆チャン法律事務所に戻り、ヒョン大使、KS チョン、BM パクと会った。二人の弁護士は、イ委員長への訪問から戻ったばかりだった。彼らの報告によれば、委員長は、懸案に関するポジションを変えなかったが、翌日の朝9時半、私に個人的に会いたいといってきた。委員長はなお、なんらかの取引をまとめたいと強く願っているようだった。彼は「地獄に行くことになってもやるつもりだ」と KS チョンと BM パクにいった。

　当時私たちはあまり察知できないでいたが、イ委員長は強い圧力を受けていた。彼が回顧録で書いたところによると、6月下旬、彼は DJ キム大統領の首席補佐官から「大統領の訪米までに韓国第一銀行の譲渡を終えるようご協力ください」というファックスを受け取っていた。キム大統領は取引に進展がないことで不満を募らせていた。しかも青瓦台界隈の当時の噂では、遅延の原因はイ委員長自身であり、FSC の担当官が故意にサボタージュしているといわれていた。彼は取引成立を確実にすべく強い圧力を受けていたのだ。しかし、KFB の譲渡を担当することは政治的に破滅するリスクにさらされることだった。彼が最善の取引をしたとしても、銀行が再生すれば、危機がどれほどひどかったかを誰も覚えてはいないだろう。

　彼は、「人々は、機能している銀行をなぜ投売り価格で譲渡しなくてはな

らなかったかと問うだろう。譲渡に責任のある人間は非愛国的な裏切り者というレッテルを貼られることになる」と回顧録で書いている。一方で、国際コミュニティは本件に注目しており、KFBの取引が壊れれば、市場も壊れるだろう。韓国の経済改革努力は信用を失うだろう。彼は「もし銀行を売れば私は終わりだし、もし売らなければ国が駄目になってしまう」と側近の部下に語った。

* * *

私は断続的に5時間眠り、イ委員長とのミーティングの準備をするために7月12日の月曜日の夜明け前に起床した。リーマンやクリアリーからの参加者も含め、私たちのチームはミーティング用の資料を徹夜で準備していた。私は資料に目を通してミーティングに備え、ボンダーマンに電話してから、頭をすっきりさせるための半時間のランニングに出かけた。

朝食後、私は、シラホテルを出てキム&チャン法律事務所に向かい、そこでヒョン大使やKSチョンと会った。簡単な議論の後、ヒョンと私は、ソウル市のビジネス街の中心であるミョンドン（明洞）にある韓国銀行連合会ビルに行った。ミョンドンには、これといった特徴のないコンクリートの高層建築と商業用の低層建築が混在している。ほとんどの建物は、比較的新しくて控えめな外観で、相互に区別することがむずかしかった。しかし、韓国銀行連合会ビルは目立っていた。ほかの建物より古く、堂々たるファサードのある西洋風の建築物だった。私たちは、古い銀行が顧客に印象づけるために備えているような大きく重いドアを通って、歩いて行った。ロビーは広々としており、会議室は過ぎ去った時代のイメージを醸し出していた。私たちが到着したとき、イ委員長は、小さな面会室のような部屋で待っていた。

その部屋は比較的暗かった。イは、大きな椅子に座り、その下で脚を組んでいた。彼の表情は真剣だったが、気楽にしているようであった。彼が気軽なポーズをとってくれたことは、私にとって嬉しかった。韓国人は、ビジネスの場面において、世界で最もフォーマルな人たちである。しばしば直立不

動の姿勢がとられ、若手が目上の人の前で脚を組んだりはしない。イがリラックスしているということは、この会合に緊張しておらず、私をよそ者として扱うことはないということだった。

　部屋には私たち三人しかいなかった。私はイの左の肘掛椅子に座り、ヒョン大使は右に座った。私たちは、直ちに未解決の問題についての話合いに取りかかった。私が自分のもってきた文書から問題を一つひとつ読み上げ、一つの問題についての議論を終えると次に移ることにした。

　ミーティングは、短い昼食の休憩を除いて5時間休みなく、こうしたやり方で続いた。イ委員長は、特定の問題について、私たちがこれまで交渉相手としてきたFSCのスタッフよりよく理解しているようであり、私は感銘を受けた。委員長が取引をまとめようとしていると思えた。彼は、問題を一つずつチェックしている間、時折大使に韓国語で話しかけた。大使が後に語ったところでは、助力してくれる有能な部下がいないと何度か嘆いていたとのことだった。

　まもなく私は、彼の思考パターンがわかった。委員長は、金銭面よりも規制面の問題に気を遣っていた。彼は、ノオとまったく対照的に、私の議論に耳を傾け、自分の論拠を説明した。私たちは、論拠と論理に基づき相互に説得しあった。このように論理的に話し合い、議論を進展させられる相手と交渉することは、何カ月もFSCチームによる黙秘戦術を経験した後だけに、とても楽しかった。イと私は、譲渡前における承継資産の選択、債務不履行の定義と取扱い、長期貸出の取扱い等、いくつかの主要な問題について暫定合意に達した。

　彼は、最後の問題に関し、金融機関向け貸出では、その金融機関が実質的に破綻しており、元本返済ができなくとも利息だけを返済していれば生き残れるところに問題があると自ら説明した。これには感銘を受けた。それはまさに、ノオがそうした貸出を正常債権として取り扱うようこだわった際に、私たちが主張した点だった。いまや委員長は、こちらから要請するまでもなく、満期まで2年を超える金融機関向け貸出を再生貸出（work-out loans）と

して取り扱うことを主張した。これにより、当該貸出には3年間の政府保証が付されることになった。

　問題リストを片付け終わる前に、イは、他のミーティングがあるので行かなければならないといった。議論の間、問題を次々に解決していくたびに、私は記録をとったが、委員長は何も書いておらず、ヒョン大使も同様だった。委員長は、5時間の間、1枚の書類もみなかったし、書かなかった。ミーティングを終えるにあたり、「イ委員長、私たちの議論したことを記録し、合意した事項を部下職員に知らせるのは、どうなさるつもりですか」と私は聞いた。

　「貴方の記録の写しを彼らに渡して、私たちの合意に従うよう頼んでくれればよい」。イは、まっすぐ私の目をみて、そういった。その表情に躊躇はみられなかった。

　私はとても驚いた。彼に信頼してもらったことはありがたかったが、私の下手な速記を誰も判読できないのではないかと心配だった。また、イと私たちの会長の香港でのミーティングのことを私は覚えていた。ミーティングの後、委員長は、ボンダーマンの議事録に記録されていたのに、合意事項を否認したのだった。私は同じ轍を踏みたくなかった。

　「私が記録を読み返して、貴方の理解と同じかどうかを確認していただくことではいかがですか」と私は尋ねた。

　彼は同意した。私が記録を読み終わると、「結構です。ヒョン大使、私のチームにこの記録の写しを渡すよう宜しくお願いします」と彼はいった。

　私はイ委員長のミーティングの進め方に感銘を受けた。

＊　　＊　　＊

　私は、滞在を24時間延ばしたけれども、その間にタームシートを取りまとめたり合意したりすることができなかった。イ委員長と議論した問題のうち何が合意されたかについて、FSCチームがいつ確認しに来るのかわからなかった。私は、翌7月13日にソウルからヨーロッパへ発った。もっていたの

は旅行鞄だけだった。

旅行中私は、FSCとその弁護士の態度が再び変化したことを同僚たちに報告し、「主要な問題についてイとビジネス上の合意に達しても、ホワイト＆ケースがその文言を拒絶するという、いらだたしいパターンに直面しています。大使は、イ委員長に電話し、物事を円滑に進めるために、ホワイト＆ケースのエリック・ユンに対し、自分がそうあるべきだと考える条項ではなく、ビジネス上で合意されたことのみに基づいてコメントするよう指示してほしいと依頼することに同意しました」と書いた。

私がいれば違うのかもしれないと思い、旅行中何度か、ソウルに戻ってイ委員長と残る問題すべてを解決してはどうかと申し出てみた。そのたびにイは、すぐソウルに戻るよう求めたが、毎回、私が飛行機に乗るすぐ前に返信してきて、それは不要だといった。私は、FSCに何が起こっているのかと困惑した。取組みのテンポは明らかに遅くなった。大統領の訪米が終わったいまでは、FSCに取引をまとめさせる圧力が低下していた。彼らを追い込む新たな方法を見つけなければならないと思った。

旅の途中、私たちの起案した文書の文言が合意内容を反映していないという苦情のレターがFSCから再度来た。これはBSカンの署名であったが、文書の調子から、ホワイト＆ケースのユンが原稿を書いたことがわかった。これに対し私は、7月16日付でレターを書いたが、両者が読むことを念頭に置き、率直かつ抑制の効いた文体とするよう努めた。

　親愛なるカン様：

　私たちは、7月15日午後10時53分、同日付のファックスを受け取りました。そこでは特に、7月15日の朝FSCへ提示された付帯条項は、合意された妥協を反映しておらず、FSCにとっては後退となるというクレームがつけられています。実際には反対で、私たちとアドバイザーは、提案した付帯条項は両者が達したビジネス上の合意を反映したものと理解しております。実際、私たちとアドバイザーは、貴方たちがこのレターで、以前の、あるいは合意ずみのポジションから逸脱し、この期

に至ってまったく新しい問題を持ち込んでいることを知って、大変驚き
困惑しています。これが私たちの側の誤解によるものでないことを希望
しております。

　カン（実際にはユン）は、残っている問題すべてを解決するため、翌日の
金曜日午後２時から、FSCの会議室で、文書化のための全員参加によるマ
ラソン検討会を開くことを主張した。私はそれを、自分がまだヨーロッパに
いるという理由からだけではなく、ひどいアイデアだと思った。「未妥結の
条項について合意に達することが先決です。合意なしに再文書化だけに取り
組んでも無駄になります」と私は返信した。FSCの作業チームと、文書化
について意見をいう立場にあるFSCの法律顧問の側からは、私たちが合意
したと思っている事項についても理解が示されなかった。私たちは、このこ
とにずっと不満だった。こうしたなかで全員参加ミーティングを開いても非
建設的だった。もし彼らが質問や確認を必要とするなら、私たちの側ではキ
ム＆チャン法律事務所が常に対応できることを覚えていていただきたいと書
いた。特定の文言に関する協議は双方の弁護士に委ねることが最善だと私は
思っていた。

＊　　＊　　＊

　イ委員長が他の優先課題に追われるようになっている兆候があった。７月
中、私たちは、ほぼ毎日、委員長やFSCの交渉担当官とミーティングをして
いた。しかし月末には、間隔がずっとまばらになった。前財政経済院長官
で現キョンギド（京畿道）知事のチャンヨル・イム（林昌烈）は、過剰債務
のキョンギ（京畿）銀行を政府に閉鎖させないため、賄賂を受け取ったと非
難されていた。イ委員長は、この銀行を何としても閉鎖しようと動いてい
た。しかし、イムとイは同窓生で、両者の関係が馴れ合いではないかという
疑いがもたれていた。DJキム大統領は、倫理的な醜聞を理由にして、過去
２カ月間で二人の閣僚を罷免しており、イは、次が自分ではないかと悩んで
いた。イムと同様、彼も"DJの側近"ではなかったのだ。

このような悩みに加え、私がソウルに戻る前日の7月20日、KFBの最大の借り手の一つであるデウグループが7兆ウォン（約7億ドル）の返済繰延べを必要とする見通しになったという問題もあった。困窮したチェボルは、債権者の銀行との間で、担保の差入れと自動車部門のリストラに合意した。デウの混乱は青瓦台にとって大きな驚きだったし、イはグループのリストラを強制する努力を十分にしなかったことの責任を問われた。私は内密に、銀行団が返済繰延べに反対であることを知っていた。リストラが当面の糊塗策にすぎず、このチェボルの根本問題にはなんら手を打っていないというのが大方の見方だった。

　こうした邪魔が入ったものの、ヒョン大使と私は、イとニューブリッジの会長による次のトップ会談を開くことが有益だと思っていた。7月21日、私は、ボンダーマンに対し、近況を報告するとともに、次の数週間のうちにソウルに来ることができるかどうかを尋ねるメモを送った。ボンダーマンはいつものように直ちに返信してきた。「シャン、取引をまとめるために必要ならば、ディックか私が1日韓国に滞在することは可能です。ただし、滞在中に契約文書に署名することがたしかでない限り、絶対に行きたくありません」。

　「この取引は、苦境にあるイにとって、唯一の朗報となりうるものです。ただしそのために私たちは、彼が動くよう最大限の圧力をかけなければなりません」と私はブルームとボンダーマンに書き送った。

　私たちは、DJキム大統領宛てのブルームとボンダーマンのレターの原稿を"背の高いやつ"と"背の低いやつ"に書いてもらうとともに、ボンダーマンからイ委員長にレターを出してもらうことに決めた。どちらも韓国政府に再度の関与を促すものだった。

　中国のことわざに「夜が長ければ多くの夢をみる」というものがある。悪夢についても同様だ。イ委員長を苦しめている個別問題は予想外だったが、このような韓国経済の混乱期に問題が生ずることは当然だった。これが、私たちが残る問題を解決して拘束力のある合意文書に署名することを望んだ理

由だった。取引を駄目にするような何かが起きるか、わかるものではなかったが、タンゴは二人いないと踊れなかった。

第9章

デウ危機

FSCが私たちを棚上げにしているのは明らかだったが、それがなぜかはわからなかった。私たちは、彼らの側の心変わりか、政治的意思の欠落のためだと考えていた。私たちが部内で議論するときはいつも、どうすれば韓国政府が私たちとの取引に熱意をもつかに焦点を当てていた。もし遅延の背後にある現実を知っていたら、違った作戦をとっていたのにと思う。

デウの危機は、FSCの予測よりも悪化し始めていることが明らかになった。FSCとしては、デウがどの程度悪いかがわからないうちは、韓国第一銀行の取引をまとめることを望まなかった。KFBはチェボルの主要債権者であり、デウの醜聞をまず解決しないことには、貸出全体の腐り具合を測ることができなかった。イ委員長はデウ向け貸出がすべて表沙汰になるまで意図的に私たちを棚上げにしていたが、私たちがこのことを知ったのは、ずっと後になってからだった。

これに加えて委員長は、韓国監査院長のスンウォン・ハン（韓勝元）に対し、FSCのリストラ促進措置を全面的に監査するよう個人的に依頼していた。「政府機関の長が監査を要請するのは、これが多分初めてだった」と彼は後に回顧録で書いている。

しかし、危機時には特別の措置が必要となる。危機時に行った決定を
　危機後の平常時の物差しで評価すべきではない。市場が回復すれば、歴
　　史に残らないかもしれない。だから、時機を逸して陳腐化する前に、公
　　正な評価を得ておきたかったのだ。

　私たちは、当時こうした事情を知っていれば、イ委員長の態度を理解で
き、実に先見の明があると考えただろう。たしかに歴史上の記録は、危機時
の決定について後講釈でコメントし、決定した当事者を磔の刑にするような
ものばかりである。委員長か韓国政府の誰かが、デウの崩壊対策や特別監査
をすませるのに時間をとられていると説明してくれれば、私たちも理解し、
もっと我慢強く待っただろう。

　しかしFSCは私たちを事情のわからないままにしておいたので、私たち
は、彼らが心変わりしたのではないかと考えていた。その結果私たちは、彼
らに圧力をかけるために大きな時間とエネルギーを費やした。この戦術が効
果的だったときもあったが、大きな反発を招いたときもあった。結局、双方
に不満が残った。

＊　　　＊　　　＊

　7月22日、またも大混乱が発生した。

　私の同僚であるポール・チェンは、"背の高いやつ"と"背の低いやつ"
に対し交渉の近況を報告するため、私たちの現在の交渉上の立場と今後予想
されるさまざまなシナリオに関する秘密の説明メモを書いた。このメモは三
部構成であった。第一部は最近の交渉の背景を書いたもので、7月2日にお
けるイ委員長との合意とノオによる引延ばしの状況を描き、最後に、いまやイ
自身の参画により、ニューブリッジと主要な問題点に関する合意に達した
ことを述べていた。

　第二部は、FSCチームが最近提示した問題と、それに対する私たちの否
定的な反応を記していた。「FSCの作業チームは自分たち自身が行った提案
に合意しないばかりか、6カ月の交渉の後だというのに、この数週間で30も

の新たな問題を提示してきた。これでは、結論にたどり着けそうにないし、彼らにはその意欲もないとみられる」という記述は、特に直接的だった。

第三部は、「取引決裂により生ずること」について論じていた。キム大統領の落胆、韓国の機会逸失、KFBの破綻、国際コミュニティにおける韓国の評判下落等がその内容だった。

この説明メモの目的は、アドバイザーがさまざまな関係先に会うときに備え、背景情報と論点を示しておくことにあった。宛先も署名もなく、対外的な使用を想定していなかった。しかし、不幸なことに、アドバイザーの一人がミーティングの後に写しを置いて行ったに違いない。その結果、メモの内容が韓国の新聞に漏れ、ニューブリッジの"最後通牒"としてセンセーショナルに報道されることになった。

この漏洩は騒ぎを引き起こした。テハン・メイル（大韓毎日）は、メモを"脅迫文書"と呼び、「KFBが譲渡されない限り、韓国の格付けに悪影響を及ぼし、韓国政府の構造調整が不可避になる」ことをほのめかしているという記事を掲載した。

当然ながら、イ委員長とFSCの職員は動揺した。私たちが交渉上の立場をよくするために文書を漏洩したのではないかと疑ったことは明らかだった。私たちは、釈明のために報道陣に声明を発表しようとした。通例であれば、私たちは、KFBの担当部を通じて広報対応をしていた。しかし今回、KFBの役員は、自らも動揺していたためか、支援を拒んだ。私たちは、韓国の新聞社に対する声明を自らファックスしなければならなかった。

メモ騒ぎによって、私たちは突然、守りの立場に追い込まれた。FSC側のアドバイザーであるモルガン・スタンレーと私たちのアドバイザーとは、漏洩について説明するイ委員長宛てレターを書くよう促してきた。困ったことに、メモの内容には誤りがなかった。すべての記述は正しかった。しかし、韓国政府に対する脅迫文書として扱われると、違うようにみえた。報道によって、韓国の世論の愛国感情が直接に刺激された。その結果、私たちの交渉は止まってしまった。

ヒョン大使のアドバイスに従って、私たちはイ委員長に対し、ブルームとボンダーマンの署名入りのレターを送り、遺憾の意を表するとともに、KFB の取引へのコミットメントを再確認した。「私たちは貴方と同じく、KFB の取引のメモに関する韓国メディアの先週の報道に憤っています。この文書は公式のものではなく、私たちは、誤解と混乱を残念に思っております。ウェイジャン・シャンの書簡で言明されているように、ニューブリッジは常に誠実に取引の交渉に臨んできましたし、今後もそう致します」。

　市場では、窮境にあるデウグループへの大口与信をみて、ニューブリッジが考えを変えるのではないかという思惑があったが、このレターはそれを鎮めることをねらっていた。レターには続いて、「デウの困難は KFB の買収に内在するリスクを顕在化させましたが、ニューブリッジが提案した取引をまとめるというコミットメントに変わりがないことを確約致します」と書かれていた。

　私たちは、このレターが FSC をなだめるのに多少とも役立つよう望む一方で、急いで取引を進展させる必要を感じた。放っておくと取引が進展しそうになかったのだ。イ委員長は翌週休暇に出かける予定だった。その後、ニューブリッジの経営者はコロラド州のアスペンで開催される 2 週間のコンファランスに行く予定になっていた。私は、自分用のメモに「タームシートに署名してもらえるのはひょっとしたら 9 月になるかもしれない。大変まずい見通しだ」と書いた。

　FSC が報道陣に対し、ブルームとボンダーマンのレターを“詫び状”として示したことは想定外だった。これにより、本当に最後通牒を送ったと暗黙に認めたかのように誤解されるおそれが生じた。私たちは、このエピソードを忘れてもらいたいと思っていたのであって、してもいないことについて謝るつもりはなかった。私としては特に、FSC がそれを取引から離脱する口実に使わないかという懸念をもった。

　7月29日、私はヒョン大使にレターを書き、不満を訴えるとともにアドバイスを請うた。「韓国の記者のなかには、ニューブリッジがイ委員長に詫び

状を書いたことをFSCから聞いたといって電話をかけてくる者がいます。いうまでもなく、これはとても困ったことです。私たちは、イ委員長に冷静になってもらえると信じ、双方がこの文書を忘れて取引に集中するよう希望してレターを出したのであって、FSCがこれを口実に取引をしなくなるよう望んだのではありません」。

＊　　＊　　＊

この間、デウの状況に関し私たちの聞く知らせは悪くなる一方だった。7月28日、スタンダード＆プアーズは、投資家のセンチメント悪化を反映し、デウの債務格付けをB−からCCCに引き下げた。これに対しFSCは、外国の債権者に対し、国内の債権者とともに、窮境に陥ったデウ向け貸出をロールオーバーするよう求めた。この時点でデウは、本年中に期限の来る20兆ウォン（167億ドル）の債務の緊急返済猶予と、4兆ウォン（33億ドル）の資本増強を必要としていた。イ委員長がデウにかかりきりになりつつあることがますます明らかになった。私たちの知ったところでは、FSCの交渉チームがイに対し、KFB取引の最終案を提出し、これを呑まなければ取引をあきらめるよう私たちに勧告することを進言していた。しかし、ヒョン大使が次にイと会ったとき、イは部内報告についてもう数日考えてみたいといった。また彼は、案を呑まなければ取引をあきらめさせるという部下の提案を受け入れるつもりはないといった。これ自体はよい知らせだったが、私たちが引き続き委員長の出方を待つしかないことは同じだった。委員長のリーダーシップなしにFSCチームは前に進めなかった。

また、ハンビット銀行の公募増資が投資家の関心を得られず失敗したという知らせもあった。ハンビット銀行は韓国で二番目に大きい銀行で、この公募には私たちのアドバイザーであるリーマン・ブラザーズも関与していた。この知らせはKFB取引にも大きな影響があった。この株式売却は韓国の銀行産業に対する投資家の信頼を試すテストであったが、投資家の関心が揺らいでいることを示す結果となった。デウの債務危機とあわせ、ハンビット銀

行の増資失敗は韓国経済の回復の確実さに疑問を投げかけた。

しかし、ハンビット銀行にとって悪い出来事には、私たちにとって有利な面もあった。10億ドルの増資が成功したなら、FSC が私たちのチームと合意することはむずかしくなったかもしれない。増資が失敗したことで、FSC 側は私たちとの取引に再び関心を向けるようになるかもしれなかった。

取引の進展を楽観視する知らせは、他のチャネルからも入ってきた。"背の高いやつ"のコンタクト先がノオ局長とミーティングをし、取引がほぼ成立したと聞いたとのことだった。"脅迫文書"以来の出来事を要約したテハン・メイルの記事の結論では、ニューブリッジと韓国政府の間の「紛争は解決され、間もなく交渉をまとめることで全員が合意した」とされていた。

このように多くの思惑があるなかで、私は楽観的になれなかった。以前に何度も同様の状態になったので、今回どう違った終わり方をするのかわからなかった。

＊　　　＊　　　＊

夏が来て、ソウルは日ごとに蒸し暑くなった。しかし、取引は FSC によって完全に凍結されたままだった。イは8月1日に休暇旅行に出る予定だった。ニューブリッジチームは、2週間のオフサイト・ミーティングのためにコロラド州アスペンに向かっていた。FSC は何もいってこなかったので、私たちが出ていかない理由はなかった。取引がすぐにまとまる見通しはまったくなかった。

8月2日の月曜日、私はトロントに向かった。そこでは、2カ月間顔をみることのできなかった家族に会うことになっていた。家族皆でニューブリッジのミーティングのためにアスペンに行くことになっており、私は家族と一緒になれることを楽しみにしていた。

トロントに着くとすぐに、イ委員長がまだデウ問題で身動きできないことを知った。彼はモルガン・スタンレーがちゃんと働いていないと苦情をいっていた。香港に拠点を置くマネージング・ディレクターのハリソン・ヤング

は、銀行譲渡の初期のプロセスに深くかかわっていたが、委員長から叱り付けられていることが明らかだった。委員長はモルガン・スタンレーに対し、残る問題を分析して、８月５日か６日までに FSC に報告するよう要請した。

　翌日、イ委員長が休暇旅行を延期したことを知った。私たちはこれをよい兆しだと思った。イは、キム＆チャン法律事務所の弁護士を通じ、取引に関連する五つの問題を提示してきた。

　第一の問題は、売却権についてであった。MOU はニューブリッジに対し、銀行の事業譲渡の前に不良資産を韓国政府に売却する無制限の権利を与えていたが、イは現在、ニューブリッジにそうした権利を与えるべきでないというスタンスをとるようになっていた。彼は、典型的な M&A では買収者がすべての資産と負債を承継すると主張していた。イは、ニューブリッジに資産選択の自由度をある程度与えるけれども、これは韓国政府がすでに合意したものではなく、"譲歩"であるといった。ヒョン大使は、資産選択の基準が７月12日のミーティングで委員長が合意したものよりもずっと限定されることになると考えていた。私は、ヒョンに対し、ミーティングに関する私の記録の写しをもう一度イに送るよう頼んだ。私は、その記録を読み上げ、委員長から署名をもらっていた。

　第二の問題は、KFB の貸出に関するリスクウェイトと政府保証の関係であった。これにより、銀行が貸出に伴うリスクをまかなうためにどれだけの資本を要するかが決まった。国際決済銀行（BIS）の制定したルールによれば、銀行は貸出の額に応じて一定の資本を保有しなくてはならない。その割合は、規制上の自己資本比率または BIS 比率と呼ばれる。たとえば、もし自己資本比率が10％であれば、銀行は、1,000ドルの貸出をするたびに少なくとも100ドルの資本を保有しなければならない。これを調整するのがリスクウェイトである。当然ながら、資産がリスキーであれば、リスクウェイトと所要資本額が高くなる。もし貸出のリスクウェイトを100％とするならば、所要自己資本は100ドル全額になる。もし貸出がそれほどリスキーでないと判断されれば、リスクウェイトを低くすることができる。たとえばリスク

ウェイトが80％なら所要自己資本は80ドルである。

　典型的には、各国政府の自国通貨建て債務のリスクウェイトはゼロとされている。背景にある考え方は、いつでも紙幣を刷れる政府の債務不履行の可能性はゼロとみなされるということだ。ところが、イ委員長は、こうした貸出にも通常のリスクウェイトを適用するよう望んでいた。つまり彼は、KFBの貸出に政府保証がついていないかのように100％のリスクウェイトを課すことを望んでいた。これは、全額政府保証付きのゼロリスクの資産に対して資本が必要とされないのに、自己資本比率に関する規制を満たすよう、より多くの資本を銀行に投入しなければならないことを意味した。

　私は、この点に関するイ委員長の主張が不当だとは思わなかった。規制当局は銀行の自己資本が少ないよりも多いことを望むものだ。それによって銀行が安全になるからである。また委員長の立場からすると、それによってより多くの資本がこの国にもたらされることも利点だった。私たちの見方では、銀行を過剰資本にすると、投資収益率を低く予測せざるをえなくなる。しかしこれは、ニューブリッジにとって大きな問題ではなかった。私たちはこの銀行にすでに5,000億ウォンを投資することに合意しており、これによって銀行の自己資本比率は10％以上となり、政府保証付きの貸出に100％のリスクウェイトを付したとしても、BISが当時求めていた8％の自己資本比率よりも丸々2％高くなるはずだった。イ委員長がこの点を重視した趣旨は、政府の支援によりニューブリッジが不当な利益を得ているとみられてはならないという政治的な懸念によるものだった。この点については、すでに交渉ずみであり、私は容易に合意に達することができると楽観的に考えていた。

　イ委員長の第三の懸念は、KFBの職員数だった。職員の削減については、譲渡後に政治的反発を招かないよう譲渡前にすべて実施しておくべきだというのがイの主張だった。イはまた、譲渡後のレイオフに対して補償しないと主張していた。これは埋めることがさらにむずかしい溝だった。譲渡後の経営者が自発的に労働力を削減する可能性を否定することはできなかった。私

たちは、譲渡後の自主的な従業員削減計画の可能性を排除できなかった。譲渡後の新経営者にとっては、従業員を注意深く評価し、パフォーマンスが低かったり、余剰だったりするポストを廃止する機会をもつことが必要だった。私たちは、余剰な従業員数をまだ十分に特定できておらず、レガシーとなるものの削減に要するコストやリスクの補償を韓国政府に求めていた。職員の削減をいつ行うとしても、それに伴う訴訟や費用に対する補償が必要だった。

イの第四の問題提起は、韓国政府の得る値上り益についてであった。ヒョンに対するイのコメントによれば、韓国政府がこの取引で得る利益について、公衆に説明できることが必要だというのであった。そのために何が必要かについて、イの考えはあいまいなままだったが、私としては価格の再交渉に応じられないことをヒョンに対して明確にした。もし委員長の意図がそこにあるなら、ニューブリッジとしては取引から離脱する用意があった。

イの提示した最後の問題点は、ある貸出の引当金について意見の不一致が生じた場合に韓国政府が買い取る権利についてであった。貸出に対する引当金は、ニューブリッジのコントロール下にある経営者が定め、韓国政府が支払うことになるので、韓国政府としては、貸出に政府保証が付いているかどうかにかかわらず、引当金を支払うかわりに簿価に経過利息を加えた額で貸出を買い取る権利をもちたいということだった。以前、私たちは、韓国政府が経営陣の定める引当金に合意できないのであれば、紛争を第三者の仲裁に委ねるという仕組みに合意した。彼は今回、韓国政府が仲裁の結果に満足しないときに貸出を買い取る権利を求めてきた。韓国政府は、双方にとって拘束力のある仲裁を申し立てるか、紛争対象である貸出を買い取るか、どちらかを選ぶ権利をもつべきだが、両方の権利をもつべきではないと私は思った。仲裁プロセスの一方当事者が結論に拘束されないとすることは公正でないからだ。仮にそうだとすると、仲裁に何の意味があるかわからないことになる。

イは、その他の未解決の問題に特に言及しなかった。それは、他の問題に

ついて、いったんは交渉ずみになっても、その後持ち出されうるということ
を意味していた。彼が7月にした合意を無視していたことは、私にとって大
変不満だった。私たちは、その合意を今後の議論の出発点にするよう頼んで
いたからだ。すでに解決ずみの古い課題が再び、場合によっては何度も、取
り上げられるため、私たちとしては、堂々巡りをしているように感じてい
た。また、イは部下の報告をじっくりと読んでおらず、モルガン・スタン
レーからもさらに意見を聞こうとしていたので、彼の主張をどれだけ真剣に
考えればよいかも難問だった。モルガン・スタンレーから意見を聴取した
後、彼が問題リストを変更することさえありえないことではなかった。

　イ委員長は、交渉の進め方について、私たちのキム＆チャン法律事務所の
アドバイザーと議論した。まず、イはFSC作業チームの案を含め、すべて
の情報を確認したうえで、それに対する私たちのコメントを求めることとし
た。彼は、8月11日の水曜日を目途に、残っている問題すべてについて最終
決定を行うことにした。取引をまとめられる時期は8月11日から20日の間に
なる見通しだった。その後になると、イはデウの再建計画の実施に忙殺さ
れ、そのほかのことにあまり時間を割けなくなると予想された。

　すべての回答を額面どおり受け止めるべきかどうか、私にはわからなかっ
た。"背の低いやつ"は、FSC委員長が取引を進めないようにしているとい
う情報を伝えてきており、この情報とイの行動は平仄があっていた。"背の
低いやつ"によれば、イは、KFBは自力再建可能でありニューブリッジに
譲渡すべきでないと考えているが、青瓦台がなお取引を望んでいるので、先
送りの誘惑に駆られているとのことだった。イはすでに、交渉をまとめるま
でもう3カ月の猶予をDJキム大統領に求めており、それはKFBが業績の
改善を示せるよう、できる限り時間を稼ぐためだった。もしKFBの業績が
改善すれば、イは大統領に対し、KFBを譲渡すべきでないと説得すること
ができた。

　チェンと私は事態を前に進める計画を立てた。私は、広報戦略上、韓国経
済の減速を有利な材料として使い、私たちの取引の成功が韓国の構造改革と

経済力に対する信頼の証しとなるという話を広めることができると考えた。デウの窮境は、国家の再建にとっては大きな後退であったが、私たちにとってはもとのMOUを交渉していたときと同様の状況にしてくれるものだった。韓国には、外国投資家の支援がどうしても必要だった。

　私たちは、デウ問題のさなかにこの取引が決裂すれば、ただでさえ脆弱な韓国に対する投資家の信認がさらにひどく傷つくことになり、デウの再建努力の成功にさらなる疑問を投げかけ、ひいては株式市場に取付けが起きて取返しのつかない損害が生ずると指摘することにした。チェンと私は、ブルームとボンダーマンに宛ててメモを書き、私たちの政治アドバイザーが、国会や青瓦台等におけるすべての接触先に話をし、私たちの提示した条件でイが取引をまとめるよう圧力をかけることを提案した。

　ボンダーマンは翌日、了解の返信をしてきた。彼とブルームが継続的な引延ばしに不満をもち、イ委員長に対する忍耐が限界にきていたことは明らかだった。彼らは強硬路線をとる用意があり、「もし8月20日までに取引がまとまらなければ、適当と考えられるあらゆる措置をとる」ことを明確にしていた。

＊　　　＊　　　＊

　"背の低いやつ"は裏のチャネルで、DJキム大統領の側近アドバイザーといわれるクォン（権）氏と接触していた。8月4日に面会の機会があった。私たちの政治アドバイザーによれば、大統領がクォンに対し、"背の低いやつ"と私に会って、取引の現状について議論し、可能な限り早く解決するように指示したとのことだった。イ委員長の関与なしに取引をまとめることができるかどうかを私が尋ねると、クォンは"背の低いやつ"を通して、「韓国内の事情について貴方が知る必要はありません。私たちがイ委員長に話します」というメッセージを送ってきた。

　"背の低いやつ"は、もしクォンと会いたいのなら直ちに知らせてほしいとアドバイスしてきた。「現時点の私の意見は、「もし取引をまとめたいのな

ら、青瓦台に直接関与してもらう以外にない」というデイビッド・ボンダーマンのメモに同意するということに尽きます。こんなに遅くなってからでは成功するかどうか何とも推測できませんが、もしニューブリッジがこの機会を利用したいのであれば、私は月曜日にソウルに行ってお役に立てるようにします」と書いていた。

"背の低いやつ"のメモのすぐ後、彼から"ディック・ブルームとの会話"という題の別のメモがきた。これに書いてあったことは次のとおりだった。

　　メモを書いた直後、ディック・ブルームから電話がありました。クォン氏がKFBの取引について大統領から授権されていることを確認できない限り、彼との会合は受けるべきではないと感じているという意見でした。

　　また、提案されたミーティングについては、ヒョン大使と相談し、クォン氏と取引を議論することについてイ委員長の承認を得るべきだとしています。

　　こうしたディックの意見をふまえると、私としては、クォン氏が大統領から委任状を得ているかを尋ねたいと思います。それによってこのチャネルでの議論ができなくなるかどうかはわかりません。韓国人のメンタリティは貴方がよくご存じでしょう。

ブルームは、私たちのなかで政治的に最も明敏、敏感、警戒的であり、トラブルを避ける的確なコツを知っていた。もし私たちやアドバイザーのすることが大統領から公認されているなら間違いがないことが明らかだが、私たちの政治アドバイザーが授権された人たちと話をしているかどうかはわからなかった。韓国政府の決定について、大統領の耳となっているとか、影響力があるとかを自称する人は多かった。イ委員長を除いて、韓国政府のなかの誰が私たちの状況を変えられるかを知ることはむずかしかった。私たちの秘密のメモが漏洩したことはまだ記憶に新しかった。イ委員長が動くように圧力をかけたかったが、FSCを敵に回すことはしたくなかった。FSCは取引の交渉相手であるとともに、取引がまとまればパートナーとなる存在だっ

た。

* 　 * 　 *

　イ委員長が休暇をとり、私たちが部内ミーティングでアスペンにいる約10
日間は、とても静かだった。TPGの多くの同僚は、こんなに見込みのない
状況なのに、なぜKFBの取引から離脱しないのかと尋ねてきた。時間の無
駄だという者が多かった。たしかに、機会費用は高くなっていた。KFBの
取引を進めるために毎日待っている間、よそで他の取引のための仕事をする
ことができなかった。しかし私は、自分自身も含め懐疑論があるとしても、
あきらめるつもりはなく、まったく希望がないということにならない限り、
我慢するべきだと思っていた。

　ダン・キャロルはもっと楽観的だった。彼は、取引の過程における劇的な
浮き沈みや紆余曲折を考えると、「少なくともそれで映画をつくれるではな
いですか」といっていた。

* 　 * 　 *

　8月15日の日曜日、私たち一家は香港に戻った。翌日ヒョン大使からの
ファックスを受け取った。アスペンを出た後、彼が私を追っていたことは明
らかだった。このメモは公式文書らしく、事務所からの公式連絡に通例用い
られる"キム＆チャン法律事務所"の署名が付されていた。私は、この2週
間近く現場からの便りがなかったので、大急ぎで読んだ。

　このメモは、とても回りくどい調子で、取引終了までのスケジュールが再
び後倒しになりそうだと知らせていた。今回は、1週間半くらいずれるとい
うことだった。イ委員長は、デウ危機に関する質問に答えるため国会の多く
の委員会に呼ばれており、翌週はデウ関連のミーティングや会議の予定で
いっぱいだった。そこには、このチェボルが債務リストラの合意に達したと
いう公式声明も含まれていた。

　メモによれば、イ委員長は、8月2日に提示した五つの問題を私たちが真

剣に受け止めている旨を確認したいとのことだった。「イ委員長は私たちに、ニューブリッジにこれらの問題を真剣に考えるよう伝えてほしいといっていました。彼は、もしこれらの懸念が解決されなければ、韓国の世論や利益団体に対して政治的にむずかしい立場に置かれることになると説明しました」。

＊　　＊　　＊

　ヒョン大使は、デウの状況が何を意味しているかをよくわかっていた。イのスケジュールはいっぱいだった。このニュースは、韓国外でも一面で取り扱われていた。香港の新聞も、韓国政府の金融と政治面での苦境に関する記事を掲載していた。たとえば、世界的通信社であるAFPは、8月16日、ソウルの最近の動きについて複数の記事を載せていた。そのなかには、「ソウルが金融市場に83億ドル投入へ」「事業譲渡の最終協議、デウがリストラ策を公表予定」「サムスンが債権者と制裁の繰延べについて協議を模索」「渦中の大統領が汚職根絶を誓約」といった見出しがあった。

　同日、私は、ソウルのジホン・キムからのファックスを受け取った。彼の判断では、DJキム大統領はまだ私たちの味方だった。デウ問題が注目を集めているなかで、KFBとソウル銀行の譲渡プロセスが遅いことに懸念を深めているという記事が出ていた。青瓦台の担当官とのミーティングでは、二つの銀行の譲渡に関する取引をまとめたいといったとのことだった。ジホン・キムは、担当官が「個人的に、ニューブリッジとFSCの間の溝はごく狭く、上級レベルの協議が必要だと信じています」と書いていた。

　多くの先と話すことで、私たちも、背後で何が動いているかがよくわかるようになっていた。コリア・タイムズの記者は、イ委員長がデウをはじめとする諸悪の根源だとみられており、年内に現在の地位から更迭されるらしいといっていた。私たちが忍耐の限度に達していると打ち明けると、彼は、青瓦台がなお取引に真剣なので踏みとどまったほうがよいと励ました。

　こうした動きのなかには、私たちに有利なものもあったが、デウの状況が制御可能になるにつれ、韓国経済が少し改善してきた。韓国銀行は9.8％の

四半期経済成長率を報告した。私は、それによって、私たちのKFB買収の署名に向けて韓国人が譲歩する意欲が減退するかもしれないと思った。私たちと同様、他の取引も苦戦していた。カーライル・グループとAIGによる韓国生命保険の買収も、譲渡側が拘束力のあるMOUと異なる価格に固執したために頓挫した。誰もがニューブリッジと同様の経験をしていた。

いまや私たちのできることは、FSCがやる気になり、準備を整えて、交渉を再開するのを待つことだけだった。8月21日の土曜日に私が香港に帰宅したとき、ヒョン大使のボイスメールがきていた。私は翌朝コールバックした。彼は最初に「イは取引に真剣のようだ」といったが、続けて「経済と政治の状況が変わったので、まだ取引をしたいのであれば、いくつかの条項を変えなければならない」といった。ヒョンは、香港かサンフランシスコに行って、ブルームおよびボンダーマンと話をすることを提案した。

ヒョンがこうした一対一の面談を主張したのは、7月8日の香港におけるイ委員長との会談以来のことであった。当時私たちの感じていたことは、打開に近づいているかもしれないということだった。いまや解決すべき問題も少なくなっており、必要なのは、この取引をまとめようというイの政治的意思だけだった。最終合意の瀬戸際にあるように感じられ、その予感で私は発奮した。私はまた、ヒョンが私にすべてを語ったのか、それともブルームやボンダーマンと同時に私に話したいことがあるのだろうかと思案した。

彼が翌日、香港に来て個人的に私と会い、ブルームおよびボンダーマンと電話で会談をすることについて、私は直ちに合意した。

第10章

黒 い 雨

　香港島は中国の東海岸の南端にあり、台風の通り道として有名である。7月から9月の間は、こうした大嵐のピークとなる季節だ。台風は、暖かい太平洋からエネルギーを引き出して、アジア大陸に向かって北へ進む。街はこうした台風に慣れており、台風が近づくと、文字どおりシャッターを閉めたり、門戸を補強したりして備える。

　運の悪いことに、ヒョン大使の香港訪問の前日、8月22日の日曜日には、台風が押し寄せてきた。政府の公式天気予報機関であるホンコン・オブザーバトリー（香港天文台）は、台風の強度について、10を最強とし、1、3、8、9、10のランクづけをしている。その朝は、強度3からの引上げが見込まれていた。黒い雲が集まり、風が強くなった。私は、手遅れになる前に、日課である10キロメートルのランニングに出かけた。私が帰宅するや否や、激しい嵐がやってきた。そのときまでに、台風の強度は8に引き上げられていた。嵐の最悪時を逃れたことは幸運だと思ったが、天気がすぐによくならないのではないかと心配もした。そうなると、ヒョン大使は翌日、香港に来ることができなくなるかもしれなかった。

　天気は、思っていたよりもひどくなった。サムと呼ばれるようになった台

風は、街にバケツをひっくり返したような土砂降りと、樹から枝を引きはがすような強風をもたらした。香港の新しいチェクラップコク空港で、チャイナエアライン（台湾のフラッグシップ航空会社）のジェット機は、嵐のなかを着陸しようとして滑走路上で横滑りし、出火した。この衝突事故で3人の乗客が死んだ。翌朝、嵐は多少弱まったが、気象台は「黒い雨の警報（暴風雨警報）」を維持し、多くの事務所が閉鎖された。控えめにいっても、ヒョン大使の到着は遅れそうだと思った。

それまでのさまざまな会話は、すべて生産的ではないにしても興味深かったので、私はこの遅れを不満に感じた。ヒョン大使は、イ委員長が月末までに取引をまとめたいと"真剣に"考えているといったが、率直にいって私たちの誰も、彼が真剣だと真面目に受け止めていなかった。しかしイ委員長は、韓国経済の最近の改善によって交渉上の立場が強くなったと感じており、8月2日に示した五つの問題を私たちに是非とも解決してもらいたいと引き続き考えていた。

ブルームとボンダーマン向けの戦略メモで、私は大使との議論の粗筋を書いた。経済状況に関しては、事態が変化したという点でイ委員長と同意見だった。状況は変わった。しかし、デウを巡る情勢からすると、好転したとはいえなかった。また、取引当事者の地位を維持していくことは、ニューブリッジにとって名誉であるものの、会長たちの忍耐力はすり減ってしまいつつあった。私たちとしては、この取引をアメリカの労働記念日までにまとめる必要があり、さもなければどうなるかわからなかった。私は、期限に間に合わなかったときにどうなるかについて、イ委員長の想像に委ねるつもりだった。私たちが態度をあいまいにすればするほど、相手はより大きな脅威を感じるだろうと思った。いずれにせよ、メッセージは同じだった。嵐の雲が集まっていた。

ヒョン大使は無事香港に来たが、飛行機が数時間遅れとなり、到着は深夜になった。私たちは、次の日に彼のホテルで会うことで合意した。

翌8月24日、大雨は続いた。雲が重く垂れ込め、雨がとても激しかったの

で、まるで夜のようだった。洪水と倒木で交通が滞っていた。ミッドレベル（半山区）にある私の自宅から大使の泊まっているシャングリラ・ホテルまで、通常の３倍の時間がかかった。私が彼と会ったのは午前９時半頃だった。

　彼の到着は劇的だったし、私は新たなメッセージを期待していた。しかし、ミーティングでヒョンは、イ委員長の提示した五つの問題を私たちが真剣に考えるべきだといっただけで、新しいことを何もいわなかったため、私は拍子抜けした。ヒョンの説明によれば、イは経済情勢に応じて取引条件も変える必要があるとして、これらの点に関する自分の主張にこだわっているということだった。

　これを聞いて私は、そもそも大使はなぜ特別な旅行が必要だと思ったのだろうかと疑問を感じた。こんな悪天候のなか、ソウルからはるばる来てもらったことに謝意を表した後、「ヒョン大使、率直に申し上げて、このプロジェクトはもうおしまいです。私たちとしては、経済情勢がよくなっておらず悪化しているという見方ですが、約束は守らねばならないと考えていました。残念ながら、イ委員長は約束を守りませんでした。この期に至っては、彼と議論する意味がないと思います」と私はいった。

　午前11時半頃、ヒョンと私は、ブルームとボンダーマンに電話した。私に相談するまでもなく、彼らも同様の反応を示した。ボンダーマンは無遠慮に、イ委員長が私たちに正直でなかったといった。多少の議論の後、最終のポジションペーパーとタームシートをイへ送ることにヒョンも同意した。もしイがそれを今後の交渉の基礎にするのであれば、最終交渉のために私がソウルに行くけれども、もしそうでなければ、私たちは交渉をやめることにした。

　ヒョンはその日の午後、ソウルに戻った。大きな台風のなかはるばるやってきたのに、意図した結果を得られなかったことを、私はとても気の毒に思った。

　私は、帰宅してポジションペーパーを作成した。子供たちも在宅で、悪天

候で三連休となったことを喜んでいた。私は、翌朝５時に起きてタームシートの改訂を始めた。正午までには作業を終え、ソウルに戻ったヒョンにファックスできるようにした。

　私たちのポジションペーパーは３ページで、付属文書として25ページの投資条件文書（Terms of Investment Document）の案を添付した。このペーパーでは、韓国政府の提示した主要な問題に対する私たちのスタンスを確認し、問題のどれが受入れ可能でどれがそうでないかを示した。また、イ委員長の示した問題についても、私たちが真剣に検討していることを伝えるのに必要な限りで言及した。私たちは、イが値上り益を韓国政府に分配するよう求めていることに対し、直接に応答せず、MOUおよびこれに伴う合意ですでに５％のワラントを提供ずみであることを記述することにした。これにより、韓国政府は所有持分に応じた額よりも大きな値上り益を得ることができることになっていた。

　引当額に争いがあるときに韓国政府が不稼働貸出を買い取る選択肢は、かつてイ委員長と議論した問題であった。その際の合意は、もし韓国政府がKFBの経営者の定めた引当額を支払いたくないのなら、意見相違を仲裁手続に持ち込む権利を有するというものだった。この点に関し、仲裁プロセスの後、私たちがその結論を受け入れなければならない一方、韓国政府が不利な決定に対しさらに買取りの選択肢をもつことにするのでは不公正だと私は指摘した。私としては、仲裁プロセスの受入れか買取りオプションかのいずれかを政府が選ぶことには合意できるが、両方をもつことには合意できないと主張したのだ。

　私たちは、自己資本比率とリスクウェイトの問題についても自説にこだわった。貸出に対しては、国際的に認められた銀行規制に沿ってリスクウェイトを付すことが必要だった。規制上の最低自己資本比率が８％であるのに、FSCは、KFBが10％以上の自己資本比率を維持するよう望んでいた。私たちは、KFBのBIS比率がいずれにせよ10％を超えると思っていたものの、他の銀行と異なる自己資本比率の規制を受け入れることを容認できな

かった。

　イ委員長の資産選択に関する懸念について私は、タームシートへの署名1カ月後に承継を望まない資産のリストを提出することとしており、当初の資産選択に関する意見が相違した場合はMOUでの合意に基づいて解決することになっていると、繰り返し主張した。

　最後に、職員数の削減と補償についても記述した。私たちは、譲渡までに削減対象の職員リストを提示すべきという韓国政府の要求に応じてもよいことにした。

　これらが主要な問題であったが、ほかにもいくつか問題があり、そのなかには次に進む前に全員に明確化しておきたいと私たちが考えたことも含まれていた。

　第一は、一括処分条項であった。これは、ニューブリッジが株式を売却するときに、韓国政府所有分も一括して売却する権利をもつというものであり、将来投資対象を処分する際に決定的に重要だった。銀行をどんなにうまく再生しても、株式を半分ずつ保有する二者と別々に交渉しなくてはならないのでは、買収しようとする者がいなくなると予想された。一括売却を認める文言はMOUで合意されており、私たちには変更する気がなかった。

　また、私たちの弁護士は、FSCから求められた"善管注意義務"の規定を入れないことで一致していた。ニューブリッジがサイドレターで言及することはよいが、それ以上、法律の定めを超えた約束をすることはできなかった。

　最後に、切り出された不良債権について韓国政府がKFBに支払う対価として、なぜ政府債務証書を求めるかを説明した。これはMOUと整合的であり、私たちがそう求める理由は交渉中一貫していた。銀行が利息を生まない多額の現金をもつことはコストが高く、現在の市場環境下では、現金を貸出や利付資産へ投入するには時間がかかると考えられるからだった。

　私は、このタームシートとポジションペーパーを、ヒョン大使に送る前に、ブルームとボンダーマンにみてもらうためにファックスした。それと同

時に、表紙のメモ書きでいくつかのニュースを共有した。イ委員長は、パナコムというアメリカの会社から、FSCを共同被告とする訴訟を起こされたようだった。パナコムは、韓国生命保険の買収に応募しようとしたが、不公正で違法な措置により手続から除外されたと主張していた。

これとは別に私は、友人から同様な訴訟の話を聞いた。台湾のビジネスマン、レスリー・クーは、彼の会社である台湾セメントが、黒炭事業の買収に関するMOU違反を理由として、韓国の企業に対し訴訟を起こすと正式に通告したと話していた。彼は、韓国人が、通告前には対話をやめていたが、通告後には買収取引を成立させることに意欲を示すようになったといっていた。

「もしイが私たちの送ったタームシートに基づく取引を拒絶したら、こちらの費用や支出を賠償するよう、同様にFSCに訴訟を起こすことを考えるべきです」と私は書いた。

「私も、もし取引がここで物別れとなったら、FSCを訴えない理由はないと思います」とボンダーマンはファックスで返信してきた。ブルームも同意した。

私たちはポジションペーパーと投資条件文書の改訂版をヒョン大使に送った。投資条件文書は、両当事者からTOIと呼ばれるものだ。ヒョン大使は私たちのかわりに、8月25日にイ委員長と議論することになった。

ヒョンは、翌朝イと会い、午前10時半に近況を私に電話で報告した。ミーティングでは、ヒョンがポジションペーパーの論点を一つひとつ説明し、話合いが1時間以上続いた。イは、ニューブリッジが売却を決めると韓国政府も一括して売却せねばならないという考え方にかなり強く反発した。大使は、ニューブリッジは長期投資家として高い評価を得ており、株主全体の最善の利益を図る以外の行動はありえないと、一生懸命に説明してくれた。また、値上り益の分配に関する議論では、当初5,000億ウォンとその後の2年間における各年1,000億ウォンの出資にニューブリッジがコミットしているかどうかについて、イが再び尋ねてきたとのことであった。これに対して

ヒョンは、もし他の条件が満たされるならイエスだと答えた。これは必ずしも正確でなく、5,000億ウォンの金額に合意した際、イはその配当の再投資を求めないことにしていた。私はそのことを大使に思い出してもらわなければならなかった。ヒョンは、この点をイに念押しし、明確化してもらうことに合意した。

イ委員長は、明示的あるいは黙示的に、ニューブリッジの要求の多くを受け入れた。たとえば、不稼働貸出に関する"買取りオプションか仲裁か"という私たちの主張を正当だとみなしてくれた。また、譲渡前に資産選択を行う権利についても合意し、承継しない先のリストを譲渡の1カ月前に提出するよう求めるにとどめた。

さらに、KFBが異なる自己資本比率規制を課されるべきではないというニューブリッジの議論を適切だとしたほか、職員数の削減に対する補償についても私たちの主張に異論を出さなかった。

イ委員長は、私たちのポジションペーパーに対し、これらの問題以外で特段の反応を示さなかった。項目ごとの検討を行った後、ヒョンは、私が香港で託した「この取引に対するニューブリッジ内部の支持は減少している。ニューブリッジはイ委員長に対する信認や信頼を失いつつあり、そのことがヒョン大使自身の評判にも響くようになってきた」というメッセージを伝えてくれた。

ヒョンは続けて、明るい側面についても述べた。「もしこの取引がまとまれば、ニューブリッジは世界水準の経営を持ち込むでしょう。彼らはよき企業市民であり、評判を守るべき立場にあります。また、国際的な反響は前向きでしょうし、国内政治の問題が生じても対応可能でしょう」と指摘した。

イ委員長は、注意深く聞いていた。ミーティングの終わりには、私たちに回答するには少し考える時間が必要だといった。

＊　＊　＊

ところが、翌日になると、私たちは「FSCによれば、韓国第一銀行の売

却にもう数カ月必要」という見出しのブルームバーグの記事に驚かされることになった。この記事では、「協議はまだ投資条件の整理の段階で、まとまるにはもう数カ月かかるだろう」というイ委員長のコメントが引用されていた。

このコメントには大変困惑した。KFBの取引をまとめるのに数カ月かかるとはどういう意図なのか？　彼は先送りしているのか？　なぜ私たちとの交渉再開に熱意を示した後、うってかわってメディアにこんな発言をするのか？

報道陣は私たちの側からのコメントを強く求めた。私はブルームバーグとブリッジ・ニュースに対して不快感を表明したが、まずイの真意を知りたかったので、不快感というコメントの報道を遅らせるよう頼んだ。私はヒョン大使に電話し、FSCが明らかに取引から離脱しようとしているので、私たちの費用や損害を弁償するよう求める必要がある旨を述べた。

ヒョンは、ブルームバーグの記事を読んでおらず、とても驚いていた。彼は直ちにイに電話した。委員長によれば、文脈の一部だけが取り上げられたとのことだった。イの説明によると、記者はデウのトラブルがニューブリッジとのKFBの取引に影響するかどうかを尋ねた。イの回答は、確定文書が署名される頃には、デウの状況は明らかになっているだろうから、影響はないというものだった。彼は、譲渡を決定する確定文書に署名するまでの期間について言及したのであって、投資条件文書に署名するまでの期間について言及したのではないと主張した。また彼は、もし取引が決裂したら金融業界に負のインパクトを与えることを十分に理解しているといった。

その日は金曜日だったが、イはヒョン大使に対し、月曜日までに私たちのタームシートへの確定的回答をすると約束した。彼は週末に、財政経済部長官および青瓦台の経済担当主任補佐官と取引について公式議論を行うことになっていた。大統領からの承認が必要かもしれなかった。

私は、「イは真剣でしょうか」とヒョンに尋ねた。私はブルームとボンダーマンに報告しなければならず、大使の考えは私たちの部内決定に影響し

たのである。また私は、このプロセスの結論を9月6日の労働記念日までに得なければならないと繰り返した。

　大使は、イは真剣だが、批判を最低限に抑えるかたちで取引をまとめたいと思っているという見方を示した。予定されている財政経済部長官や主任補佐官とのミーティングが決定的に重要であった。

＊　　　＊　　　＊

　イ委員長は、週末のミーティングの後で連絡すると約束したにもかかわらず、私たちには何日も音沙汰がなかった。私たちとしては、なぜ反応がないのか推測するしかなかった。しかしイは、記者には多くを語っていた。月曜日には、ブルームバーグで、HSBCのソウル銀行の取引が暗礁に乗り上げたという報道があった。見出しは、「規制当局によると、ソウル銀行の譲渡に関しHSBCと韓国政府が行き詰まった」というものだった。この記事では、HSBCとFSCが不良債権の定義について合意できなかったので、ソウル銀行の譲渡に関しHSBCと「もはや話し合うことはない」というイ委員長の発言が紹介されていた。イは記者に対し、「溝を埋めることはむずかしい」と述べた。

　この記事では、韓国第一銀行の譲渡について、FSCがなおニューブリッジと話し合っているとされ、イの「ニューブリッジとの食い違いを埋めるために全力を投入している」という発言が紹介されていた。しかし彼は、譲渡の条件がまもなく合意されても、譲渡の完了には2～3カ月かかるだろうといったとされていた。

　イ委員長が報道陣にどんな話を吹き込み、何を伝えようと意図しているかについては、わからないことが多かった。FSCがHSBCとの合意を本当に困難と考えているのかどうかは、私たちにとって大きな意味があった。もしHSBCの提示する条項や条件が私たちより有利ならば、イがこうしたことを公にしないことはわかっていた。しかし、それが実際の状況なのか、見せかけなのかということが、私にはわからなかった。イがHSBCの条件を甘く

しようと圧力をかけるために報道を利用したのか、取引が本当におしまいになったのかはわからなかった。

　翌日、ジホン・キムがメモを書き送ってきた。韓国の新聞が同様の報道を行っており、HSBCのソウル銀行の取引が物別れになった一方で、ニューブリッジとの交渉が進行中だと伝えているというのであった。そこではまたイの発言が引用されており、貸出の評価に関し、HSBCがかつては韓国基準を使うことに合意していたのに、その後フォワードルッキングの国際基準に固執したことを非難していた。その日のうちに、FSCとHSBCは、ソウル銀行に関する交渉をやめることで互いに合意したという声明を行った。交渉の決裂はいまや公式のものになった。その時点では、これが朗報なのか悲報なのか、私にはわからなかった。もし韓国政府が二つの銀行の取引のうち一つはまとめなければならないと考えているなら、これは朗報だった。しかし、韓国政府のスタンスが硬化したことや銀行譲渡の意欲を失ったことが取引停止の理由だったなら、これは悲報だった。いずれにしても、イからは何もいってこなかった。

＊　　＊　　＊

　相手から連絡がなかったので、私は香港に戻る計画を立てた。ソウルでは何もすることがなかったからだ。しかし、帰路につく前日の９月１日、ヒョンが私に電話をしてきて、イから連絡があったといった。イが翌日の午後に私に会いたいといってきたので、私たちは当日の午後３時に会うことにした。

　この間、私はFSCからポジションペーパーを受け取っていた。私のペーパーの結果かどうかはわからなかったが、少なくとも手始めではあった。しかし、彼らのペーパーを読むと、なお多くの問題で双方の間に距離があることに気づいた。一括処分条項については、それまでの議論ですでに提示し、FSCも懸念がないとしてきたのに、イはなお強く問題視していた。そのほか、リスクウェイト、規制対応、政府の支払手段等、多くの問題で歩み寄り

第10章　黒い雨　189

がなかった。

　FSC の側にある程度の動きがあったようだったが、私たちとしては、ま
た間違いの始まりなのではないかと懐疑的だった。私たちは、FSC が取引
から離脱すると決定した場合、FSC に対し訴訟を起こす可能性を探ってい
た。アメリカ企業のパナコムは、韓国生命保険の経営権を巡る争いで決定的
な勝利を収めていた。FSC に対する提訴が成功を収めたことは、政府に対
する訴訟でも韓国の司法制度が中立的であることを示しており、私たちには
励みになることであった。ボンダーマンは、ニューブリッジに取引から離脱
する必要が生じた場合、どの程度勝訴の見込みがあるかを探るため、パナコ
ムの代理人を探していた。

＊　　＊　　＊

　9 月 2 日、ヒョンと私は、ミョンドンにある韓国銀行連合会の同じ建物で
イ委員長と会った。イが FSC のオフィスのビルよりもこの場所を好んでい
ることは明らかだった。私は、彼がこの場所を選ぶのには二つの理由がある
と考えていた。一つは FSC の外で張っている記者を避けるためであった。
もう一つは、ノオと彼のチームを招きたくないが、自分自身の建物でのミー
ティングで、あからさまに彼らを除外することを避けるためであった。私と
しては、ノオが呼ばれていないことをよい兆しだと思った。

　私たちは会議室に入り、いつもの席にいたイと会った。彼は調子がよくな
いらしく、ひどい風邪をひいているようだった。

　ミーティングは、励みになるところもあったが、不満が残るところもあっ
た。引っかかると思っていた問題のすべてがそれほどむずかしくないとわ
かった一方、易しいと思っていた問題のなかに実はとてもむずかしいとわ
かったものもあった。

　投資の規模、不稼働貸出の扱い、補償、資産選択については、相当な進展
が得られた。

　ニューブリッジによる投資の規模については、イが PR 目的でより大きな

数字を求めた。私は、FSC に 7 月11日に交付したサイドレターの写しを彼に渡した。そこでは、ニューブリッジとしては、義務的でないのであれば、譲渡後の 2 年間に各年1,000億ウォンの追加投資を行う用意があるとしていた。追加投資を行う際には、私たちの持分はそれに見合って増えることになる。彼はそうした約定とすることに問題がないとした。

不稼働貸出についても、イはすべて同じ処理方法によることに合意した。KFB が所要の引当額（償却所要額）を決め、韓国政府はこれに対して、引当額を支払うか、貸出を買い戻すか、仲裁手続に進むかの選択肢をもつ。もし仲裁を選べば、その結果は両当事者を拘束することになり、韓国政府は貸出を買い戻すことができなくなる。

最初の資産負債の選択に関しては、新たな投資条件文書（TOI）に署名後 1 カ月以内に、私たちが承継しない資産のリストを提出することで合意した。私たちが本店ビルを簿価で承継することも確認した。

私たちは、一括処分条項についてさえ合意に達することができた。この問題について随分長い時間議論した後、大使は、一括処分条項の目的が株主価値の最大化にあるという文言を入れてはどうかと発言した。それは、私がずっと論じてきた点だった。驚いたことに、イはこの提案に賛成し、想定される公的な調査に十分耐えられると考えた。彼は、私たちが自分と韓国政府の保有する株式の売却交渉を行う際に、内々に政府に情報を伝えることを求めただけだった。

しかし、職員の削減については、合意に達しえない分野であることがわかった。イは"幹部職員"については、KFB の新経営陣による削減や補償に同意したが、KFB による組合職員の削減について韓国政府が関与しないことを強く主張した。これは、経済的というより政治的な問題だった。韓国政府としては、そうした形態のレイオフに加担しているとみられたくなかったのだ。

リスクウェイトの問題も引っかかった。イによれば、これには規制上の懸念があった。彼は、他の国有銀行も同様の保護を受けているが、通常の銀行

と同様のリスクウェイトを課されていると主張した。私は、他の銀行は政府による資本注入を受けているのであって、KFBは貸出の損失から資本基盤を守るための保護を政府から受けており、状況が異なると反論した。後者の場合、政府保証により貸出のリスクは実質的にゼロになる。だが、私の説得は役に立たなかった。私は、イがこの問題を譲らないだろうと感じていた。

　会計年度も予想外に難航した問題だった。私たちは、KFBの会計年度の始期について、従来の暦年から買収直後の月に変更することを望んでいた。これは、経営権の交替を明確にするためであった。イはここでも、規制上の問題であるとして絶対に譲れないとした。彼によれば、すべての銀行の会計年度は暦年でなければならなかった。

　最後の込み入った問題は、私たちの交渉対象であるTOIの拘束力であった。私は、これが躓きの石となると予想していなかった。しかし、1時間にわたる議論を経ても、イは"拘束力"という用語に同意しなかった。イのチームは彼に、ホワイト＆ケースのエリック・ユンによれば、拘束力のあるTOIが国際契約法で異例であり、この条項を盛り込むと、韓国政府が契約破棄費用を超える潜在的損失の賠償義務にさらされるとアドバイスしていた。

　私は、後者の議論は事実だが、相手側も同じことになると反論した。ニューブリッジも韓国政府と同じリスクにさらされるが、拘束力のないTOIに署名していても意味がないだろうといった。私たちは、この問題について合意することなく会議を終えた。

　イが去らねばならない時刻がきた。イは会議の終わりにあたり、（不良債権が除かれた後の穴を埋めるための）韓国政府のKFBへの支払の半分を現金で、半分を政府債務証書で行うと繰り返し、翌日再び会って交渉を再開しようと提案した。

　全体として、いくつかのむずかしい問題で前進できたことが実によかったと思う一方、今回もまた束の間のことにならないかという懸念もあった。こうした状態はこれまでにもあったが、せっかく合意に達しても、FSCの変

心につながるだけだった。

　たとえば、TOI の拘束性について、以前は合意していたのに、イは、弁護士にアドバイスされると、受け入れないようになった。私たちの側からみると、拘束力のない MOU のような形態のタームシートをもう一つ作成しても意味がなかった。もし MOU が無視されるなら、他の文書も同様の扱いを受けないとは限らない。イは、拘束力のないタームシートであっても、韓国政府が遵守することを信頼するよう求めてきた。しかし、これまでの経験からして、ニューブリッジ側の者は皆、署名する以上は両当事者を拘束するものでなければならないという考えで固まっていた。

　私はヒョン大使と、チョソン（朝鮮）ホテルの日本料理店で夕食をともにした。ヒョンは、いつも発言に慎重だったが、今日のミーティングの成果に喜んでいた。彼は、警戒しつつも楽観的になっていた。

　ボンダーマンも同様だった。私が最近の動向について近況報告のメモを送ったのに対し、ひねくれた調子で「本当にいくらか進展したようですね」と回答してきた。彼は、組合参加の職員に関する韓国政府の主張について、一般職員レベルの人員削減が多くないのであれば合意できるのではないかと考えていた。リスクウェイトの問題については、変更によって結果がどう変わるかをみるために、モデルを調整するよう指示した。契約の拘束性に関する彼の反応には、少し驚いた。ボンダーマンとしては、韓国政府が契約を遵守しなかった場合、違約金と私たちのチームの費用を支払うことになっていれば、拘束力のないタームシートでも検討可能という考えだった。彼は、現在の私たちの立場が違約金によって少なくとも改善すると考えていた。現在の私たちは取引も獲得できず、費用も弁償されないという立場に置かれていた。

　私としては、両当事者に法的拘束力のある義務を課すことよりも弱い違約金等の条項を受け入れることはできないと考えていた。その時点で私は、法的拘束力をもたない MOU に合意したことが最大の失敗だったと後悔していた。私たちは、こんなにも時間、労力、資源を投入したのに、まだ取引をま

とめることができないでいた。私は、誤りを繰り返さないと決めていた。私たちは取引から離脱するつもりがないのだから、違約金があるほうが何もないよりよいというボンダーマンの考えは正しかった。これがあれば、韓国政府は、取引から離脱しづらくなるとともに、私たちの大きな労力や費用を弁償することになると感じられた。しかし、これは次善の解決策だった。私にとって最も気になっている事実は、政治の風向きが変わると政治家も変心するということだった。こんなに働いた挙句、簡単に出口を与えるようなことをしたくなかった。

　私は９月３日の午後、同じ韓国銀行連合会ビルで、再びイ委員長と会った。彼の機嫌が悪いことにはすぐ気づいた。彼は、私たちが着席するや否や「貴方たちは世界水準の経営をするといっているのに、なぜ半分現金で半分政府債務証書だと駄目なのですか」と苦情を述べ始めた。世界水準の経営であれば、現金を即座に貸出や収益性資産に転換できるはずで、譲渡前に取り除かれる不良貸出の対価として、政府が現金を支払うことに抵抗する理由がよくわからないというのであった。彼は、FSC が政府債務証書にかえて現金で支払えるはずだといった。

　政府債務証書に関して、彼はその利率の基礎をどのように計算するのかを問題にした。私たちは、銀行の平均資金調達費用か負債の平均費用かを使う計画だった。彼は、私たちのポジションペーパーに関し、韓国政府が"この条件"に合意したことはないと主張した。この条件とは、資金調達費用の算出根拠から無利子負債を除外するということであった。私はこれに同意せず、７月２日の FSC 自身の政府債務証書に関するタームシートに記された文言を使用したという事実を指摘した。英語と韓国語で散々議論した後、イは混乱したようすで、「部下からの状況報告とは違う」と何度か私にいった。

　「ノオ氏は、貴方に事実を隠していたようですね」と、私は冗談半分でいった。私が BS カンに電話するように勧めたところ、彼は電話をして、彼のチームが同意していたことを確認した。

　それにもかかわらず、彼は次の二つの選択肢を提示した。

a)　KDIC の政府債務証書で100％支払うが、資金調達費用の算出根拠には
無利子負債を含む。

b)　現金で50％、政府債務証書で50％支払うが、資金調達費用の算出根拠か
ら無利子負債を除外する。

　政府債務証書の利率は、銀行の平均資金調達費用に利鞘を加えた水準に設
定される。算定の分母として、銀行の資金調達手段の一部である無利子負債
を含むことにすれば、平均資金調達費用が低くなり、政府債務証書の利率も
低くなる。私たちは、どちらの選択肢にも合意できず、意見の相違を記録す
るだけにした。

　残りの対話も同様に不満が残るものだった。職員数の削減については、
ニューブリッジの側に誤りがあり、コンサルタントのベインの分析によれば
主に非組合員を集中的に削減するとされていたが、実はその反対だったの
だ。ブルームとボンダーマンに対するメモで、「この問題については私たち
が誤りを犯しました」と私は認めた。私たちにどんな選択肢があるのかにつ
いて、ベインにさらに分析してもらわなければならなかった。

　しかし、TOI の拘束力に関しては、ミーティングが終わりにさしかかっ
たときに突破口を得たようであった。イは、文書の拘束力を容認したもの
の、“拘束力”という言葉については、韓国語では攻撃的な意味をもつ可能
性があるので、使用することに反対するというのであった。

　私たちは、顧問弁護士であるクリアリーのリッチ・リンサーと相談した
後、（一部を引用すると）「両当事者は、確定合意の基礎として TOI に従う旨
を、ここに合意する」という新たな文言を使うことにした。イはこの新しい
文言に満足したようだったが、再確認の必要があるといった。この場合、明
らかに内容よりも形式のほうが重要なようだった。その他の問題について
は、私たちの間の溝が開いたままだった。私たちの新たな懸念は、KFB と
韓国政府が再生貸出の利回りをどう確保するかであった。再生貸出は、デウ
の事業再生等に対する銀行の関与により、大規模に発生していた。不良貸出
が再生手続の対象とされると、借り手に事業を再生して財務的に自立できる

ようにする時間を与えるために、貸出の期限が大幅に延長され、利払いも凍結または免除されるのが常である。韓国政府は貸出の引当金を支払うことには合意したが、利回り確保、すなわち貸出の予想利回りの保証については、まだ交渉していないと考えていた。

　事業再生の間は、貸出と利払いが凍結されるので、私たちの置かれた状況が悪くなる。債務不履行や倒産に際しては、銀行は貸出を政府に売却することができた。しかし、長期にわたる事業再生に際しては、政府による利回り保証がなければ、KFBは必要な利子収入を得られなくなってしまうだろう。この問題に関しては、いままでのところ互いに合意することができなかったので、私としては、この問題に関するイの主張への強い反対を記録することになった。

　イは、日曜日の午後5時にシラホテルで再び会うことを提案した。

　私は、あるミーティングから次のミーティングの間にイ委員長が態度を変える理由がわからなかった。一方で、こんなに長い間討論してきたので、彼が取引を望んでいることは感じられたし、最初のミーティングでの進展については有望だと思った。他方、2回目のミーティングでは、委員長が対応を拒んだ新たな問題が出てきた。私は、3回目のミーティングで、私たちに有利な突破口が開けることを願った。

第11章

最後通牒

　9月4日は土曜日だった。短い休息をとれるのではないかと思ったが、それは不可能だとわかった。シラホテルにおけるイ委員長との翌日のミーティングに備え、ヒョンと私はホテルのミーティング設備を点検した。その結果、ビジネスセンターの会議室を使うことに決めた。

　私は、キム＆チャン法律事務所に行き、いろいろな問題に対する私たちのポジションについて、3ページの説明メモを書いた。そのメモの読者としては、FSCのみならず青瓦台も念頭にあった。青瓦台がニューブリッジのポジションの近況報告を求めていたのだ。キム＆チャン法律事務所の立場は独特だった。ニューブリッジの法律顧問であり、かつ韓国政府からも信認されていた。韓国政府はキム＆チャン法律事務所が私たちの法律顧問であることを知っていたが、しばしば彼らの助力を求めた。私たちは、キム＆チャン法律事務所のヒョン大使をはじめとする弁護士たちの専門的知見や守秘を信頼していたので、この枠組みでうまくいくと思っていた。私たちは、この事務所のことを、韓国政府とニューブリッジの間の大事な架け橋だと思うようになっていた。

　ソウル時間で日曜日の午後1時には、私たちのチーム全員が参加する電話

会議を開き、イ委員長と私の午後の会議の準備のため、残る問題を議論した。承継する貸出ポートフォリオの96.5%への値引きに関する7月1日の合意を含め、多くのむずかしい問題を解決した。残る問題は、数が多くないものの、重要性が劣るわけでなかった。部内で多くの議論を行った後、ボンダーマンは、政府債務証書に関するイの提案を受け入れることにした。支払の半分を政府債務証書で、半分を現金で行うという提案だ。これは、重要でコストのかかる妥協だった。KFBとしては、利付負債に対して利付資産を保有する必要があった。現金は信用力ある借り手に貸し出さなければ損失を生むが、経済危機のなかでそうした借り手はまれだった。私たちは、政府保証貸出のリスクウェイトについても、イの主張を受け入れることにした。しかし、職員数の削減に関しては、ボンダーマンは従来の立場を変えない方針にした。

午後4時15分、イがヒョン大使に電話してきた。ホワイト＆ケースのエリック・ユンは、補償、拘束力、一括処分をはじめ、実にさまざまな文言に強く反対していた。両者の溝がとても大きいので、イとしては私に会う意味がないと思った。彼は、私にノオとユンに会うことを求めた。

私としては、取引がもうすぐまとまると思っていたのに、イ委員長がまたも前言を翻したことが信じられなかった。ノオやユンと会ってほしいという提案は、会いたくないという返事を婉曲にしたということだと思った。私と二人が会っても進歩がないことを彼自身がよく知っていたからだ。私は拒絶した。

ヒョンは困りきり、FSCの事務所へ行ってイ委員長を訪ね、ミーティングを続けるよう促した。イは、気持ちを和らげて、私と議論するという電話をしてきた。私たちは約2時間半面会したが、始まりが悪かったので、緊迫したミーティングになった。この間、キム＆チャン法律事務所の弁護士は、ノオやユンを含むFSCの交渉担当官と別の階の会議室で会っていた。

私は、ボンダーマンとの電話に基づき、二つの点で大きな譲歩をした。まず、リスクウェイトについて、イの希望に沿うことにした。私たちとして

は、KFB の貸出に適切なリスクウェイトを付すことが韓国政府の利益にかなうものであり、政府保証付貸出についてリスクフリーなのだからリスクウェイトがゼロであるべきだと考えるものの、こうした自分の主張にはこだわらないと述べたのだ。

また、政府債務証書についても、半分を政府債務証書で半分を現金でKFB に支払うというイの主張を受け入れた。彼は、信じがたいことに、喜ばないで、検討すると回答した。私は、これは彼の提案を受け入れたのであり、私たちにとっては大きな譲歩だと答えた。ミーティングの終わりにあたり、月曜日の昼までにニューブリッジが TOI を更新することで合意した。

私たちがその原稿を用意する前に、キム＆チャン法律事務所がイの要望に応じて作成した"合意した論点"という文書に対し、ノオのチームがコメントを送付してきた。エリック・ユンの回答書には、"キム＆チャン法律事務所によるいわゆる合意した論点"という題がつけられていた。このなかでユンは、イと私の合意すべてに反対を表明した。ユンの認識によると、一括処分権、補償（彼は明白に全否定していた）、投資額（彼は追加投資に対する私たちの約束を求めていた）、善管注意義務（彼はサイドレターによることを拒絶していた）、その他の多くの論点に関する文言について、私たちの間には何の合意もないことになってしまった。私は、イとニューブリッジがすべてに合意できることがありうるか疑問に思う一方、FSC が法律面でなく商業面におけるユンのアドバイスを受け入れる限り、取引をまとめることができないと確信した。

私はその夜、ボンダーマンにこう書き送った。「片付いていない問題はごく少ないのに、かつてないほど距離が広がったと感じています。イが同意したことすべてを、ユン、彼のチーム、そしてイ自身がひっくり返しているようです。したがって、片付いていない問題が本当に私たちの考えているものだけなのかどうか、まったくわかりません」。

翌日私は、ボンダーマンと電話で話した。彼は、これほど多くの譲歩を重ねてもなお取引に値打ちがあるのかという質問をした。

「一歩下がって全体をみてみましょう。千ヵ所もの譲歩をすれば、あわせると致命的になっているかもしれません」と彼はいった。

　私は、リーマンのオハンロンに頼んで、直近の条件に基づいてモデルを再度動かし、取引がなお経済的に引き合うかどうかを調べてもらうことにした。私は、最近の譲歩を考慮しても、基本的に引き合うと感じていたものの、数字をみて確かめておかねばならなかった。

　クリアリーのリンダ・マトラックは、私たちとイの交渉に基づいて、徹夜で条項を改訂してくれた。

　このプロセスで、多少はよい知らせがあった。主な未解決の問題であった職員の削減は、詳しく調べてみると、結局あまり大きな問題でないことがわかったのだ。私たちのコンサルタントであるベイン＆カンパニーは、KFBの業務運営を分析し、職員数削減に伴う費用は5,500万ドルから7,000万ドルの間だと推定していた。それを誰が負担するかを巡り、私たちと韓国政府の折合いがつかなかったのだ。

　しかし、韓国のすべての企業は、個々の従業員のための年金原資を確保することを法律で求められていた。９月６日、"法的な解雇手当制度"が銀行のバランスシートにすでに計上されている"積立済準備金"と同じであることをキム＆チャン法律事務所のBMパクが指摘したので、韓国政府またはニューブリッジは、法定額より多く支払わない限り解雇費用の財源を追加的に確保しなくてもよいことになった。私としては、金融危機の犠牲になった職員に報いるためには、法定額よりも多くの支払がどうしても必要だと考えていた。こうした寛大さが承継した職員との信頼関係確立にも役立つだろう。

　私たちの希望するようなプログラムに基づいてKFBが自発的に行った前回の職員削減では、８カ月分の給料に当たる額が追加的に支払われた。これは、平均すると一人当り１万ドルになった。その３倍の金額を支払ったとしても（それはベインの勧めによるものであり、非常に寛大だと考えられた）、うまくゆけば、私たちの作業仮説よりもずっと少ない900万ドルしか必要でな

い見込みとなった。私は、300人の4級職員の削減を想定し、FSCに対し、念のために約2,000万ドルの準備金の追加支払を要求しておくことを提案した。これで、私たちとFSCの間の最後の大きな問題が対処可能となったようだった。

BMパクは、こうした洞察力によって、キム＆チャン法律事務所の主力弁護士となっていた。わずか38歳なのに、韓国で最大の名声ある法律事務所のパートナーであった。

BMは、えらが張って眼鏡をかけており、いつもリラックスしているようにみえたが、とても几帳面で、妥協なく働いた。彼は、法律に詳しいだけではなく、問題解決能力に優れていた。

＊　　＊　　＊

翌日私は、青瓦台に行って政策・計画担当主任補佐官のハンギル・キム（金漢吉）と会った。リーマンのクンホ・チョが通訳をしてくれた。キムは私の報告を注意深く聞き、ポジションペーパーを提出するように求めてきた。彼は、それを読んで大統領に報告し、青瓦台からFSCへの指示を出してもらうといい、公式な窓口は引き続きFSCであるが、キム大統領と青瓦台はこの取引に強くコミットしているといった。私が24時間以内にこの取引をまとめたいと考えているといったところ、彼は、もっと時間がほしいといった。私は、会長に報告するといい、彼の支持に謝意を表した。

私としては、このミーティングがとても励みになり、直ちに戻って補佐官の求めるポジションペーパーの取りまとめを始めた。交渉を進めるためには、政治的圧力の活用を含め、すべてのボタンを押さなければならず、イ委員長に私たちとの取引を決心してもらうためには、政治的圧力だけではなく、政治的支援も必要だと感じていた。ただし、政治的圧力の活用のためには無限と思えるほど長いプロセスを経ることになるので、イ委員長が私たちとの取引をまとめるよう動いてくれるならば、私たちは喜んでキャンペーンを中止する考えだった。

この間ヒョン大使は、私たちの代理として、イと約1時間会ったうえで、確認の電話をした。イは再び、一括処分、補償、TOIの拘束力、投資額の文言について質問してきた。彼の弁護士ユンが疑問を呈していたからだった。しかしこれらは、私にとって処理ずみの問題だった。イ委員長と私の次のミーティングは翌日の午前9時になった。このミーティングの前、私の青瓦台訪問について、この決定的局面では邪魔になるとイ委員長が怒っていたと聞いた。しかし、ミーティングの予定を変えるほど激してはいなかった。私には、イが真剣に努力しているように思えた。

　翌朝9月7日の次のミーティングでは、イ委員長に再び会えたが、5分間だけしかもらえなかった。彼と会うために、ヒョン大使、大使の同僚であるKSチョン、私の3名が韓国銀行連合会のビルに行ったが、イは大使とだけ面会し、チョンと私は隣の控室で待っていた。キム&チャン法律事務所の弁護士たちは文書のフォルダを準備してくれていた。そのなかには他のアメリカの銀行の買収に関する契約の写しがあり、補償が普通の条項であることを示していた。後にヒョンが話したところによると、イはFSCのカン課長に電話し、補償条項は論理的で妥当だと思えるので、これに反対する理由を示すようにいったとのことである。カンは、それに答えて、隠れた負債のことを持ち出したが、イは、それだからこそ投資家が補償条項を求めていると言い返した。イは、このように私たちの肩をもってくれたものの、補償に関する文言に同意しなかった。私は、弁護士が徹底して反対しているに違いないと思った。

　イは、職員数の削減に関する意見を変えず、政府は100人以下の経営幹部の削減にしか責任を負わないと主張した（日曜日に彼自身が主張した150人よりも少ない人数だった）。しかし、追加的な解雇手当の支払に備えるために準備金を積み増すという考えは受け入れそうだった。一括処分や拘束力の文言に関する彼のポジションはあいまいになった。

　イは、私と短い時間会うために出てきたが、それまでの週よりずっとリラックスしているようにみえた。彼は、取引を当日中にまとめたいといっ

た。また、先日の私の青瓦台訪問に苦情を述べ、彼だけがこの取引について決定できると念を押し、大統領を含め、誰も彼に影響を与えることができないといった。私は、彼の権威を絶対的に重んじており、彼と取引をまとめることに集中していくつもりだと答えた。

　キム＆チャン法律事務所のBMパクとKSチョンは、午後2時半に韓国政府との話合いに行き、その後、進展が遅い旨を電話で報告してきた。その間、私は二度目の青瓦台訪問を行い、キム大統領の広報担当補佐官と会った。彼は注意深く私の話を聞き、いくつかの質問をした。彼は、大統領がこの取引をまとめることに強くコミットしていると請け合った。

　その夜10時頃、チョンとパクがシラホテルに帰ってきた。大使、チェン、プーン、デイビッド・キムおよび私が彼らの帰りを待っていた。彼らは、勝ち誇ったように、取引が99％まとまったといった。

　しかし、彼らの交渉結果の説明を聞くと、多くの未解決の問題が残っていることに気づいた。チェンと弁護士たちは直ちに、何が決まり、何が決まっていないかについて、互いに議論し始めた。

　午前1時頃、ヒョンと私はミーティングを中断した。その夜解決すべき問題はあまりに多かった。

　翌朝目が覚めると、チェン、プーンおよび私は、キム＆チャン法律事務所に行き、チョンとパクが韓国政府側とのミーティングから持ち帰った残る問題を検討した。私たちは、午前中いっぱいかけて、さまざまな論点に関するポジションを定めた。これらは、取引にあたって技術的ではあるが重要な事項だった。

　法律家の出身であるボンダーマンは、文言に深い注意を払った。ヒョン大使がイ委員長に一括処分条項を受け入れるよう説得した際には、私たちが株主の価値を最大化できるようにするための権利であり、銀行の経営権全部の取得を目指す買い手から最良の価格を引き出すためのものだと理解してもらっていた。韓国政府は、一括処分条項の「目的は株主価値を最大化することにある」という文言を求めた。これに対しボンダーマンは、「目的は株主

価値を最大化できるようにすることにある」という文言に変えるよう主張した。

　この違いは微妙だが重要だった。"最大化"の意味について客観的な計測手段がないので、韓国政府が将来「ニューブリッジが株主価値を最大化する義務を果たせなかった」と論ずる口実を与えたくなかったのだ。もし私が、「靴を履く目的はトップスピードで走ることにある」といえば、十分に速く走っていなかったと論ずる者が出てくるかもしれない。けれども、もし私が「靴を履く目的はトップスピードで走ることができるようにすることにある」といえば、靴を履く目的は、トップスピードで走ることができるようにすることだけで、靴を履いたからといってトップスピードで走る義務を負うものではなくなる。交渉は動的なものなので、将来における誤解の余地を残さないように、契約のすべての用語に対し、極力注意深くなければならなかった。

　9月8日の午後、チョンとパクは、再び韓国政府との交渉に行った。ヒョン大使と私は、彼らの事務所で帰りを待っていた。数時間後、彼らが電話で報告してきたことは、進展なしということであった。夕方頃、青瓦台の大統領側近の知人から電話があった。彼は、私が青瓦台の高官を訪ねたことについて警告した。青瓦台へのロビーイングは邪魔になるのでやめるように求めてきたのだ。私は、彼を尊敬し、その助言を重んじていた。しかしこの局面においては、彼にはいわなかったものの、拘束力のある文書に署名してもらうまで政府を困らせ続けることに決めていた。交渉が難航するなかで、大使は楽観的であり続けた。彼は、法的に拘束力のある TOI に政府と署名する際の声明の原稿を用意すべきだといった。私は、懐疑的ながらそのとおりにした。

　翌日の午前10時頃、ヒョンはイ委員長に会いに行き、そこで約1時間を過ごした。イの提示した問題は三つだけだった。第一は、私たちの当初の投資額だった。私たちの文言は「ニューブリッジは、義務的ではなく、5,000億ウォンを投資する」というものだったが、彼は、文案から「義務的ではな

く、」を削除するよう求めた。第二に、一括処分条項に関して、彼は、「目的は株主価値を最大化できるようにすることにある」で始まる文案から「できるように」という言葉を削除するよう求めた。第三に、韓国政府は職員数削減のために300億ウォンを提供するが、ニューブリッジはその実行に責任を負うとすることを求めた。

私は、ボンダーマンに電話して、彼の見解を聞いた。彼は、第一と第三の問題については合意したが、第二については承諾しなかった。第三の論点については、ボンダーマンはイの主張に合意できるとしたものの、私としては300億ウォンでは不十分であり、400億ウォンが必要だと考えていた。いろいろとやりとりをした末、イは380億ウォンに合意したが、これは私の目標に近い数字であった。

「できるように」という用語の問題を解決することは、予想よりもずっと大変であることがわかった。信じがたいことに3〜4時間も、この用語を残すか削除するかで政府側と議論した。ソウル時間の午後6時頃、ようやく私は、韓国政府も納得できる妥協案を提案した。「目的は株主価値を最大化できるようにすることにある」という文の「できるように」という用語を残し、「権利の行使に際し、投資家はこの目的の達成を図る」という一文を追加するというものだ。私の考えでは、「図る」は努力をすることであり、義務ではなかった。

これはボンダーマンがこだわった論点なので、彼のいるニューヨークの時間で午前5時のはずであったが、電話をかけ、私の提案した用語に合意できるかどうかを聞くことにした。ボンダーマンは、どんな時間でも電話に出るという素晴らしい才能をもっていた。深い眠りから覚めたときでさえも、彼は、目覚めて電話を待っていたかのように話をした。彼が深夜に応答しなかったのは、家にいるときだけだった。私が変な時間に電話するのは、どうしても必要で彼が外泊しているときに限っていた。

ボンダーマンは通例、簡潔で紛れのない回答をした。この場合、彼は丸1分間黙っていた。彼のことをよく知っていなければ、また眠ってしまったと

思ったかもしれない。私は、これが重要な論点だと知っていたので、私の提案した文言に彼が思いを巡らすのを辛抱強く待った。やっと彼は「それでOK です」といって電話を切った。

　ボンダーマンからは、電話に出た後、すぐにまた眠ることができると聞いていた。私は眠りが浅いので、夜中に電話がかかってくれば眠れなくなってしまう。再び眠ることがそんなに簡単だとは信じられなかった。

　その日は、またも長い1日となった。私は、夜の11時半になって、やっとキム＆チャン法律事務所を出てホテルに戻った。いくらか進展があったことを嬉しく思いながら、歯を磨いてベッドに入ろうとしたところ、電話が鳴った。ヒョン大使からで、チョンやパクと一緒に、私に会いにホテルに行きたいといっていた。私は受話器を置いて、長い夜に備え、彼らが着くまでの間に仮眠をとろうとした。私が寝入るや否やヒョン大使から電話があり、彼が途中まで来ていること、チョンとパクもこちらに向かっていることを知らせてきた。私はビジネスセンターにいるヒョンに会いに行った。チョンとパクを待っている間、ヒョンと私は雑談をして時間を過ごした。

　ヒョン大使は、彼の世代の教育ある韓国人がほとんどそうであるように、漢字の美しい書道ができた（写真5）。この夜、私たちは韓国の歴史についていろいろな話をし、私が韓国の歴史のよい本が見つからないと嘆いたので、彼は古書のリストを書き出してくれた。『三国史記』『三国遺史』『高麗史』（高麗はコリアの語源となった王朝名）、『李朝実録』がそうであった。これらの古書は中国語で書かれていたので、私は問題なく読むことができた。しかし、1970年代前半以降、ハンジャすなわち中国の文字が韓国で教えられなくなったので、若い世代の韓国人は、残念ながらもう読めなくなっている。

　チョンとパクは、青瓦台の一室で、イ委員長に指名された韓国政府の官僚と厳しい交渉をしていたので、夜が更けるまで何の連絡もしてこなかった。ヒョン大使と私はどちらも疲れ切ってしまった。そのうちに彼は、ソファで眠りに落ちた。私は、別のソファで横になったが、一睡もできなかった。

チョンとパクは午前4時に帰ってきた。私は、ホテルの部屋にいたダニエル・プーンを起こして、一緒に報告を受けるよう求めた。

　青瓦台の官僚は、数多くの条項の文言を改訂するよう求めてきており、その一部は受入れ可能だったが、そうでないものもあった。ソウルの法律・財務アドバイザーに相談するには早すぎたので、私は、ワシントンにいるクリアリーのリンダ・マトラックとニューヨークにいるリーマンのデイビッド・ジャクソンに電話して、文言改訂の提案について議論した。私たちは、一部を受け入れたが、押し返したものもあった。キム＆チャン法律事務所の弁護士と青瓦台の官僚のやりとりを経て、私たちの溝は狭まってきた。

　私たちはすべての溝を埋めたと考えていたが、明け方になって、イ委員長がヒョン大使に電話をかけてきた。委員長は、TOIの拘束力に驚き、相互の違約金の定めがないことに困惑したとのことだった。この文書の拘束力については、長く激しい交渉プロセスを経て合意したことを私たち皆が知っていたので、大使は、人柄に似ず慌てた。最後の瞬間の変更はショックであった。私たちはこの論点について交渉を重ねることを完全に拒否した。半時間後、イの事務所から大使の事務所に2回電話があり、午後4時に"全員集合"のミーティングを開くよう求めてきた。私は、文書に署名するという保証がない限り出席を拒否することとし、キム＆チャン法律事務所には、最終文書とサイドレターの写しを三部用意し、"署名用綴り"という表紙を付けるよう指示した。大使もミーティングに出席しなかった。

　ミーティングが始まってすぐ、イは大使に電話して、TOIの拘束力について「忘れてしまっていた」ことを詫びた。これでヒョンはミーティングに出席し、チョンとパクに加わった。相手側には、イ、青瓦台の官僚、ノオ局長、弁護士のユンがいた。イがミーティングを仕切り、参加者全員に対し、問題を指摘するか黙っているかにするように求めた。ユンが直ちに"拘束力"の問題をあげたが、ヒョンによれば、イが「それは忘れてください」といったとのことであった。キム＆チャン法律事務所の弁護士が、TOIの概要と、彼らのあげた問題に関する私たちのポジションについて説明したが、

その間、ノオは何もいわなかった。

その後、イがヒョン大使に会い、DJ キム大統領がニュージーランドでの APEC 会合から韓国に戻る月曜日か火曜日に、TOI に署名することが決まったといった。キム大統領は APEC 会合でクリントン大統領に会う予定となっていた。政府は、クリントンとの会見を前にして圧力に屈したという世論の批判を避けるため、その前に声明を行わないようにするという考えだった。

＊　　＊　　＊

金曜日だったので、私は、家族と週末を過ごすために香港に向かった。空港に向かう途中でボンダーマンからの電話があり、私は、近況がどうなっているかについて報告した。「よし。もし署名されなくても貴方の失敗ではありませんが、もし署名されれば貴方の失敗ですよ」と彼はいった。私は笑い、いずれにしても私の失敗だといった。

私は家に帰ってほっとした。翌朝私は、ランニングに出かけ、娘のリーアンが目を覚ますのにちょうど間に合うよう帰ってきた。しかし私は、娘との貴重な時間を過ごすことがあまりできなかった。ソウルから何度も電話があった。早朝、FSC の BS カン課長がリーマンのクンホ・チョに大きなニュースを伝えてきたのだ。

カンはチョに「取引がまとまりました」といった。翌週の前半に TOI が署名されることになった。地元の新聞も取引が差し迫っていると報じていた。ヒョン大使が午後電話してきて、FSC が火曜日か水曜日に署名式をしたがっていると伝えた。イと彼のチームはいくつかの些細な問題をあげてきたが、私たちは、ニューブリッジが交渉することはもうないと明言した。

大使は、イができるだけ早く、できれば月曜日の午後に私と会いたがっているといった。大使によれば、これは主に儀礼的なものであり、TOI に関する交渉の終了を示すものとのことであった。

私は、当日の残りを、リーマンのチームとの公式声明の原稿作成作業に費やした。彼らは、これを大きな業績だと示そうとしており、私も同じ考え

だった。私たちは、韓国政府の部内であろうと部外であろうと、確定的な文書づくりに向けてさらに交渉するかのような憶測をだれかがもつことのないよう、韓国の世論に対し、これは取引の成立であることを印象づけたかった。

　私たちは、アドバイザーのボブ・バーナムと同僚のダン・キャロルに連絡し、彼らもその週に計画していたアジア旅行をやめて、ソウルにいるチームによる公式声明の準備に加わるようにした。私たちの全勢力を韓国人にみせて、強い印象を与えたかった。

　私は、土曜日の夕方、「物事は下駄を履くまでわかりません」とブルームとボンダーマンに書き送った。「この取引では、いろいろなことがありました。私は警戒しながらも楽観的です。幸運を祈りましょう」。

　私自身を含む皆が、糠喜びかもしれない望みに浸ることのないように注意しながらも、私はついにトンネルの出口にたどり着いたと思い、安堵していた。私は、疲れたと思わなかったが、長い間よく眠れなかった後で、いまやすべてが片付いたように思い、無意識のうちにリラックスしてしまったに違いなかった。私の娘のベッドは台の上にあり、半分はベッドに、半分は遊び場になっていた。日曜日の朝、私は娘のベッドで横になって隣の彼女と遊んでいた。いつもは少しでも雑音があれば眠れないのだが、この日は、私の隣で娘が音を立てて遊んでいるのに熟睡してしまった。目が覚めると、部屋は静かで、もう午後2時半だった。私は、昼日中に2時間半も眠ったことが信じられなかった。

　9月13日、月曜日の朝、私はソウル往きキャセイ・パシフィックの第1便に乗り、キム&チャン法律事務所に直接行き、ヒョン大使、チョン、パクと会った。ヒョンによれば、当日早朝にイ委員長に会ったところ、イは、なお五つの問題をあげていたとのことであった。昼食時に議論した結果、ヒョンがイに会って、ニューブリッジにはこれ以上の変更に応じるつもりがないことを説明することに決めた。イは、TOIの最終版を受け入れるか、交渉を終了するかのどちらかを選ばなければならない。私がソウルに向かう途中、

たまたまボンダーマンからのファックスが届いていた。これは短く、次のように手書きされていた。

シャン

貴方の最近のファックスをみました。用語の変更についての議論等は、正気の沙汰と思えません。もうやめてください。私たちのポジションは、署名前には話合いをしないということだけです。議論する機会としては、これからも確定文書の作成がありますので、そこで用語を争えばよいのです。

彼のコメント（写真6）は、中国のことわざ「樹は静止したいが、風は止まらない」を思い出させた。私も止まりたかった。しかし私は、韓国政府の動きを阻むことができず、彼らとの話合いを拒否することもできなかった。

翌日の早朝、バーナム、キャロル、ジェームズ・チャンおよび他のニューブリッジの同僚がソウルに着いた。ポール・チェンとダニエル・プーンは、前夜の飛行機ですでに到着していた。彼らは皆、署名式に出席するために来たのだった。私たちはリーマンの事務所に行き、交渉後の契約に基づくKFBの財務分析の結果を確認した。ヒョン大使が午前10時にイ委員長と会っていたので、私は落ち着かない気持ちで、彼からの連絡を待っていた。正午頃、ヒョンが電話をかけてきて、彼のオフィスで会いたいといった。

彼によると、イは、昨日提起した問題について譲歩する考えがなかった。加えてイは、現在の文書の多くの点に不満を感じているとのことだった。私は、この最後の瞬間における思わぬ展開にとても困惑し、これ以上交渉する気持ちがないとヒョンに告げた。イは、署名がもうすぐだといったのに、交渉を終わらせるつもりがないように思えた。私は、もし取引がまとまらないなら、直ちに香港に戻るといった。

私がホテルに戻ってチームに報告したところ、彼らのほとんどはソウルを引き払うことが最善の行動だという考えに同意した。いまやすることは何もなく、前夜ほとんど眠っていなかった私は、部屋に戻って眠り込んだ。午後5時頃、ヒョンからのボイスメールで目を覚ました。彼によれば、イはこれ

までのリストのほとんどをあきらめることにしたが、二つの技術的問題だけにこだわっていた。

イ委員長が妥協の意向を示したので、私たちは彼の意向に応じるため、さらに努力することにした。午前2時頃、私たちとしての回答案を議論したうえで、ボンダーマンに電話し、変更点について彼の同意を得ることとした。

私は、午前3時半にベッドに入ったが、全部で2時間半眠っただけで、6時頃に目を覚ました。死ぬほど疲れていた。改訂版のTOIを確認し、変更点とその理由を説明するメモを書いた。このメモは、9月15日付でヒョン大使に送られた。

　大使様

　私は昨日、イ委員長からさまざまな問題に関するメッセージを頂戴しました。ここに書きましたように、このやりとりをふまえ、取引をまとめるためにもう一度努力することとしました。私のチームが今朝の3時半まで働いた結果、委員長の要求のほとんどに対応することができました。しかし、私たちの主張が公正、適切、論理的であると信じているため、ポジションを変えられない点もあります。私たちは再度、取引をまとめるために最善を尽くそうとしました。誤解を避けるために、変更点（と変更しなかった点）について説明するメモを書きました。このメモをイ委員長に伝えていただければ幸いです。

結論としてこう書いた。

　このリストは完全であるつもりですが、もし何か漏れがあればお知らせください。ご存じのように私は、ご要望に応ずるため、労力を本当に使い果たしましたので、もう譲歩する立場にありません。

9月15日は水曜日だった。TOIの署名式が予定されていたので、私以外のメンバーは皆、背広とネクタイを着ていた。私はあまり眠っておらず、当日に署名できるという望みもなかったので、半ズボン姿だった。まったくだらしない姿にみえたに違いない。

前夜、ボンダーマンからの要求があった。彼は、改訂版のTOIに私たち

が一方的に署名してFSCの委員長に送ってほしいといっていた。その際、韓国政府が署名するまで24時間を与え、もし署名しないのなら、取引から手を引くというカバーレターをつけるよう求めていた。

　彼の要求により、私は身動き不能になった。私たちが署名付きのTOIを送れば、イ委員長は最後通牒だとみるだろう。彼が取引をまとめたいと思ったとしても、外国投資家の脅迫に屈したと受けとめられることをおそれ、多分まとめることができなくなるだろう。最良のシナリオを考えても、彼は最後通牒の回答期限が切れるまで待たざるをえないだろう。私は、このレターが非生産的ではないかとおそれていた。しかし、私たちは皆我慢の限界にきており、思い直すようボンダーマンを説得することもできなかった。私はヒョンに電話した。

　「ヒョン大使、デイビッド・ボンダーマンが私に対し、24時間内に署名するか取引をやめるかというレターをイ委員長に送るようにいってきました」。

　ヒョンの回答は警告だった。「シャンさん、それはとんでもないことになります。韓国政府は最後通牒に屈することができません。まったく不要です」。

　「大使、私は、よくわかっていますし、同じ考えです。しかし私は、この期に至ってデイビッドが説得されるとは思いません。時間もありません。私は、彼のレターを貴方に送って、どうすべきかの判断を委ねます」。

　大使は直ちに了解した。「ボンダーマンの指示を無視できるとお思いですか」と尋ねてきた。

　私は、「無視するのではありません。レターは貴方に送ります」といい、「将戦場に在れば君命を聴かず」と付け加えた。これはよく知られた中国のことわざであり、大使は、なじみがあって、その意味をよくわかっているはずだった。

　いつも用心深い同僚のポール・チェンは、私がボンダーマンの最後通牒を出すべきではないと考え、この指示を実施しないですむ方法を探しているのではないかと疑っていた。この時点では、ボンダーマンだけではなく、私た

ちのチーム全員がもう十分だと思っていた。部内の無用の議論を避けるため、私はチェンにボンダーマンのレターを大使にファックスするよう頼んだ。

　ヒョン大使はボンダーマンのレターを委員長に送らなかった。しかし、彼らしい外交的なやり方で、イ委員長に、決めるのならいまでなければならないというメッセージを伝えたに違いないと思う。

　私たちは待ち続けた。FSCからは、何の応答もなく、まったくの沈黙だった。もう夜遅くなったが、何も起きそうになかった。イ委員長がまた気を変えたようだった。

　散々待った後の午後、キャロルと他のチームメンバーは、ブルームのプライベート・ジェットでソウルを発った。彼らは皆、署名のためにソウルに来たのに、手ぶらで帰るしかなかった。私は、次に何が起こるかを知るために残ることにした。しかし何も起こらず、9月15日は静かなままだった。

　その時点では、私からすべての感情が消え失せたようだった。私は、私たちが人間として可能なことをすべてしてきたことを知っていた。「人が提案し、神が采配を下す」ということわざどおりだと思った。そのため、すっかりリラックスして次に何が起こるかを待っていた。

　深夜になり、ベッドに入ろうとしたとき、韓国政府が改訂版のTOIになお問題があると考えていることを知った。この電話のため、またも眠れない夜となった。

　翌9月16日の木曜日に、私は、"プロジェクト・セーフの現状"という題のメモを書いた。チームメンバーに対し、この数日間音信不通だったことを詫びたうえ、先週の土曜日以降の出来事の要約を書いた。

　　昨夜遅く大使は、イが最終版のTOIを読んで「不満をもち、がっかりしている」ことと青瓦台のチン氏も同様に感じていることを電話で伝えてきました。私は、大使に対し、それは残念だが、何もできることがないといいました。

　　「MOUからどれだけ進んだかを大局的見地からみていただきたい。

また、自分の主張にとらわれていくつかの小さな点にこだわるのではな
　　く、変化を求める政治家として振る舞い、最終決定をしていただきた
　　い」とイ氏に伝えるよう頼みました。

　FSCからは引き続き連絡がなかったが、私はリラックスしていた。私た
ちはできることをすべてしたので、あとはイ委員長の最終決定次第だった。
その午後には、昼寝をして、ホテルに来ていたブリッジ・ニュースの記者の
スー・チャンに会った。私は、取引の間に多くのジャーナリストとよい関係
を築いており、彼女はそのうちの一人だった。私は、いつもシラホテルに泊
まっていたが、このときはソウルのグランド・ハイアットにしか部屋をとれ
なかった。私たちはプールサイドで話をしたが、インタビューではなかった
ので、FSCとの交渉がどうなっているかについて話をしなかった。過去数
カ月間、失望を繰り返してきたので、この最終局面に至ってFSCがどうす
るつもりか、私にはまだわからなかった。

　午後5時半になっても、何の連絡もなかった。また無駄に丸1日過ごした
のだ。ソウルではこれ以上何もすることがなかった。何の見込みもなしに待
ち続けることはできなかった。イ委員長が取引をするつもりなら、もう連絡
があるはずだった。

　私は街を去ることに決めた。しかし、香港には別の台風がきていた。この
台風は最強レベルの10であり、街を発着する飛行機はすべてキャンセルされ
た。私は、別のビジネスをするため、飛行機で2時間しかかからない北京に
行くことにした。もし必要になれば、ソウルにすぐ帰ってくることもでき
た。

　私がホテルをチェックアウトしたのは午後6時だった。自動車がホテルの
車寄せを出るとき、私は、バックシートにもたれて目を閉じ、こんなに長い
間取り組んできたのに取引がまだ固まっていないことを少し残念に感じた。
私は、携帯電話で大使の電話番号をダイヤルし、街を去ることを告げようと
した。ちょうどそのとき、電話がとても大きな音で鳴った。彼からだった。

　「ヒョン大使、ちょうど電話しようとしていたところです。次の飛行機で

発つために空港に向かっています」と私はいった。

　「シャンさん、空港に行ってはいけません。行かないでください」と彼はいった。その声からは少し不安が感じられた。「私のオフィスにすぐ来てください。来てもらってからお話しします」。

第12章

署名するか、
やめてしまうか

　私は、運転手に対し、ソウル市内のチョンノ（鐘路）区にあるキム＆チャン法律事務所に向かうよう指示した。グランド・ハイアットから少し走ると、クァンファムン（光化門）広場を通りすぎた。その中心には、16世紀に日本の侵略軍を何度も打ち破った英雄、スンシン・イ（李舜臣）海軍提督の像がある。ソウルの中心はこの像のある場所だとされている。韓国人の意識のなかには外国人排除がしみ込んでおり、その結果、韓国は「隠者王国」と呼ばれてきた。その韓国が、経済危機の結果、外国投資家にかつてないほど市場を開放せざるをえなくなったのだ。韓国人が外国投資家に疑念や不信をもつことに不思議はなかった。

　ソウルの夕方のラッシュアワーで車の走行が遅くなったので、事務所に着くには、いつもよりずっと長い時間がかかった。ヒョンと彼の同僚が私を待っていた。彼は直ちに用件に入った。「私たちは、1点を除き、すべての問題を解決したと思います。それについて、貴方にお話しする必要があります」。
　私は、ほとんど聞こえないくらい低いうめき声を漏らした。用語法を巡るFSCとのやりとりはモグラ叩きのようなものだった。一つの問題について

合意するや否や、別の問題が頭を出してきた。

　ヒョンは、その日、彼の同僚と一緒に、イ委員長と2時間以上かけて交渉したといった。さまざまな問題と用語法に関する私たちの主張に関する説明メモに加え、彼らは、イと本件について議論するため韓国語の長文のメモを用意した。このなかで彼らは、FSCにとっての"残余の問題"について注意深く検討した。ヒョンはイに対し、私のメモに言及しながら、ニューブリッジは、それまでにした約束、論拠、論理を尊重するので、信頼に値すると指摘した。ついにイは、1点を除きすべての問題提起を放棄するといった。

　「もし仲裁手続における"非自発的倒産"に関連するニューブリッジの文言をもとに戻すことに合意するなら、TOIに署名する用意がある」とイはいった。

　"非自発的倒産"とは、借り手の申立てではなく、銀行等の債権者の申立てによる倒産のことである。たとえば、借り手の発行した小切手に対し、銀行が小切手の指図による現金化を拒み、信用供与をしないことによって、借り手を法的倒産に追い込むことがある。

　"非自発的倒産"という文言は、当事者間で散々議論した末、前日にFSCの要求で変更したばかりだったので、私は驚いた。いまや彼らは、私たちのもとの文言に戻したいのだろうか？

　私は、何の躊躇もなく、「それで結構ですよ」と答えた。

　ヒョン大使と彼の同僚は、お互いの顔をみて、ほっとしていた。

　私は、クリアリーでTOIを起草した弁護士であるリッチ・リンサーとリンダ・マトラックに電話し、文言の変更を求めた。驚いたことに、彼らはもとの文言への変更に反対した。

　彼らの説明によると、もとの文言は、私たちの想定していたようにすべての争訟に適用されるならば適切であった。しかし私たちは、FSCの要求に応じて、もとの枠組みを動かしてしまっていた。"非自発的倒産"についてだけもとの文言を用いるのであれば、他の事件や紛争と異なる取扱いをする

という意味になった。

　ああ、これは落とし穴だった。まるで、「火事による机の損傷をカバーする」という文言のある保険契約のようなものだった。この文言自体は問題ないが、その意味するところは、「オフィスの他の備品はカバーしない」ということなのだ。

　私は、FSCの新たな要求を正面から否定したくなかったので、弁護士に対し、問題ないと考えてよいように文言を工夫するよう頼んだ。いろいろとやりとりした後、もとに戻した文言の前に一文を加え、他の事件が除外されないことを確保した。先方に新たな文言を送ったときには、すでに真夜中になっていた。

　韓国政府側からはすぐに反応があった。追加された文があまりに散漫なので、文言変更にこだわらないことにするといってきた。彼らは、私たちの弁護士に対し、TOIの最終版を翌朝8時にFSCへ届けるよう求めてきた。

　翌9月17日の朝、チョンが私に電話してきて、FSCがすべての売却案件について、確立した仲裁手続に加え裁判所への持込みを可能とする文言を追加するよう主張しているといった。また、仲裁手続が終結するまでは、返金の可能性があるような支払に応じないという考えだった。私は、この問題について妥協に至るまで、弁護士を通じてイのチームと何度もやりとりすることになった。すでに午後3時だった。

　私は、チームのメンバーにこうした改訂作業を知らせなかった。実質的な変更ではないと思っていたし、まだFSCと交渉していると知られたくなかったからだ。私たちの総意は、もう交渉には応じないということであった。私はボンダーマンからのメモを受け取った。

　　シャン

　　リンダ・マトラックから、TOIの修正履歴付ドラフトを受け取りました。これ以上続けることは間違いなので、私は、もう別の原稿を読みません。イに対し、署名するか、やめてしまうかだと伝えてください。

　　デイビッド・ボンダーマン

その午後遅く、FSC には署名する用意があり、午後 8 時に署名式を予定しているとヒョン大使が告げてきた。そのとき私ははじめて、あまりに忙しかったので、昼食を注文したことをすっかり忘れ、テーブルに置きっぱなしにしていたことに気がついた。しかし、食べる時間はなかった。私は声明を準備せねばならなかった。ボンダーマンは、TOI については確認を拒絶したものの、プレスリリースについては喜んで目を覚まして編集を手伝ってくれた。

　私は、TOI の署名式があると予想していたので、1 日中背広を着ていた。午後 7 時にホテルを出て FSC に向かった。ほかにはチームの誰もソウルにおらず、私がニューブリッジの唯一の代表だった。7 時 45 分に着いて、15 階の会議室に行ったが、そこはノオ局長の執務室からあまり離れていなかった。このとき私は、急いでいたため署名用のペンをもってこなかったことに気づいた。BM パクが私より前に到着し、文書の最終確認を行っていた。彼が自分の赤ワイン色のモンブランを貸してくれた。

　私が到着してすぐ、ノオが BS カン等の FSC のチームを従えて、挨拶の言葉もなく入ってきた。彼らは、階級に従い、一列縦隊で並んだ。ノオは、いつものように、凍った魚のような青白く冷たい表情をしていた。彼抜きにTOI の交渉が行われたので、怒っていたに違いない。彼は私のほうをちらりともみなかった。彼は、この数カ月間交渉プロセスから完全に外されていたようなので、機嫌が悪いことは驚くに値しなかった。私は、7 月上旬以来、彼をみたことがなかった。TOI が署名されることを最後の瞬間まで知らなかったのだろうと推測した。

　ノオは、テーブルの反対側に座り、前に置かれた文書に直ちに署名した。これは異例のことであった。通例、こうした署名式では、両当事者がテーブルの同じ側に座るものだった。私は続いて、自分の前にある文書に署名するため、テーブルの自分の側に座った。私たちが自分の前の文書に署名をした後、パクが相手側に署名してもらうために文書を交換した。

　書類が擦れる音以外は、完全な静寂が部屋を支配した。署名終了後に拍手

も祝辞もなかった。署名ずみの文書の交換もなかった。私たちは、双方とも文書を机の上に置いただけだった。私の側の書類はパクが回収することになっていた。雰囲気は緊迫していたが、私は冷静さを保っていた。私は、真剣な表情をしていたかもしれないが、ついにここまでたどり着いたことを幸せに感じていた。取引は、実施までにまだ紆余曲折があるとしても、法的拘束力のあるタームシートにより、確定的になったのである。

契約としてみると、法的拘束力のあるタームシートは最終合意ではない。しかし、当事者が最終の確定的合意にたどり着けなかった場合には、TOIに基づいて取引を実施する法的義務を負うことになる。したがって、ここからは、確定的文書の完成は時間の問題となるはずだった。取引が確実なものになったのだ。

TOIの主要な条項に関する合意が成立した。韓国政府は、不良資産の切出しに伴って生ずる穴を利付きの政府債務証書で埋めることにより、KFBの資産負債の額を等しくする。その後、ニューブリッジと韓国政府は各々、51％と49％に当たる普通株での出資を行う。ニューブリッジの出資額は5,000億ウォンである。韓国政府は普通株の5％に当たるワラントを受け取る。ニューブリッジはKFBが留保する資産を選択する。KFBの承継する貸出ポートフォリオについては、すでに積まれた3.5％の引当金をKFBが留保することで、実質的に当初簿価の96.5％で評価される。承継された貸出については、その後2〜3年の間、貸出の種類に応じ韓国政府による保護を受ける。すなわち、KFBの経営者が貸出の追加的損失に対する引当額を定期的に決め、韓国政府が政府債務証書によりその引当額を支払う。引当額を巡る争いを解決する枠組みを設ける。ニューブリッジは新KFBの100％の議決権を保有する。

韓国政府からみると、TOIの内容はMOUよりかなり改善されていた。特に、承継する貸出の96.5％という値引きの水準は、MOUで考えられていた市場価格評価で想定される水準よりも明らかに低かった。しかし、ニューブリッジからみると、レガシーの資産について政府保証による完全な保護を

受け、リスクにさらされることのないクリーンな銀行を買収することになった。

　私は立ち上がり、ノオ氏と握手するために手を伸ばした。彼は、私をみることなく手をとって軽く握手し、すぐに手を放した。その後彼は向きを変え、何もいわずに部屋を離れた。おやおや、彼は怒っていた。

　KFBからFSCに出向してチームのメンバーとなっていたチョン（淳）氏は、私と握手して沈黙を破った。彼は私の目をみて、「おめでとうございます」といったのだ。彼は、FSCチームのなかで微笑を浮かべた唯一の人物だった。他の人たちも友好的だとわかっていたが、彼らは、ノオ氏のいるところでそれを示すことはなかった。私は彼らを責めなかった。もし彼らが私と友好的に接しすぎたようにみえれば、ノオとの間でトラブルを招くだけだった。

　記者の一群が控室で待っていた。9カ月前、イ委員長と私がMOUに署名したときは、共同記者会見を行った。ノオは私と一緒にいるところをみられたくないようで、単独の記者会見を行った。私は通訳をしてくれるパクと一緒に、自分の番になるまで約半時間待った。私は約45分間話をし、その後、質問を受けた。私のメッセージは単純で、この段階に至ることができとても嬉しく感じていること、この取引は、韓国政府、銀行、ニューブリッジというすべての当事者にとって有利だということであった。今後、確定的文書を完成させる仕事があるものの、いまや韓国政府とニューブリッジは、TOIの条項と条件に従って取引を完遂する法的な約束をしたのだと私はいった。

　記者たちは、私たちがこの段階に至ったことに驚いているような感じだった。彼らはノオから、私たちがいくらKFBに投資するかをはじめとして、TOIの基本的な内容を聞いていた。しかし、私に対しても数多くの質問が残されていた。

　ある記者が、「ニューブリッジはどれだけの議決権をもつのですか」と尋ねた。

　「ニューブリッジは、韓国政府の持分割合にかかわらず、銀行を完全に支

配する権利をもちます。ニューブリッジは100％の議決権をもちます。これは韓国政府の望みでもあります。私たちが世界水準の経営を持ち込むので、完全な経営権がないと非生産的だという考え方によるものです」と私は答えた。

別の記者は、より込み入った質問をした。「政府は、譲渡の日までにKFBのすべての不稼働貸出を取得したうえ、その後2年間にわたり、不稼働となった貸出を売却する権利をKFBに与えます。金融機関への貸出については、返還期限が3年とされています。この違いはなぜですか？」。

私は、銀行を最初からクリーンにすることが重要だと説明した。私たちはかつての誤りを引き継ぎたくなかった。

また他の記者は、「悪い貸出が売却権の対象となるとすると、貸出がよいか悪いかを誰が決めるのですか」と尋ねた。

「ニューブリッジの選任するKFBの経営者がすべての貸出の分類を行います。経営者は、不稼働貸出への引当を行い、韓国政府が引当の財源を拠出します。韓国政府は、貸出の価値や引当に関するKFBの決定に同意しないのなら、貸出を額面で買い、よりよい価格で第三者に売却することができます。とても公正な仕組みです」と私は説明した。

もう1点、重要な質問があった。「KFBの経営権取得後、当面の目標は何ですか？」。

「できる限り早く、再び、収益を生む銀行にすることです。これは、ほぼ確実に2年間で実行できると思いますが、もっと早く達成することを希望しています」。

ホテルに戻る途中、ダニエル・プーンに電話をした。彼はこの遅い時刻でもまだ香港の事務所にいた。「ダニエル、ついにTOIに署名しましたよ！」。

電話機の向こうでは、少しの間、沈黙が続いた。それから彼は、信じられないといったようすで、「本当ですか？　冗談じゃないですよね」と聞いてきた。

TOIに署名した翌日の1999年9月18日、私は飛行機で香港に戻った。午

後に着陸したときには、ブルームバーグやサウス・チャイナ・モーニングポスト等のメディアが本件の記事を載せていた。私は、取引を確実なものにしたうえで帰宅することができ、本当に幸せだった。その週末は、ずっと子供たちと過ごした。これまで帰宅したときには、仕事や電話に多くの時間を使ったので、彼らとほとんど会っていない気がしていた。子供たちに会えなくて寂しかった。7歳になる娘のリーアンは、私の電話の話を聞いているうちに、"貸出"、"合意"、"特異性"、"外国人嫌い"等の専門用語を覚えてしまったといった。私はこの日、彼女の傍で横になって寝物語を読み聞かせていたところ、先に寝入ってしまった。この数カ月で最高の睡眠だった。

* * *

1999年9月17日に署名されたTOIは、署名ページを除くと22ページしかなかった。しかし、これは1998年12月31日のMOUの10ページの2倍以上である。法的拘束力のあるTOIがMOUに置き換わり、MOUに盛り込まれていなかった条項が導入された。MOUが概念レベルの合意であるのに対し、TOIは業務の詳細を含むものだった。ここで未定となっているさらなる詳細については、これから確定する最終文書によりカバーされる必要があった。

* * *

月曜日、私はチームのメンバーと一緒にソウルに戻った。TOIが署名されても、取引の完了までになお長い道のりがあった。たとえば、私たちは、KFBの資産のうち承継したくないものを韓国政府に通知しなければならなかった。準備段階のデューデリジェンスに基づいた考えをすでにもっていたが、取引がまとまるとわかるまでは、深掘りに資源を費やしたくなかった。また、当初の結論を確認する前にするべき多くの仕事があった。さらに、私たちは、最終契約となる確定的文書について交渉し、完成させなければならなかった。この文書は、TOIの内容とともに、その実行のための業務の詳

細を規定することになるものだった。

　私は、9月19日に"次のステップ"という題のメモを配布した。そこには直ちに着手すべき事項のリストがあげられていた。

- *承継すべきでない KFB の海外支店・現法のリストの準備*
  （クリアリー、ベイン、キム＆チャン、ニューブリッジが作成）
  — TOI では 1 カ月以内に行うこととされている。
- *承継すべきでない設備のリストの準備*
  （ベイン、キム＆チャン、ニューブリッジが作成）
  — 1 カ月以内
- *確定文書の改訂と送付*
  （クリアリー）
- *KFB における移行チームの組成：(KFB の) SH イとウォンキュ・チェが FSC と議論する。*
  — このチームは、とりわけ、譲渡時の貸出の分類が正しく行われるようにすること、譲渡時の残高の大幅な減少を避けつつ当座貸越の適切な活用を図ること、責任ある貸出と与信管理の方針を確立することを要する。
- *職員採用管理チーム*
- *FSC との日程表の整備*
- *財務情報の更新（E&Y とリーマン）*
- *投下資本の資金源*
- *広報関連事項*

　私は、ヒョン大使に対しても、"次のステップ"という題で同様のレターを送り、次の取引の段階でとる措置や日程について連携できるようにした。私としては、取引の完了に向けて、韓国政府側の誰と仕事をすればよいかについて強い懸念があった。「ご存じのように、誰がこのプロセスを主導するかについて、私には懸念をもつ理由があります」と私は書いた。

　ノオが署名式でみせた敵意や彼との仕事の困難さを考え、拘束力のある

タームシートが署名されてからも、過去の経験を繰り返すことになるのではないかとおそれたのだ。また、ホワイト＆ケースの弁護士が私たちに難問を持ち出し続けるのではないかということも少し心配だった。

　この懸念に対しては、すぐに回答が出た。月曜日にキム＆チャン法律事務所の弁護士と朝食をともにしたとき、韓国政府側の別のチームが取引を担当することになったと聞き、嬉しく思った。FSC は、取引の残りのプロセスを別の政府機関である KDIC（韓国預金保険公社）に引き継ぐということだった。このチームは、通常の上司である財政経済部長官に加えて、イ委員長にも報告することになる。ヒョン大使によると、韓国政府側で、ノオでは取引をやっていけないと判断したのだそうだ。KDIC のチームのヘッドは、ハンビット銀行のうまくいかなかった増資に関するリーマン・ブラザーズのロードショーに参加しており、リーマンの友人によれば、とても穏当な人物だということであった。

　この間、私たちは、取引の声明がどう受け止められたかについて、韓国の報道を注意深く観察していた。現地の反応はさまざまであり、私は、ブルームとボンダーマンに次のようなメモを書き送った。

　　　　取引は歓迎されていますが、FSC は「安売りしすぎた」という批判も受けています。イは、この取引の弁護にまわっています。国際的な反応は予想どおりすべて肯定的で、株式市場も同様です。声明後の初日の取引である昨日には、韓国外換銀行が12％上昇しましたし、銀行株全般が3％上昇しました。KFB の取引は国民的話題となっており、私たちは、取引に対する世間の評価を引き上げるよう政府を引き続きサポートすべき立場にあります。

　KDIC と仕事をするようになったことは歓迎すべき変化だった。KDIC はアメリカの FDIC（連邦預金保険公社）をモデルとしていた。FDIC は、大恐慌に際しアメリカの銀行システムに対する信頼を回復するため、1933年銀行法により創設された機関である。KDIC は、FDIC と同様、銀行が破綻したときでも、一定の限度で小口預金者に預金を弁済できるよう付保していた。

KDICは、小口預金者を救済することで銀行の実質上の新所有者となった。KDICは韓国政府の100%出資先であり、政府機関であるとみられていた。KDICの理事長は財政経済部長官の指揮下にあった。

　KDICは、預金者保護と金融システム安定を目的として、1996年に設立された。業務開始は1997年1月であり、最初に保険料を徴収したのは同年の4月30日であった。その夏にはアジア金融危機が生じ、多くの銀行が破綻した。そのなかには、当然ながらKFBが含まれていた。KDICの財政からすれば、これ以上に不運なタイミングでの誕生はなかった。KDICは、預金保険として意味のある保険料を徴収する前に保険金を支払うことになったので、その保険金はすべて納税者負担となった。100年に一度の大嵐が来る前日に、新しい保険会社が将来の台風による全国的被害に対する付保業務を開始したようなものであった。

＊　　　＊　　　＊

　私が気候の変化に初めて気づいたのは、TOIの署名がすんだ後だった。夏の暑気は立ち去り、秋の冷たい風にとってかわられていた。樹々が紅葉し、山でのランニングに最適の季節となった。コーナーを曲がるたびに、緑、黄、赤の素晴らしい景色をみることができた。

　1999年9月29日、KDICのオフィスで全員参加のミーティングが開かれた。そこには、KDIC、FSC、KAMCO、KFBの代表者と両当事者のアドバイザー等の40人が参加した。KAMCO（韓国資産管理公社）は、韓国政府所有の"バッドバンク"であり、不良貸出と不良資産を購入するために設立された。ミーティングにおいては、私たちの目標時点である11月末の譲渡実行に向け、仕事の日程と内容を議論した。

　当事者の双方は、作業日程に合意し、可能な限り早く譲渡を完了するために注力することを約束した。私たちは、KFBのニューヨーク支店の処理についてまず議論した。アメリカの銀行持株会社法では、銀行持株会社によるノンバンク事業が認められないこととされている。ニューブリッジは、アメ

リカに支店をもつKFBの所有者になれば、アメリカ法による銀行持株会社とみなされることになる。しかし法律は、プライベート・エクイティ企業が銀行持株会社になることを禁止していた。この理由から、私たちは、譲渡までに、アメリカにおけるKFBの支店を閉鎖するか、処分するかしなければならなかった。KFBのニューヨーク支店は、大した事業規模がないので、閉鎖しても銀行の財務にあまり影響がなく、もし必要ならば、法律上認められる形態である金融子会社とすることもできた。銀行支店と金融子会社の違いは、前者が小口預金を受け入れる免許をもつのに対し、後者がそれをもたないことにある。しかし、私たちのアメリカ顧問の見通しでは、支店を処分すると取引の完了の遅れにつながるおそれが大きかった。

　私たちは、ノオのFSCチームとの何カ月もの厳しい交渉や熱い議論の後で、KDICのチームが友好的かつ協力的であることを嬉しく感じた。もっともこのチームは、当初、自分の役割をはっきりわかっていなかった。このミーティングにおけるFSCからの唯一の代表者だったBSカンは、私たちに挨拶し、私たちと旧友のようにおしゃべりをした。ホワイト＆ケースのエリック・ユンもいた。取引の途中では、テーブル越しに彼の首を絞めてやりたいと思うことが何度もあった。彼は不当にみえる振る舞いをしてきたし、顧客を無理に交渉のテーブルから離脱させようとするかのようなときもあった。しかし、拘束力のあるTOIが前提となったいまでは、別の人物のようだった。彼はミーティングの後でわざわざ私のところにやってきて、「シャン、私は取引をまとめろという基本指令を受けました」といった。私たちは、彼が顧客を守ろうとしたことをわかっているので、防衛的すぎて邪魔になったことはあったものの、付合いを渋る考えをもたなかった。

　私は、TOIの署名後、KFBの移行計画についてイ委員長と議論しようとしたが、10日経っても、彼とのミーティングをもつことができなかった。全員参加ミーティングの後、カンは、イを待つのではなく、KDICの理事であるドンジュン・ペン（彭東俊）と議論するように促した。私は、厳しい交渉相手だった人物がいまや旧友に転じていることを嬉しく感じた。韓国政府側

の誰もが取引を実行することを目標としているようだった。拘束力ある文書があるとかくも違うものか！

＊　　　＊　　　＊

　双方の当事者が交渉している間、KFBの出血が続いていた。TOIの署名は、少しも早くなかった。この銀行は、18カ月の間に、なんと4兆2,300億ウォン、35億ドルの損失を出していた。全体としてみると、総資産は3,000億ドル未満に減少し、10億ドルの資本増強が必要になっていた。資本増強は不可欠であった。それなしでは、銀行の機能が麻痺し、すぐに事業価値を失ってしまうだろう。不良貸出をすみやかに切り離し、新たな資本を注入する必要があった。私たちに銀行の経営を委ねたくないとする者は、大事な論点を見過ごしていた。抜本的行動をとらないと銀行がなくなってしまうだけなのだ。

　国会の会期が始まり、KFBの売却が主要な論点となった。このため、イ委員長は忙しくなり、私と会う時間がなくなった。彼は国会に呼ばれ、ニューブリッジとの取引に関する質問に答弁した。現地の報道では、KFBを安売りしすぎたのではないかという議論がジャーナリストの焦点となる状況が続いていた。

　これまでの数カ月の経験から、この取引に対する批判が韓国の報道にずっと付きまとうことはわかっていた。私たちと韓国政府は、これに打ち勝たねばならなかった。私たちは、助けになるPR会社を少しでも早く探し出すためにインタビューを続けたし、韓国政府は、この取引が韓国の経済と納税者にいかに有益かという説明に注力した。韓国の財政経済部長官ボンキュン・カンは、コリア・タイムズのインタビューで、KFBの取引を擁護し、韓国政府の投下した資金額とニューブリッジによる資本注入額の違いに関する誤解を解こうとしていた。韓国政府が銀行に投入した何兆ウォンもの資金は預金者への払戻しに用いられたのに対し、ニューブリッジ（と韓国政府）が投資する新たな資金は銀行の資本増強のためのものだった。カンは、ニューブ

リッジが銀行を立て直した後、韓国政府が値上り益の49%を受け取ることにも人々の注意を向けようとした。

　それにもかかわらず、韓国の報道は、政府がKFBに投入する金額と私たちが投資する金額を容赦なく比較し続けた。しかし、この比較は誤りだった。たしかに、韓国政府の投入した金額は私たちの投入額よりもずっと多かったが、批判者は、ニューブリッジの登場前に銀行が莫大な額を失っていたことを見過ごしていた。預金者は、韓国政府が保証していると思ってKFBにお金を預けたのだ。公的資金は、預金者への払戻しに用いられたのであり、ニューブリッジの利益のために用いられたのではなかった。私たちの投資は、１億ドルの保険のかけられたダイアモンドを消失した倉庫会社を100万ドルで買収したようなものであった。倉庫会社の価値は、保険会社の払う保険金の額と関係がない。しかし、韓国の評論家や世論はこの違いを理解せず、韓国政府がどれだけの額の財政資金を銀行救済のために投入し、外国投資家がどれだけの額を銀行自体に投資したかの違いに焦点を当て続けた。彼らは、ニューブリッジが健全な銀行運営を導入して、預金者が将来同様な損失を被らないようにしようとしていることを無視していた。

　KFB取引に対する世論の思い込みは理解できた。結局のところ、韓国政府は財政資金を使って救済したのであり、世論は、間違いや浪費でないかを確かめる権利をもっていた。私たちは、この懸念を共有し、追加的な浪費を防ぐ最善の方法は、強力なクレジット・カルチャーを含む世界水準の銀行実務を導入して、韓国の瀕死の銀行システムを再構築し改革することだと考えていた。KFB取引の意義は、銀行の売却と外資導入をはるかに超えるものだった。

　TOIへの署名後の数週間、私たちは広報活動に多くの時間を費やした。私は、韓国と西洋の数多くのジャーナリストに会って、メッセージを広めようとした。10月初めには、青瓦台の求めに応じ、取引の説明とメディアからの質問への回答のための記者会見を催した。部屋いっぱいの記者に向かい、取引の日程、新経営陣、レイオフの要否等のいくつかの主要関心事について

話をした。

「文書の仕上げにあたり、韓国の規制当局と緊密に連携しております。このプロセスは、多少長引くかもしれませんが、11月最終週には完了すると見込んでいます」と私はいった。経営陣については、外国と韓国の銀行業界から最善の人材を集めたチームをつくると説明した。KFBの頭取としては、西洋人で「韓国のビジネスと文化を完璧に理解している」人を念頭に置いていると述べたものの、交渉が完了するまでは名前を出せないと答えた。

レイオフに関する記者の質問に対しては、私としては大規模な職員数削減の可能性に消極的であるものの、決定はKFBの新経営陣の判断によるといった。私は、「銀行の規模はおおむね妥当だと思います」と述べた。

最後に私は、ニューブリッジがKFBを国内銀行業界で最良のプレイヤーとして復活させることを目標としていると繰り返したうえで、韓国政府が銀行を安く売りすぎたという批判に反論し、「韓国は有利な取引をしました」といった。

私の記者説明への報道の反応はどれも肯定的で、大使によれば、青瓦台も歓迎していたとのことであった。韓国の報道陣のうち少なくとも何人かは、この取引が公正であり韓国に有利だという私の説明を受け入れたようだった。この間、イ委員長とKFB頭取のシヨル・リュも、取引を力強く弁護してくれた。政府の後援を得るとかくも違うものか！

しかしボンダーマンは、より警戒的であり、10月8日、次のようなメモを送ってきた。

> シャン
>
> 新聞記事をみて、韓国の報道陣に対する能動的なキャンペーンの必要性を認識しました。しかし、特定の日付までに取引を完了するということについては、私たちだけで決められるわけではないので、非常にリスキーな発言だと思います。新頭取について推測を話すことは、人選の糸口がないなかで、よりリスキーです。こうした点については、もっと慎重である必要があると思います。

私は、この懸念を理解したが、この状況下で広報の目的を達成するためには、記者の質問に素っ気なく「ノーコメント」と答えることはできなかった。記者会見の目的は記者の照会にできる限り答えることにあるので、私としては、決まっていないことを具体的に語らないようにしながらも、自分の知る限りの回答をするよう心がけた。

　交渉当事者双方が取引終了の目標を11月末としているのはたしかだったが、KFBのアメリカ支店の処理等の技術的要因から遅れがありうることも警告しておいた。頭取候補が念頭にあることは事実だったが、GEキャピタルの上級役員のみならず、他の候補者をも広範囲に探していた。新頭取を韓国外から連れて来なくてはならないことも私は確信していた。もしこの2点の質問への回答を避けていたら、限りない憶測を呼び、私たちがまったく無計画とみえるか、計画を隠しすぎているという批判を受けるかのリスクがあったろう。

＊　　　＊　　　＊

　拘束力のあるTOIへの署名の公表により、KFB職員のモラルは著しく向上した。彼らは新たな明るい未来への希望をもったのだ。銀行の会長兼頭取のリュは、1999年9月20日、全職員を鼓舞し、やる気にさせるためのメッセージを送った。彼らが困難な時期に銀行の事業再建のために激務をこなしてきたことに感謝した後、銀行の将来に関する楽観的な見通しを告げ、新資本が注入され、能力の高い新経営陣が着任して、KFBにとってよりよい日がくることをあらためて請け合った。

　私はリュを、本当に好きになっており、尊敬していた。極度に困難な環境のもとで、銀行と役職員を安定させるために最善を尽くし、経営体力回復のために厳しい措置を講じた。銀行は歴史的な不良貸出から生ずる莫大な損失に苦しめられ続けていたが、彼はできる限りのことをしており、私たちのメンバーは皆、彼と会ってよい印象をもった。自力で銀行を立ち直らせる見込みがなかったなかで、他の人間なら手をこまねいて政府による救済を待った

だろう。

　銀行内、政府、市場では、誰もが彼の交替を予想していたが、私は、彼を会長として残すべきだと思った。同僚にこの考えを伝えると、皆が同意した。

　10月5日、私はリュと面談し、ニューブリッジとしては彼が会長として残ることを望むといった。彼は、嬉しそうだったが、驚いていた。彼は、世論がKFBに新顔を期待しているといった。これに対し私たちは、もちろん、銀行の運営に最終的な責任をもつ新たな頭取を任命するが、リュには、銀行内外との関係管理を補助するために残ってもらうことを望んでいると説明した。リュは、申出を受けることについてよく考えるための時間が必要だと答えた。

　私たちは、引き継ぎに関するその他の事項についても議論した。私は、ニューブリッジが臨時頭取をヘッドとする引き継ぎチームを銀行に送ること、このチームにはニューブリッジの選ぶメンバーに加え、FSCとKDICの代表も参加することを知らせた。リュに対しては、銀行の側でも引き継ぎに関する特別タスクフォースを設置し、特別タスクフォースが引き継ぎチームと会長に報告をするよう求めた。

　私は、特別タスクフォースの担当者としてウォンキュ・チェを勧めた。1年前、MOUの署名に向けたキャンペーンを行った際、私は、チェの知性と誠実さに感銘を受けた。彼は、流暢に英語を話し、取引にとても協力的だった。彼が引き継ぎチームと銀行職員の間のよいパイプ役になると私は思った。しかし彼は、この夏の熱い交渉の間、銀行で評価されなくなっていた。私は、その理由について、彼が取引に協力的だったからではないかと推測していた。チェは、かつてKFB民営化チームのリーダーだったのに、降格され、七人の支店の支店長として苦労していた。私としては、彼の能力を活用するため、もう一度企業全体レベルのポジションにつけたいと思った。

　幸いなことに、リュはチェをタスクフォースの担当とすることに反対しなかった。まったく逆に彼は、副頭取に対し、チェに特別タスクフォースを組

成させるよう直ちに指示した。またリュは、他の上級役員について、率直かつ簡潔に彼の見方を述べた。私は彼に対し、経営陣を組成する責務を負う新頭取に、彼の考えを喜んで伝えたいといった。

　その日、私は同僚のスティーブ・イムと一緒に、KDIC 理事のドンジュン・ペンと KFB 取引を担当するグループの責任者に会いに行った。1 時間ほど議論した後、引き継ぎチームの役割について当面の合意を交わした。ニューブリッジは引き継ぎチームのリーダーと信用リスク管理の責任者を含む二～三人のメンバーを任命する。KDIC も二～三人のメンバーを任命し、FSC はオブザーバーを送る。私たちは、このチームが融資や与信管理を中心とする銀行の業務について、一定の権能をもつことを予想していた。大抵の場合、ネガティブチェックや監視が主な役割となるだろう。たとえば、譲渡前に行った貸出について政府保証の対象となるかどうか議論を招くことのないよう、特定の貸出を認めないという決定をすることが考えられた。主要な決定は、少なくとも名目上は合同チームによって行われる。これは、ニューブリッジの責任を最小化するとともに、ニューヨーク支店の処理前に KFB の経営権を取得したとみなされることに伴う複雑な法的問題を回避するためのものであった。

＊　　＊　　＊

　MOU の時点では、取引に関する文書の原稿を私たちが作成することで合意していた。こうした文書としては、主に 3 種類のものがあった。第一は支援に関する合意文書で、取引の一環として、韓国政府の KFB に提供する支援の詳細を規定する。このなかでは、不良資産を韓国政府に売却する権利と、政府債務証書で支払われる対価がとりわけ重要であった。第二は取得に関する合意文書で、ニューブリッジが KFB に投資し主要な経営権者となる際の条項と条件を規定する。第三は株主間の合意文書で、KDIC、FSC、MOFE といった KFB の株主となる政府機関とニューブリッジの関係について規定する。

これらの合意文書は、TOIに基づいて作成されることになっていた。TOIは数十ページにすぎないが、確定的文書は何百ページもの長さになると考えられた。クリアリー・ゴットリーブの弁護士がキム＆チャン法律事務所の助力を得て原稿を書き、ニューブリッジのチームが審査してKDICに送るまで丸１カ月かかった。私を含むニューブリッジのチームは、すべての条項が正確に反映されているかどうかを確かめるため、すべてのページの一言一句をチェックした。私たちがこの文書をKDICチームに送った後は、彼らも私たちと同じことをすると予想された。

　私は、引き継ぎ作業のリーダーの人選がうまくいっていることにとても満足していた。ボブ・バーナムと私は、GEキャピタル・ファイナンスの社長であるスティーブ・ハシュタンに会い、引き継ぎ作業のリーダーになってほしいと依頼した。彼自身は確定的な回答をしなかったが、彼もGEキャピタル・アジアも、この枠組みに対し、とても協力的だった。その間、バーナムはKFBチームのさまざまなメンバーやアドバイザーと会い、長時間をかけて仕事の打合せを行った。リュ会長も、新頭取の公表まで秘密にすることを求めてきたものの、KFB会長として残るという申出を受け入れた。KFBを立て直し国際的に重んじられる機関にしようという努力で皆が結束しているように思えた。

　不幸なことに、ある法的問題が生じ、事態が複雑になった。チームに引き継ぎの近況報告をした１週間後、私は、再び引き継ぎチームのリーダーを選ぶ必要がないかもしれないという報告をせざるをえなくなった。ニューブリッジが引き継ぎチームのリーダーを選ぶと、アメリカの規制当局から、KFBの監督者の立場から直接の経営者の立場に移ったとみなされるおそれがあるというのだ。私たちの弁護士は、信用リスク管理の責任者を加えることさえ、ニューブリッジが銀行を経営している法的証拠とされるかもしれないと心配した。「私たちは、譲渡完了まで何もできないかもしれません」と私は報告した。しかし、だからといって私は、前に向かって考えを巡らすことをやめなかった。確定的文書が署名されるまで恒久的な頭取を置けない場

合には、ハシュタンが立派な臨時頭取になるだろうと思った。

　さらに悪いニュースが続いた。リュが会長として残らないと知らせてきたのだ。彼は、韓国銀行連合会の会長に選任された。これは常勤の仕事だったので、他の地位を兼任することが禁じられることになった。彼は申し訳ないといった。私たちは、ヘッドハンターに対し、会長も探していると伝えることになった。

＊　　　＊　　　＊

　すべての仕事のうち、最も重要なものは確定的合意の文書化であった。これは膨大な事務作業であり、KDIC とニューブリッジの代表の間の交渉だけではなく、双方の弁護士の間の交渉も必要であった。TOI が最終合意の基礎となるとしても、文書化のプロセスは、本の粗筋を現実の本に仕上げるようなものであった。プライドの高い二人の共著者が一言一句について合意していく困難なプロセスを想像していただきたい。さらに、それぞれの著者が自らの編集チームや助手に相談して合意を得なくてはならないと想像していただきたい。私たちの議論は、それによく似たものだった。

　この取引は、普通の契約よりも複雑だった。通常の二当事者間の売買契約だけではなく、政府による複雑な支援プログラムを含んでいたからだ。支援プログラムでは、さまざまな形態の資産を異なる扱いとし、起こりうるあらゆる事態を予測しなくてはならなかった。

　こうした仕事を遂行するため、双方が弁護士やアドバイザーの大規模なチームによる助力を受けていた。そのなかには、ニューブリッジ側では、クリアリー・ゴットリーブとキム＆チャン法律事務所、韓国政府側では、ホワイト＆ケースと、韓国ではキム＆チャンと並んで有名なイ＆コーという、合計で四つの法律事務所が含まれていた。

　私たちは、文書の原稿送付 3 週間後、KDIC の変更要求を受け取った。韓国政府の要求はおそれていたほど悪くはなかったが、多くの問題があった。数日後、ポール・チェンと私は、キム＆チャン法律事務所に行き、その弁護

士やクリアリー・ゴットリーブのリッチ・リンサーと会った。KDIC の変更
要求について 5 時間の議論をした後、彼らの要求は「おおむね対応可能」だ
という印象をもった。

　5 日後の11月14日、リンサーから送られたメモを読んで、私は、異なる考
え方をするようになった。彼は四法律事務所のミーティングであげられた問
題について、それぞれに関する両者の主張を書いたメモを添付し、リストを
送ってきていた。メモは28ページの長さに及び、交渉の先行きの暗さを象徴
していた。リンサーのメッセージからも、私たちがまた困難な交渉のプロセ
スに戻らなければならないということがうかがわれた。

　　　全般的に議論の調子は礼儀正しく建設的だと思いますが、些細なこと
　　についても、先方の弁護士が KDIC に事前連絡をとって確認しなけれ
　　ば譲歩できないということは明らかです。また、ビジネス上の基本的問
　　題のみならず、KDIC が TOI を非常に厳格に検討しようとしているこ
　　とに伴う問題があることも明らかです。このため、私たちが TOI の考
　　え方に沿って未規定の部分を補う規定を設けようとしても、直ちに受け
　　入れてもらえる余地がありません。したがって、来週（そして間違いな
　　くそれ以降も）、会議がとても長くかかり、進展が予想よりも遅いだろう
　　と思います。

またしても、先には長くて困難な道のりが待っているようだった。

＊　　　＊　　　＊

11月12日の金曜日、まったく予想していなかったことだが、コリア・タイ
ムズの記事に注意するよう警告する緊急のメッセージを受け取った。この記
事は、私たちのコンサルタントであるベイン＆カンパニーが書いたレポート
のコピーを入手したと書いていた。これは、KFB の職員1,000人をレイオフ
するよう勧告するものだった。このレポートは真正なものだったが、私たち
は、かねてこの勧告に応じないことに決めていた。だから、10月 5 日の記者
会見で KFB の規模が「おおむね適正」だと私はいったのだ。もしこれが

ニューブリッジの秘密の計画だと誤報されたら、私たちの信用やKFB職員のモラルにかかわる問題になるだろう。

　私たちは、修復不能な損傷をもたらす前に、記事が出回るのを抑える必要があった。コリア・タイムズの記事は、すでに送信され明日の新聞に載ることになっていた。私は、これが印刷されたらどうなるかと思い、パニックを予感した。

　私は、この記事を書いたコリア・タイムズの記者ヒョンミン・キムとよい関係にあったので、彼に電話した。ベインのレポートが古く、私たちがレイオフの勧告を拒絶していることを説明し、この記事は誤解を招くので、撤回するよう求めた。新聞の印刷原稿がすでにセットされていたので、記事を削除して別の記事に替えることは大変だった。しかし長い間話した結果、私は彼を説得することができた。

　私はほっとした。広報上の大災害は回避できた。

　しかし、コリア・タイムズの記事がセットされたことに対し、KFBの労働組合が直ちに反応した。新聞の次の版では撤回されたのに、KFBの労働組合は、ニューブリッジ・キャピタルの“計画している行動”について声明を出した。これは不運なことであり、制御不能な状態になる前に対応する必要があった。

　私は11月18日、KFB労働組合の委員長チャンリム・イ（李長林）と副委員長KSチェ（崔貴星）をウェスティン・チョソン（朝鮮）ホテルの韓国料理店での昼食に招待した。同僚のスティーブ・イムが通訳と記録のために同行した。イと私は、数カ月前に会ったことがあったが、その時点では、TOIを巡りニューブリッジとFSCが交渉中であった。私たちのインタビューの模様は組合の機関誌に掲載された。私は、労働組合の委員長について、組合員に対し強い責任感をもつ適切な人物だと思った。しかし、話しているうちに、私の目的は何か行動する前に知らせてくるよう約束してもらうことなのに対し、彼の目的は職員を誰もレイオフしないよう私に約束させることであることが明らかになった。私たちの話合いは綱引きのようだったが、何とか

共通の立場に立つことができた。

「率直にいうと、組合の最近の声明は、事実ではなくコリア・タイムズの誤報に基づいている点で、少し無責任です」と私はイにいった。「コリア・タイムズは、誤報を認めて最終版では訂正しました。私たちは、前に会ったことがあります。もし行動を起こす前に話してくれたら、私は事実に基づいて貴方の疑問に答えられたのです」。

イの回答は、私の方針表明については、知っていたし報道を通じて見聞きしたが、コリア・タイムズの記事について、まったく根拠がないものではなかろうと推測したというものだった。つまるところ、私たちのアドバイザーのレポートに基づく記事なのだ。

「私たちの声明は、事実が何か、何が現実に起こるかについて、貴方に明確な説明を求めるものでした。今日明確に説明してもらえて幸運でした」と彼はいった。

私は、「声明を出す前に会えなかったことは不運でした。ニューブリッジは労働組合を対等なパートナーだと考えています。貴方は、まず私たちに確認すべきでした」といった。「今後について、ニューブリッジと労働組合には、二つの選択肢があります。第一は、お互いに無視しあって、私たちが職員と直接に意思疎通することです。第二は、お互いに信頼しあい、パートナーとして協力することです」「私は、パートナーとして仕事ができることを望んでいます。敵対的なアプローチをとっても役に立ちません」と主張した。

イは、「組合は外国企業と付き合ったことがありません。経営陣との過去の経験では、多くの場合に裏切られてきました」と異議を唱えた。組合委員長は、「請合いの言葉ではなく、保証が必要です。ニューブリッジには、言葉だけではなく、自分たちが実際に信用できることを示す責任があると思います」といった。

「相互信頼の必要性に関する貴方たちの声明は公正だと思います」と私は回答した。しかし、信頼構築には時間がかかる。私としては、少なくとも今

後は、彼らに協力すると約束してもらう必要があった。「さらに議論する前に、双方が今後どのような関係になるかについて合意する必要があります」と私はいった。

イは、この発言を歓迎したが、なお保証を求めて圧力をかけてきた。「対話は解決に向けた努力の一部にすぎません。たとえば、仮に北朝鮮が攻撃しないと約束しても、韓国としては、敵が約束を破った場合に備えて防衛力を確保します」と彼はいった。

「北朝鮮と私たちを比べないでください。私たちはお互いに敵だとは考えていません」と私はいった。

「資本家と労働者の間には、いつも相容れない境界があります。結局、この事態はすべてベインのレポートによるものです。もしレポートが真実でないなら、組合としてはその保証が必要です」と彼は指摘した。

「行動を起こす前に私たちと話し合うと約束できますか」と私は尋ねた。

委員長はイエスといい、約束した。

それから私は、中国のゴビ砂漠における煉瓦工場労働者としての自分の経験を話した（詳細については、2019年にワイリーから出版された"Out of the Gobi: My Story of China and America"という私の著書を参照されたい）。私は、生産性を向上し過酷な労働を和らげるための資本を切望していた。私は、労働者として資本家とともに喜んで働いただろうと彼にいった。しかし、私はそれほど幸運ではなかった。「資本家と労働者が協力してはじめて、お互いの価値を最大化することができるのです」と私はいった。

皮肉なことに私は、かつて過酷な労働を強いられる労働者だったのに、いまは資本家の代表として労働組合のリーダーと交渉しているのだった。私は労働組合に強く共感しており、彼らと協力し合うことはとても易しいと思っていた。「私たちの投資する資金の多くは、世界の企業や政府の職員の年金基金のために運用しているものです。労働者と資本家の関係は、ゼロサムゲームではありません。一緒に強い絆を築けないならば、資本家は資本を失い、労働者は職を失うでしょう。しかし、強い絆を築ければ、成果を共有で

きるでしょう。組織を守るために組合のリーダーと職員が犠牲を払ってきた
ことはわかっています。パートナーとして働けると信じています」と私はイ
にいった。

　私はKDICとのミーティングのために急いで出かけなければならなかっ
たが、イとは再会を約束できた。同僚のスティーブ・イムが二人の組合リー
ダーとの昼食を終えるために残ってくれた。後ほど彼の語ったところでは、
私の去った後、イと彼の同僚が話し合っていたとのことだった。彼らは、
ミーティングの前にはさらに強い調子の声明を出すことにしていたが、その
後、撤回することに決めた。私は、時間をかけて信頼関係を確立できて嬉し
かった。

第13章

最後の全力疾走

　私たちは、KDICとの間の確定的文書について、11月18日木曜日の午後2時に最初の交渉を開始した。始まりは、彼らの事務所で開いた全員参加ミーティングだった。私たちの弁護士が彼らに第1稿を手渡してから、ちょうど1カ月が経っていた。そのときには、どちらも、解決すべき問題のあらましがわかっていた。ドンジュン・ペン理事の直属の部下ドンイル・キム（金東日）は、KDICからの唯一の代表者だった。ホワイト＆ケースのエリック・ユンがほとんどの話をした。実際、ほとんどの議論は、双方の弁護士の間で行われた。大抵の場合、依頼主はただ聞いているだけだった。雰囲気は友好的で議論は建設的だったが、これは手始めであって、取引を終えるためにはその後も何回かミーティングを続けなければならないことが明らかだった。

　第1回ミーティングでは、残存する問題を一つひとつ検討したが、ほとんどの点で結論に達することができなかった。デウへの貸出の取扱いは、何十というグループ会社への貸出を含め、KFBの最大の問題だった。デウグループ全体としての信用力は崩壊していたが、デウの関連会社のなかには、かなり優良なところもあった。デウ向け貸出のうち、現状では稼働しているが買収後悪化するようなものについては、どうすればよいのだろうか？

私たちの提案は、譲渡後にデウ向け貸出に関する再生手続が行われれば、他の不稼働貸出と同様、その貸出を韓国政府に売却する権利をもつというものだった。しかし韓国政府側は、デウ向け貸出について、他の企業向け貸出とは違う扱いにしてもらいたがっていた。これは、デウの規模が大きく、韓国経済に占める比重が大きいことによるものだった。ユンは、再生手続の対象となったデウ向け貸出について、"特別移転案件"として他の取引と別扱いにすることを提案した。この点を巡っては激しい議論となり、どう扱うべきか、なかなか結論が得られなかった。私たちは、KDIC の会議室で8時間半缶詰になった後、午後10時半に合意を得られないまま散会した。

　翌11月19日の金曜日、私たちは再び集合した。今回は、KFB 本部のより広い会議室に場所を移した。取扱いを巡る争いの処理という仕事であっても、交渉の雰囲気が友好的でリラックスしていることが私には嬉しかった。KDIC の二人のチームリーダーであるドンイル・キムとジョンテ（JT）・キム（金鐘泰）は専門家で、仕事にひたむきであり、穏当だった。私たちは、互いにファーストネームで呼び合うことさえしたが、こんなことは韓国のビジネスでは異例であり、FSC チームとの交渉ではなかったことだ。彼らはユーモアのセンスに優れており、長い交渉と仕事の場の雰囲気を和らげてくれた。双方が微笑みながら話合いをし、冗談を飛ばしもした。FSC チームとの交渉の日々と比べると、なんと変わったものだろうか。

　私たちのミーティングは、午前9時に始まり、夜遅くまで続いた。解決すべき問題は多かったが、大多数が技術的、法的なものであり、各々の弁護士が対処すべきものであった。私は、あまり発言せずに座っていたが、午後10時半には、進展が遅くなっていたので、散会を主張した。驚いたことに、双方の弁護士の多くはミーティングを続けたがった。私としては、期限が迫っているわけではないので、無用に消耗する必要がないと思い、夜間になったので終了することに納得してもらった。

　「KDIC は、できる限り早くこのプロセスを完了したいと本当に考えているようです」と、私は2日間の議論を要約する覚書に書いた。「そうした努

力に際しては、TOI の記載に頼っています。TOI に書かれていない点については、問題が生じがちです。KDIC の人たちによると、TOI で明確になっていないことに関しては決定権が限られており、私たちと交渉する前に FSC と議論しておく必要があるとのことでした。この結果、私たちは問題を翌週の月曜日までたなざらしにしておくことが多くなりました。そうしても、いったん始まった文書の修正作業が遅れるわけではないと思います」。いくつかの大きな問題と多くの技術的な問題が残っていたが、私は、数日のうちに解決できると信じていた。

　私たちは、11月20日土曜日に再会し、午前9時から午後11時頃まで丸1日休みなく、デウ向け貸出の取扱いについて議論した。私たちがこの問題について合意に達したのは21日日曜日だった。その内容について私は、「デウが最良の与信先になりました」と部内メモで書いた。すべてのデウ向け貸出が、不稼働か、条件変更されて元本や利息の支払が免除されているかのどちらかであることが判明した。ニューブリッジは、銀行の事業譲渡前にこれらを韓国政府へ売却する権利があったが、私たちは特別の条項のもとで承継することに合意した。

　合意した条項によれば、KDIC は、デウ向け貸出を、KFB の承継する他の不稼働貸出と同様に扱い、事業譲渡後に生じる元利金の損失から同行を保護することとなった。私は次のように説明した。

> 交渉は友好的かつビジネスライクに進められました。緊張とリラックスが交互に訪れ、時折、双方からのジョークが混じりました。エリック・ユンがもうすぐ結婚し新婚旅行に行くことや、それがどう取引の邪魔になるかが主な話題でした。……政府保証があれば、究極の与信先は政府なので、不良貸出が優良貸出になります。こうした条件であれば、私たちは喜んで承継します。

　デウ向け貸出の枠組みは、双方にとって有益だった。時間の経過とともに、借手企業の業況が回復して貸出が健全になり、直ちに移管した場合に比べ、韓国政府の被るコストが小さくなることが望まれた。KDIC は、これと

同じ原則と条件のもとで、私たちが事業譲渡前に移管する権利をもつすべての再生貸出を承継できないかと尋ねてきた。

> KDIC は、現在は不稼働貸出に分類されている再生貸出について、私たちが保有することを望んでいます。FSC としては、TOI の交渉時点で、再生貸出のなかに不稼働貸出に該当するものがあるとは知らなかったと認めたのです。私は、残りのデウ向け貸出と同様に取り扱われるのであれば、KDIC の希望どおりにしてもよいと答えました。つまり KDIC は、引当金の支払か、最初の分類時点での買取りかのどちらかを行い、その穴を埋めるために政府債務証書の利回りに238ベーシスポイント程度（機会費用である"逸失利鞘"をまかなう水準）を上乗せするということです。この上乗せ利回りは、不稼働貸出を政府債務証書に置き換えるのでなければ、資本を再利用して、同様の利回りを生む新規貸出を行うことができるはずだという見方に対応しています。これに対し KDIC は、過剰引当の行われた貸出をすべて買い戻さねばならなくなるかもしれないという指摘をしました。これは私たちの提案に対する的確な指摘です。

韓国政府とニューブリッジは、TOI にバイ／セル・アレンジメントを導入することに合意した。これは、KFB が分類貸出あるいは不稼働貸出の時価を評定する権利をもち、韓国政府は引当額（貸出の額面から市場価格評価額への下落幅）を支払うか、額面に経過利息を加えた額で貸出を買い取るかの選択肢をもつというものだ。前者の場合、KFB は韓国政府が支払った額を引当金として積み立てることになる。KDIC の懸念は、私たちが減価幅を実際より大きく評定し、貸出について過剰引当を行うのではないかということだった。私たちが実質的に韓国政府に貸出の買取りを強要できるという懸念だ。たとえば、実際の減価率が30％なのに私たちが40％と評定したら、韓国政府は貸出を額面で買う以外の選択肢がなくなる。なぜなら、貸出を額面で買い、市場において減価率30％で売却したほうが、私たちが提示する40％を支払うよりもよいからだ。

244

しかし、この懸念には根拠がなかった。KFBには過剰引当をする経済的理由がないからだ。銀行はよい利回りの貸出と顧客を保有したいと常に考えるので、貸出を手放してKDICに買わせる誘因をもっていない。私たちは自宅に火災保険をかける家の所有者のようなものだった。大抵の（普通の）人が自宅に保険をかけるのは、自宅を燃やして保険金を受け取るためではない。私はKDICがこのように理解してくれると信じていた。

　できるだけ早く交渉を進めるよう双方が努力したにもかかわらず、その時点では日程が12月にずれ込みそうだった。しかし私としては、交渉相手のKDICが私たちと同じくらい物事を進めようとしてくれることが嬉しかった。私たちは、連日、KDICチームと長時間仕事をした。仕事は集中的で疲れるものだったが、私たちはうまく進めていた。KDICチームの対応は、FSCチームとまったく異なり、穏当で協力的だったし、私たちも彼らの便宜を図るためにあらゆる努力をした。しかし進捗度合いは、望んでいたよりも遅かった。

　11月24日水曜日、私たちは、夜明けから日没まで、1日中KFBで仕事をした。易しい問題はすべて解決し、残っていたのはむずかしいものだったからだろうか、双方が最善を尽くしたにもかかわらず、何の進展もなかった。ヒョン大使は、BMパクにKDICチームと韓国語で交渉させてはどうかと提案した。それにより、双方にとって相互理解が容易になり効率が上がると考えたからだ。私は、よいアイデアだと思ったものの、そのためには争点について部内のコンセンサスを得ておくことや、パクが私たちにかわって交渉する前に文書案を修正しておくことが必要だといった。

　部内のコンセンサスを得るには大きな労力を要した。私たちのチームメンバーや弁護士のなかにはアメリカ在住の者がいたので、文書案について議論するための電話会議をソウル時間の夜に開かなければならなかった。11月29日と30日には、午後8時半から9時頃に電話会議を始め、真夜中から明け方に終えることになった。私はその後も起きていて、走る時間を半分にしながらも毎朝ランニングに出かけた。ランニングの時間は、私にとって、いろい

ろな問題について邪魔されずに作戦を練るために最適の、しばしば唯一の機会だった。

　KDICとの交渉にパクが2日間を費やしたものの、進展は限られていた。これに続けて、私たちは全員参加ミーティングを開き、いくつかの問題を解決したが、残ったままのものが多かった。パクがKDICチームとの夕食に出かけた夜、初めていくつかの突破口が得られたようだった。

　私たちのチームは、KDIC側よりもずっと早く決定を下した。私のみるところ、相手は回復不能となるような、高くつく誤りをしないかどうか懸念しているため、決定に時間をかけているようだった。そこで私は、彼らの懸念を和らげ、もっと早く決定してもらうためのアイデアを思いついた。私は、KDICチームに対し、もし後になって誤りだと思ったら決定を撤回してもかまわないといってみた。一方、私たちの側では提案したことは必ず守ることにした。

　このアイデアは、妻のビンへの贈物を買うときの個人的経験に基づいていた。アメリカに住んでいた頃、彼女は私の買ったものを気に入らなければ、しばしば店に返品していた。私の趣味がよくなかった場合でも、アメリカでは返品と返金が一般的だったので、困ることがなかった。しかし香港に移ると、私は贈物を買うことをやめた。香港では、すべての買い物が売切りで、返品や返金ができなかったからだ。私としては、気に入らない物を買った場合に返品できないのでは、彼女を幸福にすることができなかった。香港では、そうしたことがしばしば起こった。

　私は、KDICチームに“完全返金”方針を示し、あまりむずかしく考えずに決定できるようにしてあげれば、交渉プロセスがずっと早く進むだろうと思った。私はKDICチームに対し、次のように説明した。私たちの原則は、公正、穏当、論理的な提案を行うことである。もし私たちの提案を受け入れた後、その原則に従っていないことがわかったら、合意を取り下げてもよい。完全返金方針である。

　完全返金方針は効いたようだったが、交渉プロセスに違いが生じてきたの

は、多分タイミングによるものだった。そのときまでに双方の間ですべての問題が十分に議論されていたのだ。いずれにせよ、交渉プロセスのピッチが上がった。

12月9日は、ソウルでは珍しい冬の好天で、私はKDICの会議室に座り、窓から明るい陽光をみることができた。私は朝9時から夜10時まで一日中KDICチームと会い、法的、経済的な多くの問題を解決することができた。

12月10日の金曜日の終わりには、多くの問題が解決に近づき、12月20日には文書に署名できると見込めるようになった。

＊　　　＊　　　＊

ところが、古くからの問題が解決されると、新しい問題が持ち上がってきた。

12月15日の夜、KDICのJTキムと私は、貸出の価格を決めるために時価を計算する方法を巡り、激論を続けた。私たちはこの議論に2時間を費やし、チームの他のメンバーはそれに割り込むことができなかった。ある時点でJTキムは、私が講義をしていると非難した。JTキムはウォートン校の卒業生で、私は一時そこのプロフェッサーをしていた。もし私の議論が講義のように聞こえたのなら、それは習慣によるものであって、意図的ではなかった。しかし私はすぐに自分を抑え、声も低くした。結局、私は自分の主張する方法を彼に認めてもらった。

会議が終わったのは深夜であった。ホテルに戻る途中で、やはりウォートン校の卒業生であった同僚のダニエル・プーンは、私の方法が誤りでJTのほうが正しいといった。

私は驚き、「本当ですか？　どうして？」と尋ねた。

プーンが説明を終える前に、私は自分の誤りに気づいた。プーンは頭脳明晰で、とりわけ計数や計算に関し、信頼できる判断をした。私は、JTキムと議論していたときは、相手の話を聞いていても、偏った気持ちだったので本当には聞いていなかったのだ。プーンが説明してくれると、より受け入れ

やすくなり、直ちに論理がわかった。

「なぜミーティング中に、それを指摘して、訂正してくれなかったのですか」と私は彼に尋ねた。

「そうですね、プロフェッサーを困らせたくなかったのです」と彼はいった。

私は、困惑ではなく後悔を感じた。もしJTキムの疑問をありがたく受け取っていたら、あんなに長い時間を費やすことはなかったろう。多分彼は、説得されたのではなく、面倒になったので、違いがあっても同意したのだろう。

ただし、これは、完全返金方針を実践する機会であった。翌日ミーティングに戻ったとき、私はJTキムに詫びて彼の方法を受け入れた。

12月16日木曜日、私は香港に戻りたかった。クリスマス前の最後の週であり、多くの祝日イベントが計画されていた。ニューブリッジの職場のクリスマスパーティは17日の金曜日だったが、もっと大事なことに、娘のリーアンがその夜に振鈴リサイタルをすることになっていた。私は、子供の人生の大きなイベントを絶対に逃したくはなく、是非香港に戻りたいと思ったが、できなかった。あまりに多くの問題が残っていて、それらを解決する努力を続けなければならなかった。交渉は遅れていた。

土曜日には、KFBの中国における子会社の扱いについて激論を交わしていたところ、ドンイル・キムが逆上した。彼は不意に立ち上がって部屋を出て行った。しかし、彼はすぐに戻ってきたし、私たちはこの問題の解決法を見出した。これは、KDICとの交渉プロセス全体を通じて唯一感情が激発した場面だったが、すぐに収まり、どちらも感情が傷つくことがなかった。

私たちは激しく働いたので、手を休めて食事に出る時間もなかった。3日間ぶっ続けで、昼も夜も、KDICの事務室にピザの出前をとって食事をすませた。

＊　　＊　　＊

チームのメンバーがKDICとの確定的文書作成に注力している間、ダン・キャロルはヘッドハンターと協力して頭取を探していた。数カ月前には、アジア在住の優秀な人材が就任に向けて待機していてくれていたのだが、私たちが銀行を買収できるかどうかが決まっていなかった。彼としては、実現しないかもしれない職を待ち続けることができず、7月には家族を連れてアメリカに帰ってしまった。私たちは最初からやり直さなければならなくなった。世界を代表するエグゼクティブ・サーチ会社であるコーン・フェリーが多くの候補者にインタビューしたところ、最後に選ばれたのがウィルフレッド・ホリエだった。

ホリエはアソシエイツ・ファースト・キャピタルの副社長だった。アソシエイツは、フォードの設立した消費者金融会社で、アメリカを代表する企業だった。ホリエは、日本におけるアソシエイツの事業を、第5位の消費者金融会社になるまで成長させた。彼は、日系アメリカ移民の三世としてハワイで生まれ、アメリカ軍の特殊部隊に勤務した。ホリエは、私のみたなかで最も血気盛んなアメリカ人であり、特に消費者金融での豊富な経験が最適だと思った。

KFBはもっぱら企業向けの銀行であり、事業内容は企業顧客への貸出に集中していた。しかし、銀行の与信が少数のコングロマリットに偏っていたことから、この強みが失敗のもととなった。私たちの戦略は、KFBを企業顧客と消費者の双方にバランスのとれた銀行に変えることであり、そのために韓国では未発達だったリテール金融にもっと重点を置くことにしていた。

リテール金融は、実際上初めての分野だった。当座勘定のような普通のリテール商品は、アメリカではどこにでもあるけれども、韓国ではほとんど聞いたことがなかった。人々は大抵現金で取引し、クレジットカードを使うことはまれだった。クレジットカードの使用が爆発的に拡大するのは数年後だった。リテール金融には住宅ローンもあったが、韓国では、ハウジング＆コマーシャル・バンク（韓国住宅銀行）という名前どおりの唯一の銀行がほとんどの住宅ローンを取り扱っていた。私たちの戦略と市場の可能性からみ

て、リテール金融に知見のある人物が必要だった。

　ホリエは、伝統的な商業銀行員として訓練されたのではないが、消費者金融事業で成功を収めたところからみて、リテール顧客をターゲットとする方法を知っていると考えられた。彼の専門性や経験は、銀行の事業拡張の方向性に適合していた。私たちは新KFBの会長兼頭取に彼を選任することに決定した。

　私は、ホリエが日系人であることに懸念をもっていた。多くの韓国人が日本に対して愛憎半ばする根深い感情をもち、敵対的感情さえもっていることを知っていたからだ。日本は、韓国に対し、16世紀後半から繰り返し侵略を行い、19世紀末から連合国に降伏した1945年までの間、韓国を占領していた。日本の植民地統治は、第二次世界大戦中に韓国の男女を軍隊に徴用する等、暴力的で抑圧的だったと考えられていた。

　多くの韓国人は、植民地統治の間に行った蛮行について、日本が適切に償っていないと考えていた。私は、日系人を頭取に選任すると世論がどう反応するか少し心配だった。もちろん、韓国では多くの日本企業が営業していたが、KFBは高いステータスにあり、特別の関心の対象だった。なんといっても、"韓国第一"銀行だったのだ。そのうえ、納税者の資金も投入されていた。しかし私は、結局のところ、世論、規制当局、KFBの職員は、頭取の民族的な出自よりも職務への適性のほうをずっと重視するだろうと考えた。

　銀行の頭取の選任には、銀行規制当局の承認が必要だった。12月15日の水曜日には、FSCの承認を得るためホリエの名前を届け出たが、確定的合意文書が署名されるまでは彼の名前を秘密にする計画だった。しかし、彼の名前は報道陣に漏れ、12月17日には、主な新聞紙上に記事が載った。すべての見出しが日系人であることに言及していた。ホリエという姓が明らかに日系だったからだ。

　KFBの特別移行タスクフォースのリーダーをしているウォンキュ・チェから電話があり、「シャンさん、貴方たちは日本人をチェイル銀行の頭取に

選任するような連中だったのですか」と激昂した声で尋ねてきた。

　チェイルという言葉は、韓国語で第一という意味であり、多くの韓国人が韓国第一銀行をチェイル銀行と読んでいた。私が返事する前に、「私たちは皆辞めます。もし日本人の頭取を選任するなら、経営陣全部が辞め、他の多くの者が後を追うでしょう。私たちの誰も日本人のために働きません」と彼は続けた。ほとんど怒鳴っていた。

　私はショックを受けた。予想外に大きな危機の引き金を引いてしまったのだ。

　「しかし、彼は日本人ではありません。彼はアメリカ人です」と私は抗議した。「彼はアメリカで生まれ、育っており、彼の家族は皆、代々アメリカ人です。彼はアメリカ軍の特殊部隊でも勤務していました。まさにアメリカ人なのですよ！」。

　チェは、私の説明を渋々受け入れ、彼の軍隊勤務は"出身の欠点"を補っていると認めたが、電話機を置く前にこう警告した。「問題になりますよ。たくさん説明しなくてはなりません。他の人たちを納得させるのに大変苦労するでしょう。このことを考えなくてはいけません」。

　チェの反応をみて、予想よりずっと大変なトラブルになると気づいた。情報漏洩があったので、最もよいかたちでホリエを世に出す機会を逸し、汲々として守る立場に追い込まれた。私たちは、"外国投資家"によるKFB買収に向けて、これまで丸１年、外国人嫌いの感情と戦ってきた。ホリエを選任すると、傷に塩をすり込むのかと思われるだろう。この認識は不公正だが戦いようがなかった。

　私がすぐ思いついたのはボブ・バーナムだった。ボブは、53歳の練達の銀行員であり、アメリカン・セイビングズ・バンクでCFO、COO、頭取を務めていた。彼は、背が高く外観も立派で、誰の誤解も招かない、はっきりした物言いをした。彼は、この取引のプロセスを通じてニューブリッジのアドバイザーをしていた。私たちは皆、銀行業務に関する彼の識見と経験に感銘を受けていた。私たちのモデルと戦略はすべて、彼の行き届いた具申のおか

げであった。私たちとしては、バーナムを頭取にすることも考えたが、彼は、カリフォルニアにある自宅から韓国へ移りたくないとのことであった。しかし、取締役として勤めることは希望していた。もしバーナムを会長に、ホリエを頭取にすれば、二人のアメリカ人を銀行の経営者にしたということで、ホリエの民族性から注意をそらすことができるのではないかと思った。

　ニューブリッジチームの全員がバーナムをKFBの会長とすることに合意した。私がボブに電話して頼んだところ、彼は、否とはいわなかったが、承諾もせず、考えてみないといけないといっただけだった。私は、彼の説得にはボンダーマンが必要だとわかっていた。アメリカン・セイビングズ・バンクにさかのぼる関係からすれば、ボンダーマンならバーナムを説得できるだろうと思った。それに結局、バーナムに私たちへのアドバイスを頼んだのはボンダーマンなのだ。

　翌日、バーナムが私に電話してきた。受話器をとるとすぐに、「大物をかつぎだすのはよくないぞ」と彼はいった。

　私はボンダーマンが彼と話したに違いないと思った。私は笑って、「貴方なしではやっていけないのです」といった。

＊　　　＊　　　＊

　私たち皆にとって、クリスマスが近づいていることが強い関心事だった。前年から、韓国でもクリスマスが一大行事であることは知っていた。香港でも同様に一大行事で、私は2年続けて、帰国してお祝いをする機会を逸してきた。またソウルでクリスマスを迎えたくはなかった。私たちの弁護士、アドバイザー、チームメンバーは皆、帰国して家族とクリスマスを迎えたいと思っていた。しかし、もし休暇シーズンまでに取引をまとめられなければ、帰国がいつになるかわかったものではなかった。そのため、私たちは皆、是非クリスマス前に取引をまとめたいと強く願っていた。私たちは、何週間も週末なしに仕事をしてきた。いまや24時間ずっと働かねばならなかった。

　12月19日は日曜日だった。双方の弁護士が共同で未解決の問題のリストを

作成した。当日は、双方のチームが部内ミーティングを開き、相違点を検討して自分のポジションを決めた。

　夕食後の午後8時頃、私たちは、シラホテルの3階で全員集合ミーティングを開いた。これを最後に、残るすべての問題を片付けるよう双方が強く望んでいた。時間が経つにつれ、これは持久力テストというよりは我慢比べだと感じた。私たちは、議論に集中すると時間が経つのを忘れてしまった。KDICチームは、ニューブリッジチームがいらいらと待っているのに対し、決定にずっと時間をかけていたので、我慢では勝っていた。しかし、私たち双方とも持久力があったので、ミーティングの散会はおろか休憩をとることさえ、どちらも言い出さなかった。ミーティングがやっと終わったのは翌朝8時だった。私たちは、ぶっつづけのミーティングで徹夜し、会議室で12時間を過ごしたのだった。

　すべての問題を解決したのではなかったが、徹夜のミーティングは生産的だった。私は、3時間だけ眠って、12月20日の月曜日の午前11時に起き上がった。まだ10個の問題が残っていたが、リラックスしていた。私としては、それらについて共通解を見つけることはあまりむずかしくないと感じていた。私たちは午後9時に再び会い、1時間以内に、10個の問題のうち9個について合意に達した。最後の点については、この段階では気にする必要がないもので、いずれ妥協できると私は信じていた。

　12月20日の夜私たちは、確定的文書を巡る交渉の結論をほぼまとめた。私たちの合意を弁護士が文書化しようとすると新たな問題が出てくることがわかっていたが、双方とも、大した問題ではないと予想していた。弁護士たちは、変更に応じて文書を訂正する作業をしなくてはならなかった。彼らはすでに、私たちの交渉と並行して文書の訂正を進めていた。私たちの議論の間、双方の弁護士は、顔をあげることもなく、忙しく筆記していた。しかし、彼らの仕事は、たんなる文書化ではなく、文書化段階における文言について議論し、合意することでもあったのだ。膨大な量の仕事があり、進捗はひどく遅かった。

私たちは双方とも皆、シラホテルに泊まり込んでいた。ソウルの韓国人ですら帰宅しなかった。私たちは1日のすべての時間をホテルで過ごしたが、これはきっとホテル経営にも貢献したろうと思う。私たちは、その週、ホテルの1カ月分の売上げをもたらした。ホテルに泊まっていただけでなく、ミーティングと文書化作業のためにビジネスセンター全体を使っていた。すべての食事が会議室へのルームサービスだった。

　いつでも、どんな時間でも、どんな食事でも、電話機をとるだけで注文できるということは、私にとって非現実的な感じがした。シラホテルには、少なくとも五つのレストランがあり、すべての種類の西洋料理やアジア料理が用意されていた。私は若い頃、中国のゴビ砂漠で重労働に従事していたことを思い出した。こんなに多くの人々にいつでも食事が出せるとは考えられなかった。私は何度も声に出してそのことをいった。ついにポール・チェンが、「シャンさん、やめましょう。そんなふうに思うのは貴方だけです。他の人は気にしていません。貴方はもう農民ではないのです。食べて少し体重を増やしましょう」といい、皆が笑った。

　こんなにも多くの食事が当たり前だとは。私にはなじめなかった。

＊　　＊　　＊

　予想しなかったことに、資本調達がひと仕事になってしまった。1999年には、4億5,000万ドルのニューブリッジの2号ファンドから投資した。プライベート・エクイティ・ファンドは、普通、ファンドの20％以上を一つの取引に投入しない。これは、集中リスクを避けるためである。この考え方は、資本を多くの先に幅広く投資することで、一つの先が左前になっても損失を最小化しようというものだ。4億5,000万ドルの20％は約9,000万ドルで、これがKFBの取引に当てた額だった。取引に必要な額には5億ドルほど足りなかった。しかし、ニューブリッジは、ずっと大きな何十億ドルもの資金をもつTPGや、ディック・ブルームのファンドであるRCBAと提携していた。

しかし、私たちのリミテッド・パートナーの多くは投資に前向きだったの
に、なぜか TPG が KFB の取引に投資できないことになった。私たちが
TOI に署名した後、キャロルと TPG の投資家窓口担当者が潜在的な共同投
資家に接触し始めた。共同投資家は、もちろん、投資機会の評価のために、
自らデューデリジェンスを実行しなくてはならなかった。その結果、彼ら
は、自分のプロセスを踏むための質疑応答を行うことになり、その対応が私
たちにとって大きな仕事となった。

　私たちのアドバイザーであるオハンロンは、リーマンのニューヨークから
東京に転勤していた。彼は私に電話してきて、ソフトバンクの会長の孫正義
が KFB の取引に興味をもっており、私に会いたがっているといってきた。
1999年には、ソフトバンクは急上昇中の企業だった。数多くのインターネッ
ト関連事業に投資しており、ドットコム・バブルのおかげで、その多くが株
式市場で何十億ドルもの価値になっていた。孫は銀行にも興味をもってい
た。孫は、私と同様、カリフォルニア大学バークレー校の卒業生だった。私
たちの共通の友人の一人は、孫がバークレーの学生のときに長期事業計画を
立てていたと話してくれた。

　「彼の長期事業計画がどれだけ長期か知っていますか」と彼は尋ねた。

　私は、彼の声の調子からとても長いと思ったので、「20年ですかね」と答
えてみた。

　「いや、300年ですよ」と彼は答えた。

　なるほど孫は、私の知る限り、有限の寿命をもつ誰よりも長期で考えてい
る。このとき私は、経済学者ジョン・メイナード・ケインズが「長い目でみ
れば、私たちは皆死ぬのだ」と書いたことを思い出した。しかし、多くのビ
ジネスの勝者がビジョンをもっていることを否定することはできない。

　12月20日の月曜日、私は、自分の宿泊先であるシラホテルで孫に会った。
KFB について彼と話ができて嬉しかった。しばらくの間、銀行の取引と再
生計画について説明した。その後孫は、私たちとともに投資をすることに本
当に興味があるといった。

ソフトバンクは日本の会社だったので、KFBに投資した場合に政治的・世論的に問題が生じるのではないかと彼に尋ねてみた。彼の回答は正反対で、投資が前向きに受け止められるはずとのことだった。彼は二つの理由をあげた。第一に、DJキム大統領は対韓投資をするよう何度も彼を招いていたので、歓迎されるだろう。第二に、彼は自分が韓国人の血統だといった。

　孫は日本人であるが、韓国の出身だった。彼の家族は安本という日本式の姓を名乗っていたが、彼は、アメリカでの留学を終えて日本に戻るときに韓国式の姓を用いることに決めた。私は、彼が韓国出身で事業に成功したので、韓国で尊敬されていると考えた。韓国人が日系のアメリカ人であるホリエを問題にするのに、韓国系の日本人である孫を褒めるとは皮肉なものだと思った。

　孫は、彼の投資が私たちにとって好ましいと思われる第三の理由をあげた。彼と彼の会社は、インターネット・バンキング等の分野でKFBに戦略的価値をもたらすことができるだろう。私は納得して、彼の共同投資を歓迎するといった。

　それから私たちは、彼がどれだけ投資するかについて話し合った。彼は所要資本の30％、約1億5,000万ドルは投資せねばならず、さもなければ手を引くといった。私は少し驚いたが、彼はよいパートナーになると思ったので、その意向に配慮するといった。その後、投資家やリミテッド・パートナーは皆、ゼネラル・パートナーであるニューブリッジに対し、投資運用の対価として、キャリード・インタレストと呼ばれる将来収益の分配や管理手数料を支払うことを説明した。これがプライベート・エクイティ・ハウスの収益源である。キャリード・インタレストは、投資家に儲けてもらったときにだけ私たちに支払われることになる。

　驚いたことに、彼は私をみて、「私が会社に投資するときには、会社側が私にお金を払うのが普通です」といった。

　これは多分本当だろう。当時ソフトバンクは注目の的だった。孫の触ったものは一晩で株式市場の成功者になるようだった。これは間違いなく、ソフ

トバンクのお墨付き効果によるものだった。しかし、私たちはインターネット企業ではなく、株式を上場していたのでもなかった。投資先企業の収益性とキャッシュフローの改善により、昔からのやり方でお金を稼ぐのだ。

私はひるまなかった。彼をみて、「私は生計を立てなければなりません」といった。

彼は笑った。「よいですよ。よいですよ」と繰り返し、「貴方は、とても、とても豊かになるでしょう」といった。

彼と一緒に投資する人々がお金を払う理由は、過去2～3年の間、投資収益率が500％から1,000％だったことにあると彼はいった。それが正しいことはわかっていた。ドットコム・バブルがはじける前で、インターネット企業は株式市場で毎日高値を更新していた。にもかかわらず孫は、例外をつくってもよいといった。

私は、それはありがたいことだと思うので、私たちとしても例外扱いでキャリード・インタレストの割引について配慮するといった。彼は再び笑って、「よいですね」といった。

私たちは2時間一緒にいた。私が立ち去る前に、彼はキャリード・インタレストの問題について一晩考えたいといい、翌日の午前11時半に会うことに合意した。翌日の12月21日火曜日は、取引の文書化のために集中して働いたので、私は昼頃まで、孫との約束をすっかり忘れてしまっていた。私はいつも時間に正確なので、遅れたと気づいたときにはパニックに陥った。幸運なことに、孫は同じホテルに泊まっていた。私は、彼に会うために大急ぎで階上に上がった。彼が私の遅刻に気づいていなかったようなのでほっとした。多分ほかのことで忙しかったのだろう。私たちは30分間一緒にいて、キャリード・インタレストをどれだけ割引するか交渉し、すぐに合意に達した。まったく予想していなかったことに、ソフトバンクがKFB投資における最大のリミテッド・パートナーになった。

*　　*　　*

弁護士たちは、文書作成のため、12月20日の夜、休みなしに働いた。彼らは、12月21日にさらに一昼夜働いた。記述、改訂、確認、確定を行う対象は何百ページもあった。文書化の助けになることはあまりなかったが、私たちは皆、ホテルのビジネスセンターにある会議室で待機していた。弁護士たちだけでは解決できない問題が生ずれば、いつでも、KDICの二人のキムと私たちのチーム、時にはそれぞれの弁護士が解決作業に加わった。ホワイト＆ケースのエリック・ユンが3週間の新婚旅行から戻ったので、前夜から持越しになっていた10個の問題のうちの最後の一つを解決できるようになった。TOIができる前は、ユンのことを諸悪の根源だと思っていたが、TOIの署名が終わってからは、私たちの目標が同じになり、彼と一緒に働くことが喜びとなった。

　12月21日の夜は2〜3時間しか眠ることができなかった。翌朝早くビジネスセンターに行ったところ、弁護士たちは二晩続けて徹夜で仕事をしていたことがわかった。彼らは疲れ切っているようにみえた。パソコンの前でうつぶせたり、書類の山を脇に置いてタイプしたり、お互いにドラフトを対比して議論したりしていた。署名を行う目標が翌日だったので、休む時間がなかった。しかし、日が暮れてしまうと、私は彼らがどれだけ続けられるか本当に心配になった。彼らは3日間ぶっ続けで取り組んでいた。彼らのしていることは人間業ではなかった。

　その夜の仕事ぶりをみると、弁護士たちは英雄のようだった。彼らは文字どおり自分を殺して、文書化の期限に間に合わせようとしていた。彼らは、ひどい睡眠不足のなかでも、パラグラフ・文・句・語のチェックについて、とても注意深く細心だった。

　何年も後、私が前に出版した本のパーティーで、クリアリー・ゴットリーブからの派遣弁護士の中心的存在だったリッチ・リンサーと話をした。私たちは10年以上も会っていなかった。リッチは、前に会ったときからあまり年取ったようにみえなかったが、髪の毛がなくなっていた。彼は、オバマ政権下での2008〜2009年のゼネラルモータースの救済に際して極端に激しく働

き、何日も徹夜したために髪の毛がなくなったといった。彼にとって献身は高くついたのだ。

12月22日の夕食時までに、相手側ではユン、私たちの側ではリンサーを中心とする双方の弁護士チームが、KDICのドンイル・キムと私とのミーティングを開いた。弁護士たちは、睡眠が必要であり、翌朝までにすべてを行うことが不可能だといった。仕事を終わらせることはできない以上、たまたま12月23日となった日程にこだわることは馬鹿げているとリンサーはいった。クリスマスを休みにして、その後仕事を再開すればよいというのが彼の意見だった。

私は迷った。弁護士たちの負担が肉体的・精神的限界を越えていることに疑問の余地はなかったが、私は心配だった。昨年のように、またソウルでクリスマスを過ごしたくはなかった。しかし、私の主な懸念は、いま仕事を休みにすると、年明けまで再開できないのではないかということだった。それでは勢いが失われることになるだろうし、もし仕事をやめたり遅らせたりすると、また取引が駄目になるかもしれなかった。そうしたリスクをとることはできなかった。

三つの文書のうち支援合意は，韓国政府によるKFB支援の条項があるので最も重要だと考えられたが、まとめるまでには、まだ長い道程があった。私の意見は、すでに完成した文書だけに署名してはどうかということだった。残りは休日明けにすればよい。こうすれば少なくとも一つか二つの確定的合意文書に署名できるので、私たちは取引を固められるだろう。

リンサーは、これをよいアイデアだとは考えなかった。文書の全部ではなく一部だけに署名するリスクが大きいことを警告した。プーンも同意見だった。私にはよくわからなかった。私の主なねらいは、交渉相手を取引にしばりつけ、どんな状況になっても離さないようにすることだった。三つの文書のうち一つに署名するだけでもよかった。翌日までにすべての文書を処理することが不可能なら、少なくとも次善の選択肢になると思ったのだ。

たまたまその夜私は、ホリエと初めて夕食をともにする予定になってい

た。翌日に確定的合意文書に署名することを前提として、ホリエはソウルにやって来た。署名式典で私が彼を記者たちに紹介することになっていた。私は彼と一緒にイベントの準備をしなくてはならなかったが、ポール・チェンが彼と一緒に日本レストランの席に座ったとたん、同僚のスティーブ・イムからの緊急電話があった。ドンイル・キムおよび彼の弁護士とのミーティングのため、ビジネスセンターに来てほしいとのことだった。

ドンイル・キムは、署名が遅れるかもしれないことについて、私以上に困惑しているようだった。翌日の署名式がキャンセルされることを深く心配していた。また、エデルマン社のイ氏が準備したプレスリリースの原稿についても、困惑していた。エデルマン社は私たちがPRを委託した先である。この原稿では、明日に予定していた最終合意の署名式と公式声明を中止することになっていた。

FSCとMOFEは、私たちが以前用意した共同プレスリリースをすでにリークしていた。ドンイルによると、明日署名予定の文書は承認ずみであった。韓国政府側は、予定どおり署名を行わねばならないと考えていた。もしそうしなかったら、面目や信用が丸潰れになるだろうとのことだった。署名を中止するというプレスリリースの原稿が私の公式見解を示すものと考え、とても困惑していた。

私は、その原稿を急いで読み、机の上に叩きつけた。そして、彼を落ち着かせるために、「この中止発表については何も知りません。私の考えではなく、私たちがこれを使うつもりもありません」とはっきりといった。

それによってドンイルは落ち着いたようだったが、私たちが進退窮まっていることもわかっていた。どうすれば明日の署名までに残りのペーパーワークを片付けられるか、誰にもわからなかった。手の打ちようがなかった。弁護士たちは、私たちが無理強いすればストライキをするだろう。私は、ミーティングを中止し、各人が解決法を考えることを提案した。

リンサーは、文書化すべてを間に合わせる方法がないと強く感じていた。問題は、KDICの法務担当者が足りないことだった。私たちの側は、クリア

リーから四人、キム＆チャン法律事務所から三人、合計で七人の弁護士がいたのに対し、KDICの側は、イ＆コーのイ、ホワイト＆ケースのユンとフィリップ・ギリガンの三人だけだった。文書の一言一句について、双方の弁護士の合意が必要だった。私たちのチームは交代で眠ることができたが、KDICの弁護士は全然眠れなかった。夕食時点では、支援合意文書に取りかかることさえできていなかった。さらに悪いことに、ユンは11月23日から新婚旅行に行っていたので、仕事がやっと軌道に乗り始めたところだった。韓国政府側の中心的弁護士なのに、過去数週間の議論について十分にはわかっていなかった。

　私は、キム＆チャン法律事務所のBMパクを、ホテルのロビーの周りの散歩に連れ出した。彼が何か助言してくれないかと思ったのだ。彼は私と同様、明日までにまとまらなかったら取引が駄目になってしまうリスクがあると考えていた。リンサーとプーンは、文書の一部にだけ署名すると、取引が決裂した場合に韓国政府に非難されるリスクがあると考えていた。私の心配は、明日までに仕事を終えないと、韓国政府が取引の失敗を私たちのせいにして非難するのではないかということだった。このため、ドンイル・キムはプレスリリースの原稿をみてあんなに動揺したのだ。

　パクと話しているうちに、大胆で極めて異例なアイデアが浮かんだ。ボトルネックは、KDICの法務チームが人手不足なだけでなく、政府支援に関して合意された内容をよく知らないことである。もし私たちが自分の側の弁護士をKDIC側に派遣すればどうなるか？　その理想的な候補が私の前にいるパクだ。通例であれば、このアイデアは馬鹿げていた。つまるところ、私たちはKDICの交渉相手なのだ。KDIC側は、鶏小屋に狐を入れるようなものだと考えるかもしれない。私たちの側からみても、このアイデアは危険だった。もしパクが寝返って、私たちの利益に反する妥協を行ったら何が起こるだろうか？　いずれにせよ、目の前にいる若手の弁護士はこのアイデアにあまりショックを受けていないようだった。パクは、考えた後、もし双方が合意するならそうしたいといった。

ドンイルもこのアイデアを受け入れるだろうと私は思った。彼は現状に絶望しているだけでなく、パクが公正、不偏、専門的だと信頼していたからだ。結局、パクの仕事は、当事者がすでに合意したことを最終合意書に正確に反映させることであり、最終合意書に署名した後もその仕事が事後的検証に耐えられるようにしなければならなかった。パクは、彼とその誠実さを私たちが信頼しており、KDIC側からみても同様だと思われる点でユニークな存在だった。私は、キム＆チャン法律事務所の弁護士は韓国にとって最善の措置を講ずるだろうとFSCのイ委員長と同様にKDICチームが信頼することに賭けることにした。

　私は、リンサー、チェン、プーンを集めて、自分のアイデアを話した。リンサーは、私の頭がおかしいのではないかといったが、よりよい意見はなかった。チェンとプーンも、このアイデアは狂っているけれども、私たちの共通の問題を解決する唯一の方法かもしれないと同意してくれた。しかし、これは急いで決めるにはあまりに異例で大きな決定だった。

　私は、夕食を終えたホリエが私の帰りを待っていた日本食レストランに、パクを連れて行った。ホリエに、私たちの陥っているむずかしい状況の概略を説明し、夕食をともにできなかったことを再度詫びた。また私は、現在直面している難問を解く方法を考えるため、この時間になっても彼と一緒にいる時間をつくることができないといった。ホリエは自分の部屋に帰って行った。

　私は、とても緊張していたので、キム＆チャン法律事務所のマーク・ルービンシュタインから煙草をもらった。私は、煙草を吸わないが、生の煙草の香りでほっとしたかったのだ。煙草の香りを嗅ぐと、チェーンスモーカーだった父親をいつも思い出した。私は、パクに対し、5分間話をしないよう頼んだ。自分のアイデアをよく考えるために完全な静けさが必要だったからだ。パクは自分も煙草を吸うために出て行ったが、帰ってこなかった。私は日本食レストランで一人になった。

　私はステーキを注文したが、ウェイターがキッチンに行く前に呼び戻し、

ステーキを2枚にした。彼は、私がおかしくなったのではないかという目でみていた。私は、日頃は赤肉を敬遠しているのに、食事が来るとその2枚の立派な牛肉を食べた。私は心配し困惑していたが、食事で多少気が紛れた。

私は、食事の間に決心した。ビジネスセンターに戻ってドンイル・キムと話をし、支援合意書の作業のためにパクを使ってほしいと申し出た。私はTOIの交渉の経緯を説明し、パクがいまの問題の唯一の解決方法だと主張した。ドンイルは私を信じられないという顔でみて、考えながら歩いて出て行った。彼は特に同意はしなかったが、反対もしなかった。まもなくパクは、テーブルの反対側で働き始めた。

午前1時頃、予想していない訪問者が来た。コリア・デベロップメント・バンク（韓国産業銀行）のカン（康）氏だった。彼は、ニューブリッジが取引を完了させるために必要な韓国ウォンをドルと交換する先物を売りに来たのだ。彼がこんな妙な時間に来た理由は、12月23日に最終合意書の署名が行われるという記事を読んで、取引機会を逸したくなかったからだ。彼は1ドル1,122ウォンという相場を申し出たが、馬鹿げているほど私たちに不利だと思ったので、お断りした。しかし私としては、国有銀行で働いているというのに、招きもなく午前1時に売込みをかける彼の積極性は尊敬に値すると思った。

12月23日の午前2時頃、私はホテルの自分の部屋に戻って少し眠ったが、数時間後に何が起こるかまったく確信がなかった。

私は、別の緊急の課題が気になって午前5時に目覚めた。前に孫正義と署名した非競争契約に、将来彼が私たちと競争する立場になった場合に備え、私たちを十分に保護する条項を入れたかどうかが気になってきたのだ。私はサンフランシスコのダン・キャロルに電話して、ソフトバンクのKFB投資担当者を起こすことに決めた。キャロルが彼を説得して、もう少し競業を制限する条項にするためのレター改訂に同意してもらった。しかし、私は交渉が終わるまで彼らと一緒にいられなかった。この話のさなかにプーンが私に電話してきて、ドンイル・キムと彼のチームが私の不在中に起きたことにつ

いて話をしたがっていると伝えてきたからだ。

　ビジネスセンターの会議室に降りていくと、弁護士たちがこの数時間で作業を大きく進展させていたことに嬉しい驚きを感じた。パクを相手側に派遣したことが大きな違いをもたらした。午前９時までに完了するかどうかはまだ疑わしかったが、当日中に文書が署名可能になるとわかって、とても安心した。期限までに完了できるかもしれないという望みが出てきたので、誰もがもっと激しく働く意欲をもったことは疑いなかった。それまで三晩続けて眠っていない弁護士もいたが、皆作業を続けた。その粘り強さと不屈の精神はまったく信じがたいものだった。

　韓国政府は、朝９時からKFB本店で署名式の記者会見と公式声明を行う予定にしていた。ドンイル・キムは記者会見を延期しようと考えていた。私は、いずれ完了できそうなので、現時点で延期を決めないほうがよいと助言した。弁護士たちの仕事はほぼできあがっており、私たちは心配しながらも待ち、できるところは手伝うことにした。この行事はかねて予測されていたので、多少長く待機させられても記者たちは気にしないだろうと思った。

　午前９時頃、私たちはいくつかの残る問題を議論するため最終ミーティングを開いた。ドンイル・キムと私は、昨夜以来の課題について難なく合意に達した。唯一の問題はKFB株式の５％のワラントをどうするかであった。このワラントは、１年前のMOUの時点で韓国政府に与えたものだった。最後のタイミングでわかったことは、韓国の法律が有価証券に紐づけられていない裸のワラントを許容していないことだった。私は、“ワラント”という文言を、基本的には同じものである“オプション”に変更することを提案した。しかし、KDIC側はそうはいかないと考えた。そうしたことから、私たちは、KFBがワラント付きのゼロクーポン（無利子）債をKDICに対して発行することで合意した。これが解決すべき最後の問題であった。

　私はホテルのギフトショップで使い捨てカメラを買い、ともに働いた双方のチームメンバーの写真をとった。彼らは、確定的文書の完成までの数時間、髪を振り乱し錯乱して共同作業をしていた。記録に値する瞬間だと私は

思った（写真7〜9）。

　すべての文書が完成したのは午前10時45分近くだった。三つの文書が仕上がり、両当事者がその内容に合意していた。清書版をつくる時間はなかったが、これ以上の変更はなくなった。これでクリスマスイブに間に合うように帰宅でき、取引について心配することなく、休日を楽しめることになる。私たちは皆、とても疲れていたが、ほっとしていた。

　私は部屋に戻って、シャワーを浴び、着替えをした。それからKFB本店での記者会見に向かった。私はホリエと同じ車に乗った。私はその途中でボンダーマンに電話したが、不在だった。ブルームもいなかった。私はキャロルをつかまえて、仕事がすんで署名式に行くところだといった。ようやくこの瞬間が訪れた。私たちが激務をこなしてきたのは、この瞬間のためだった。ニューブリッジとKFBは固く結びついた（写真10）。

　私は時計をみた。1999年12月23日の木曜日の午前11時だった。キャロルと私が韓国の銀行の買収に関するモルガン・スタンレーの最初のティーザーをみてから15カ月という長い時間が過ぎていた。

第14章

正 念 場

　私はKFB本店を何回も訪ねたことがあったが、最終合意への公式署名のために建物に入ったときのような感覚は初めてだった。今日、銀行が私たちのものになったのだ。自宅を買って最初に敷居をまたいだ人は、誰でも同じように感じるのだろう。建物の広くて白い正面玄関、入口、広々としたロビーと、顧客や従業員は、私にとって近い、愛しい存在だと感じられた。

　署名式の光景は、TOIに署名した際とまったく対照的だった。当時は、硬い表情のノオと私が、人でいっぱいの静かな部屋で、机の反対側の席に座って書類に署名した。今回私たちは、幾晩も休みなしに働いてきたため、ほんの1時間前まで、髪を振り乱してやつれたようすだった。いまや、誰もが最良の背広を着て、きれいに髭をそり、にこやかにしていた。私たちは、ゴールにたどり着くまでの数カ月間、すべての障害を乗り越えるため信じがたいほど激しく働いた。誰もがひどく睡眠不足だったが、韓国の銀行の歴史に残るとわかっているこの瞬間を逃したくなかったのだ。

　KDICのドンジュン・ペン理事、KFBのシヨル・リュ会長および私は、署名式が行われる大会議室に入る前、お互いに温かな挨拶を交わした。部屋は、報道陣の多くの記者やカメラマンでいっぱいだった。英語と韓国語の青

い文字で"KFBの確定合意文書署名式"と書いた大きな垂れ幕が壁に貼られていた。長い机には二つの青いフォルダとペンがあった。

　ペンと私は、テーブルのそれぞれの席に進んだ。リュ会長は私たちの傍に立った。私たちの署名のためにフォルダが開かれた。そのなかには、署名用の1ページだけがあった。カメラ向けの象徴的な署名だとわかった。実際の文書は何百ページもの長さで、公式の行事として署名を行うと時間がかかりすぎた。私たちがそのページに署名すると、反対当事者の署名のためにフォルダが交換された。それから私たちは立ち上がり、フォルダを交換して、フォルダを左手にもちながらカメラに向かって握手した。この時点で、部屋中に拍手が起こり、カメラのフラッシュが焚かれた（写真11）。私たちは、リュ会長とも握手した。

　署名の後、ペンと私は並んで立ち、報道陣からの質問を受けた。この機会に私は、韓国政府がパートナーとして働いてくれたことに感謝し、そのひたむきさと専門性を称賛した。「彼らは、私たちの最高の敬意に値します」と私は強調した。

　それから私は、ニューブリッジが新韓国第一銀行の会長にロバート・T・バーナム、頭取にウィルフレッド・ホリエを選任すると発表した。バーナムはソウルにいなかったので、私はホリエだけを招いて前に進ませ、記者たちに紹介した。私は、彼について、消費者向け銀行業務の経験があることに加え、アメリカ陸軍の特殊部隊の隊員だったという経歴を強調した。私は、彼が経験に富み、不屈で力強いリーダーであって、新KFBに適任であると述べた。ホリエは、記者たちにうまく自分を紹介した。謙虚で、確信をもち、経験豊富であるようにみえた。韓国世論における彼の第一印象は申し分がなかった。私は感銘を受け、満足した。記者たちは彼を温かく迎えたようだった。

　記者会見が終わってから、ようやくボンダーマンに電話がつながった。彼はアメリカの自宅にいた。

　「デイビッド、署名しましたよ」と私はいった。

「おめでとう」と彼はいい、すぐ次に、「これから正念場が始まりますね」と付け加えた。

私は、そのとおりだとわかっていたので、笑った。銀行の再建はチャレンジングであること間違いなしで、今日からその旅が始まるのだ。

記者会見の後、私たちのうち数人はKDICのオフィスに行った。そこでペンと私は、本物の文書に署名する仕事にとりかかった。数百ページにわたって訂正が施されており、なかには手書きの訂正もあった。弁護士たちには清書版をつくる時間がなかったのだ。それでも、私たちはすべてのページに署名し、全体の文書を確定させた。その日の午後私は、家族とクリスマスを過ごすために、香港へ帰る飛行機に乗った。

* * *

新年は新しい世紀の始まりだった。私たちはなんとか間に合った。年末最後の覚書の日付は、清書版が署名された日だった。

今日1999年12月31日は、韓国第一銀行の譲渡が法的に完了した日だ。旧KFBのバランスシートは今日で凍結され、新KFBの事業が2000年1月1日に始まる。ニューブリッジによる資本投下は1月中旬、多分20日に行われる。しかし実務上は、すべての面で取引が完了した。

* * *

私たちは、KFBの拡大取締役会を開いた。バーナムが議長であり、セジョン（世宗）大学の学長で商工資源部の長官だった（訳注：原著ではDeputy Minister of Trade）チョルス・キム（金哲壽）が副議長を務めた。ニューブリッジからは、ブルーム、ボンダーマン、キャロルと私の四人が取締役になった。私たちは、多くの著名な実業家および銀行家を取締役として招いた。前アメリカ商務長官および前通商代表のミッキー・カンター、前アメリカ財務副長官および前バンカーズ・トラスト会長兼頭取のフランク・ニューマン、前リパブリック・バンク副会長およびフランスの銀行であるクレ

ディ・リヨネの前アメリカ代表のロバート・コーエン、KFB取引を通じて協力してくれた経験豊富で優秀な銀行員であるリーマン・ブラザーズのオハンロンも取締役会に参加した。コロニー・キャピタルのパートナーであるトム・バラック、シンガポール大学のフランシス・イョオも参加した。

これに加えて、FSC、MOFE、KDICの3省庁もそれぞれ取締役を任命した。FSCはソウル大学のソンファン・オ（呉星煥）、MOFEは前韓国輸出入銀行理事のユンジェ・イ（李允載）、KDICはスンヒ・パク（朴勝煕）だったが、後日、JTキムにかわった。

最初の取締役会は、1月21日、ソウルにあるKFB本店11階で開かれた。会議室は広く、机と座席が大きな楕円形にセットされていた。実際に出席していたのは数人だけだった。初回会合の議題は、少数の形式的なものだけだったので、多くの取締役が電話で参加した。バーナムが議長を務めた。公式の議題は、ホリエを頭取に選任することと、監査、報酬、経営、リスク管理の各委員会の構成を決定することだった。私たちは、ワラント付債券の発行等に関する銀行とKDICの合意を承認し、E&Yを銀行の外部監査人に選任した。ミーティングは、全体で1時間程度続いた。その後、取締役会メンバーは日本食レストランで祝賀会を開催した（写真12）。

＊　　　＊　　　＊

第1回の取締役会が実質よりも形式だったとすれば、第2回の取締役会はビジネスの話ばかりであり、メンバー全員が実際に出席した。ソウルは好天で、陽光いっぱいの3月15日だった。春爛漫であり、樹々は新緑だった。晴天のもとですべてが明るくみえた。

会議前の午前8時半頃、ブルーム、ボンダーマン、キャロル、私は、シラホテルを出て、デジュン・キム（金大中）大統領に会うために、車で青瓦台へ向かった。

青瓦台に近づくと、青い屋根の陽光にきらめくようすがみえた。私たちは午前9時半頃に着いて、大きな応接室に迎え入れられた。まもなくキム大統

領が来た。彼は１月に76歳になっていた。彼は、髪が黒く、実際よりずっと若い年齢にみえたが、杖をついていた。杖をつき足を引きずっていたのは、チョンヒ・パク（朴正煕）大統領の時代に起きた1971年の暗殺未遂事件の名残だった。このとき、トラックがキムの車に衝突した。DJ キムは最も有名な反体制政治家だったので、チョンヒ・パク大統領の軍事政権が彼を好ましくない人物だと考えるのは当然だった。

　大統領は、私たちを温かく迎え、しっかり握手した。彼の部下とは交渉中に接触していたが、彼に面と向かって会ったのは初めてだった。どんな経験をしてきたかを知っていたので、私たちは皆、彼をおおいに尊敬していた。彼とブルームは、壁に接した食器棚の前に置かれたソファの椅子に並んで腰を掛け（写真13）、私たちのうち残りの者はブルームの側に１列に並べられた椅子に座った。ミーティングは儀礼的なものだったが、皆朗らかに楽しく感じていた。私自身も、この大事な瞬間を迎えることができて心からの安心感に包まれた。

　大統領が最初に話をし、ニューブリッジによる韓国第一銀行への投資に謝意を表明した。彼によれば、韓国政府はこの取引を大変重視しており、韓国の銀行改革の第一歩だとみなしているとのことだった。「この銀行の改革は私の改革計画の中心です」と強調した。

　ブルームは大統領に謝意を表明し、ニューブリッジは銀行の再生と成功にコミットしているといった。彼は、ニューブリッジが世界水準の経営陣を連れてきており、よいスタートを切っていると説明した。また、私たちがキム大統領のリーダーシップのもとでの韓国経済の成長を確信していることに加え、ニューブリッジが韓国へのさらなる投資に関心をもっていることを明らかにした。

　ミーティングを終えて青瓦台を離れるとき、ブルームは私に、「私たちは彼を助け、その命を救った」といった。一瞬、彼が何をいっているのかわからなかったが、"私たち"とはアメリカのことだと気づいた。「キムはチョンヒ・パク大統領の統治下で反体制政治家だったので、日本に亡命中、韓国

CIA の工作員に拉致された。彼があやうく海に投げ込まれそうになったとき、アメリカの工作員がどこからともなく現れ、彼を救った。キムは、1982年12月から1985年2月まで2年以上アメリカに亡命してから、韓国に戻ったのだ」と彼はいった。

　私たちとのミーティングの数カ月後、DJ キムは、北朝鮮との和解を目指す太陽政策でノーベル平和賞を受賞した。彼は受賞スピーチで、辛くも脱出できたときの模様を次のように語った。

　　　私は、神様が常についていてくださるという思いで暮らし、生き延びてきました。それを経験から知りました。日本に亡命中の1973年8月、韓国の軍事政権の諜報工作員により、東京のホテルの部屋から誘拐されました。この事件のニュースは世界中を驚かせました。工作員は海岸に停泊した船に私を連れて行きました。彼らは、私を縛り上げ、目隠しをし、猿轡をしました。彼らが私を船から投げ出そうとしたとき、イエス・キリストがはっきりと現れました。私は彼にすがりつき、助けを求めました。まさにそのとき、飛行機が空から降りてきて、死の淵から救ってくれたのです。

アメリカ政府は、多分イエス・キリストの指金で動いたのだろうが、何かほかの事情があったのかもしれない。いずれにせよ、DJ キムは闘い、生き残った。彼はほかにも、1980年、ドファン・チョン（全斗煥）大統領の政権のもとで反乱陰謀罪により絞首刑の判決を受け、死の淵に立ったことがあった。神様の計らいにより、このときは法王のジョン・ポール2世がチョン大統領に赦免の嘆願状を送った。キムに対する判決は懲役20年に減刑された。アメリカ政府は、これほど神がかった介入ではないが、1982年にキムが出獄できるよう手を貸した。当時ソウルに駐在していた外交官の証言によると、チョン大統領は自分をロナルド・レーガン新大統領の最初の会談相手の一人とすることと引き換えに釈放を認めたのだった。

　青瓦台訪問と取締役会の同日、私たちはいまやKFBのパートナーとなったKDICのナムクン・フン（南宮鑐）理事長を訪問した。また、ホンジェ・

イ委員長に対する表敬訪問も行った。FSC委員長は政治的キャリアに傷をつけずにKFBの取引を乗り切って、1月には財政経済部長官に指名された（私たちは、FSC委員長の後任ヨンクン・イ（李容根）にも会いに行った）。誰もが友好的で温かく接してくれた。ただし、イ委員長は、交渉中にニューブリッジを代表していると称していた韓国人について苦情をいっていた。私たちは、その韓国人が誰か知らないし、誰かにニューブリッジを代表する権限を与えたことはなかったが、私たちの政治アドバイザーは、うまく彼を悩ませることができたようだった。

＊　　＊　　＊

　第2回取締役会はKFB本店の11階で開かれ、取締役は執行部チームと会った。ホリエのほか、スコットランド人でベテラン銀行員のダンカン・バーカーがCOO、インド人でシティバンクの銀行員だったランヴィール・デワンがCFOだった。また、与信決定をコントロールするために前年の9月に移行チームに私たちが派遣したSHイはチーフ・クレジット・オフィサーだった。執行部は、2000年の業務計画と予算を説明した。取締役は、会社の運営に関し、ホリエとそのチームを質問攻めにした。厳しいやりとりだったが、執行部はうまく答え、当年の業務計画と予算を守り切ることができた。ミーティングには5時間以上かかった。

　私たちは夕闇の迫るなか、KFB本店から歩いて出て、帰宅を急ぐ人々の動きを見回した。突然、ボンダーマンが近くのビルを指して、「ああ、韓国ファーストチキン（KFC）だ」といった。そちらをみると、KFCの明るいネオンとカーネル・サンダースの笑顔があった。

　その夕刻、KFBの経営陣はシラホテルの大広間でレセプションを催した。何百人ものゲストが招かれ、そのなかには青瓦台や他の政府機関の職員たちもいた。FSCの新委員長ヨンクン・イは、KFBの偉大な一里塚への到達と明るい将来を祝う優雅なスピーチを行った。部屋のなかは楽観的な見通しで満ちていた。

レセプションの後は、シラホテルの最上階で立食パーティーが催された。韓国の立食パーティーでは、数多くの小さな前菜が出され、そこに使われる食材はしばしば謎めいていた。外国人のなかには韓国料理が口に合わない者もいた。ボンダーマンは、冗談で、また韓国料理が出るなら、韓国での取締役会にはもう出席したくないといった。彼は、ハンバーガーや韓国ファーストチキンがあれば完全に満足だった。ノオ局長と BS カン課長も招待していたが、どちらも現れなかった。私は後ほど、彼らにそれぞれウイスキーのボトルを送っておいた。カンは、招待状を受け取っていなかったと返信してきた。彼は FSC を辞めてソウルの証券会社の会長となっており、招待状は郵送の途中でなくなったのではないかと伝えてきた。ノオは、政府の職員としては私の贈物を受け取れないと書いた手紙を付けて、ウイスキーのボトルを送り返してきた。

＊　　＊　　＊

　業務開始 1 年目において、銀行は、私たちの計画どおり、はっきりとリテール銀行業務にシフトした。買収時の KFB は企業向けに特化した銀行であり、個人および家計向けのリテール貸出はポートフォリオの 10％ 未満だった。初年度の末には、この数字が約 40％ に跳ね上がった。

　しかし、何もかもが満足のいくようになったわけではなかった。銀行の規模は典型的には総資産の額で測られるが、KFB の総資産は、買収時に 29 兆ウォン（約 250 億ドル）に縮小していた。私たちの予算では、資産構成の変化を見込んでいたが、資産規模はおおむね横這いとみていた。韓国が金融危機から完全に回復せず、経済が脆弱で景気も弱いままになっていたことを主因として、どちらかといえば保守的な予算としたのだ。貸出を積極的に増やすことは、リスキーなので、望んでいなかった（リテール業務は別で、それほどリスキーでなく、利益があがった）。しかし、資産規模の実績は、10％ ほど執行部の予算に満たなかった。この結果、銀行の総資産は、29 兆ウォンからさらに縮小し、年度末には 26 兆ウォンになっていた。

それにもかかわらず、KFB は利益があがるようになった。何十億ドルもの損失となった2年間の後、私たちの経営の初年度である2000年には約3,000億ウォンの業務純益となった。ドル建てでみた純利益は、当年を通じてウォンの対ドル相場が下落したために小さくなったが、約2億3,000万ドルとなった。簿価でみた純資産に対する純利益の比率である資本利益率は約25%だった。これは良好な業績であり、私たちの努力の成果があがっているようだった。しかし、ニューブリッジと銀行経営陣は、さらなる改善を見込んでいた。

＊　　＊　　＊

　1年後、ボンダーマンと私は、また同じ車に乗っていた。今回は東京で、2001年5月の晴れた美しい日だった。車は皇居前広場のあたりでスピードを上げ、私は窓から景色をみながら、顔に当たる日差しを暖かく感じていた。前日眠れなかったので、疲れていた。香港から大阪まで3時間の飛行機の後、ボンダーマンとの面会に間に合うよう、大阪から東京に行く飛行機に乗り換えたのだった。私が睡魔と戦っていたとき、ボンダーマンはその日のウォール・ストリート・ジャーナルを読んでいた。突然、彼が私の前に新聞を押し出した。

　「これをみましたか？」彼は新聞の記事を指しながら尋ねた。「ハイニックスの件を知っていますか？」

　「ハイニックスの件とは何ですか」と私は尋ねた。回答を待つまでもなく、私は新聞を読んだ。

　記事の内容は、ハイニックス半導体の窮境に関するものだった。同社は、韓国の大手コンピューター・チップ製造業者で、以前はヒョンデ（現代）グループに属していた。ハイニックスは倒産寸前で、債務を返済できなくなっていた。この記事では、KFB を含む多くの銀行がハイニックスに融資しているとされていた。いまのハイニックスは、債権者による救済を必要としており、貸出の返済条件緩和を銀行と交渉していた。FSC 傘下の金融監督院

の調整により救済努力が行われており、KFBを含む融資銀行にとって、ハイニックスを救済する以外の選択肢はほとんど見当たらなかった。救済策には、実質的に支払能力のない企業に新規資金を融資することも含まれた。また、既存のハイニックス向け貸出は、かなり大きな元本削減の対象となり、巨額の損失をもたらす可能性があった。

この記事は驚くべきものだった。しかも、バーナム、ブルーム、ボンダーマン、ニューマンおよび私を含む取締役の経営委員会は、2週間ごとにKFBの執行部と電話会議をしているのに、何も知らされていなかった。このほうがもっと大きな問題だった。取締役会のリスク管理委員会は、多額でリスキーな与信について警告を発するはずだった。しかし私たちは、ハイニックスへの大きな与信額やこの借り手の金融的な窮境について、かやの外に置かれていたのだ。

私は、直ちにKFBのチーフ・クレジット・オフィサーであるSHイに電話した。イはソウルにあるヨンセ（延世）大学の卒業生で、英語が上手だった。彼の英語力は、バンク・オブ・アメリカのクレジット・オフィサーとして過ごした16年間で磨かれたに違いなかった。彼は、KFBの買収プロセスの途中から仕事に加わり、最初は貸出ポートフォリオの信用分析、次いで貸出判断の是非を審査するクレジット・オフィサーとして、私たちを補助した。いずれにせよ、彼は保守的すぎる判断をして誤ることがあると評価されており、なぜ今回のような事態を見逃したかわからなかった。

イによれば、ハイニックス向け与信は2,500億ウォン、すなわち約2億ドルであり、すでに"要管理先"に分類して20％の引当を積んでいるとのことだった。これを聞いて、ボンダーマンと私はさらに驚いた。私たちがショックを受けたのには、二つの理由がある。第一に、KFBの過去の失敗から学べることがあるとすれば、それは少数の大企業への過剰融資に大きなリスクがあるということだ。これを防ぐため、取締役会は内規で貸出に限度額を設けた。一顧客に対する1,000億ウォン以上の与信には取締役会の承認を要するとしたのだ。取締役が知らないうちに、明らかに上限違反である2,500億

ウォンをなぜハイニックスに対し融資したのかが理解できなかった。

第二は、ハイニックスが金融的に窮境に陥った後でさえも、私たちは何も知らされず、悪いニュースを新聞で知ることになったということだ。KFBの執行部は、銀行の主な問題について、適時に私たちに知らせるべきだった。

この問題には直ちに対処する必要があった。私は、取締役会のリスク管理委員会でこの問題を議論する電話会議を開くことにした。電話会議はSHイを集中的に尋問する場となった。焦点は、ハイニックス向け与信がふくらんだ経緯は何か、なぜ社内上限を大きく超えてふくらんだのかということだった。

判明したことは次のとおりであった。ハイニックスは、KFBのかねてからの顧客だったが、2000年11月まで、銀行の与信は1,000億ウォンに抑えられていた。しかしその月、ソウルのシティバンクがハイニックス向けに8,000億ウォンのシンジケートローン、すなわち銀行団によるローンを組成した。シティバンクとその投資銀行子会社のソロモン・スミス・バーニーは、KFBを含め、ソウルのいくつかの銀行にローンへの参加を勧誘した。これは厳しい取引で、外国銀行はすべて応じなかったが、KFBの経営陣は、シンジケートに1,000億ウォン加わることを決定した。このため、既存の貸出や経過利息とあわせると、ハイニックス向け与信の総額が約2,500億ウォンに達したのだ。

状況は、表面的な与信額が示す以上に悪かった。KFBの貸出の多くが担保で保全されていなかったのだ。ハイニックスの救済には40億ドル以上が必要だということだった。もしこの会社が破綻したり業務停止になったりすると、私たちの非保全のハイニックス向け与信は全額無価値になる。ハイニックスの資産を売却して得られる金額は、まず担保付債権の保有者に支払われるので、非保全債権の保有者には何も残らないだろう。

ハイニックスが窮境に陥ったのは、半導体市場が世界的に崩壊したからだった。DRAM、すなわちダイナミック・ランダムアクセス・メモリー・

チップの価格は、2001年に90％下落した。半導体産業は景気循環に極度に敏感であり、市況は、下降局面に落ち込み、底を打つ気配がみえなかった。十分な現金準備のない会社は流動性と破綻の危機に直面した。この時点で、ハイニックスに対する貸し手や融資銀行が貸出をやめて回収に走ったら、会社は直ちに破綻するだろう。実際会社は、債権者のうち1社でも手を引いたら沈没しかねなかった。

　私には、巨大な岩が一群の人々を粉砕しつつあるかのようにみえた。彼らはすべての力を合わせて、岩を一緒に支えることで生き残ろうとしていた。誰か一人が飛び出せば、その人は生き残れるだろうが、他の人は押しつぶされてしまうだろう。この場合、銀行団がさらなる追加融資でハイニックスを救済しようとしても、会社が生き残れるかどうかわからなかった。そうなると、失敗したビジネスにさらにお金を注ぎ込むことになりかねなかった。銀行団は、何をし、何をしないかを一緒に決めなくてはならなかった。

　ハイニックスの最大債権者である政府系のコリア・エクスチェンジ・バンク（韓国外換銀行）は、すべての融資銀行に対し、債権者の75％が追加資金の融資を決定したら、他のメンバーも同様に融資することを義務づける内容の銀行間合意を提案した。取締役会の知らないうちにKFBもこの合意に参加していたことを知り、私たちはびっくりした。私たちの経営陣は、取締役会に知らせることなく、本件で銀行の自律性を放棄する合意に署名したのだ。

　私たちには何もできなかった。ハイニックスはまだ倒産していなかったが、さらなる資本注入を受けない限り生き残れないことがわかっていた。

＊　　＊　　＊

2001年9月12日、私は何人かのKFB取締役と連れ立ってソウルに着いた。アメリカでは2001年9月11日であり、私はワールド・トレード・センターとペンタゴンをテロリストが襲撃したことを知ったばかりだった。

　私の妻のビンはボストンへの旅の途中でロンドンに着いたところだった。

ボストンでは、シカゴに飛ぶ予定の息子のボーと会うことになっていた。彼はシカゴ大学での新入生生活を始めようとしているところだった。ビンは、ロンドンのヒースロー空港から電話してきたとき、9.11の襲撃を知らなかった。彼女は、まだニュースをみておらず、アメリカの空港が閉鎖されたので直ちにロンドンのホテルを予約するように私がいうと、最初は冗談だと思ったそうだ。

ニューブリッジは、ニューヨーク襲撃の前の9月11日、東京事務所の開所式を大々的に行っていた。翌日、ブルームおよびキャロルと、東京で開業関連の仕事をしていた何人かの職員が引き続きソウルに向かった。私はミーティングの準備をしていたが、前日のアメリカでの出来事が重く心にのしかかっており、こうした悲劇のさなかに銀行の問題を議論することに気が向かなかった。

こうした状況下、9月13日午後2時にKFBの取締役会が開かれた。ボンダーマンは、テキサスのフォートワースで足止めとなっており、そこでは深夜になっていたので、電話で会議に参加した。唯一の重要議題はハイニックス向け貸出だった。取締役会メンバーは、その金融上の帰結をどう考えるか、危機が完全に現実化する前にどうやって逃げ出すかについて苦慮していた。このため、私たちは皆、頭取のホリエがハイニックスの社長とソロモン・スミス・バーニーの銀行員を会議に招き入れ、新規資金の提供と債務の株式への転換を提案させることに驚いた。政府系の韓国外換銀行を中心とする他の韓国の銀行が同様の提案をしていた。

この会議では、ハイニックスの社長とソロモン・スミス・バーニーの銀行員がプレゼンテーションを行った。彼らは、半導体市場の循環局面がかわってチップの価格が上がればハイニックスは回復するという議論を展開した。私には、この説明が循環論にすぎないように聞こえた。彼らは、実質的に、ハイニックスが金融上の窮境から脱すれば債務を弁済できると論じていた。しかし、大真面目で自説を展開したところをみると、彼らはおそらく自分たちの議論に現実性があると思い込んでいたのだろう。この時点で、ハイニッ

クスは60億ドルの債務を抱え、さらに損失を出し続けていた。他の韓国の銀行は、44億ドルの救済パッケージの一環として、23億ドルの債務株式化を検討中だった。

取締役会は、注意深く聴取したものの、説得されなかった。ハイニックスの社長とソロモンの銀行員が別の可能性に関する話を避けていることは明らかだった。DRAMチップの価格が下落を続け、会社が救済のための新規資金を費消した挙句に破綻するという可能性である。KFBがハイニックスに投入した資金を取り返せる可能性はすでに小さくなっていた。私たちは、自ら選んだ頭取から、窮境に陥った企業に対するさらなる信用供与への承認を求められてがっかりした。

ついにボンダーマンが電話越しに発言し、ハイニックスチームを切り捨てた。半導体価格はさらに下落したり低迷したままだったりするかもしれず、会社に資金を投入すると、既存の債権と一緒に消えてしまうかもしれないといったのだ。驚いたことに、ハイニックスの社長とソロモンの代表者は、防御のための発言を何もしなかった。まるでその可能性を考えたことがなかったかのようだった。取締役会は午後7時まで続いた。ボンダーマンにとっては午前5時だった。私たちの直面する問題が重大かつ緊急なので、彼は徹夜で議論に参画したのだ。

取締役会は、KFBがハイニックスの救済に参加しないことを決定した。ハイニックス向け債権を大幅に値下げして他の銀行に売却したり、懲罰的な厳しさで貸出が減額（Hair Cut）されたりすることになってもやむをえないと考えた。私たちは、頭を失うよりも髪の毛（Hair）を失うほうがましだと考えたのだ。

ニューブリッジのブルーム、キャロル、チェン、プーンおよび私はシラホテルに戻り、バーナムやロバート・コーエンと会って、KFBの執行部をどうするかを話し合った。ハイニックスの件で執行部に責任があることについては皆が合意した。何人かは更迭する必要があった。こうしたことが再び起きないようにするため、銀行のリスク制御の仕組みをさらに改善し、内部プ

ロセスを厳格化する必要があった。

　私たちはハイニックス向け信用供与の決定の経緯について、ワシントンDC の法律事務所であるウィルマー、カトラー＆ピカリング（WCP）に独立調査を依頼した。

　WCP からは1 カ月後に報告が送られてきた。銀行の対応をさかのぼって監査してみると、2000年9 月に取締役会で決定した限度額の内規に沿って、KFB がハイニックス向け与信を徐々に削減してきたことがわかった。しかし、同年の11月下旬、KFB の経営陣がシティバンクのシ・ローン（シンジケート・ローン）に対する1,000億ウォンの参加を決定したことで、この流れは逆転した。WCP の調査で発掘された文書によれば、ハイニックス向け与信総額について、当初の1,000億ウォンを2000年末までに616億ウォンへ、2001年5 月にはゼロへと削減する計画だった。いったいなぜ KFB の経営陣は、ハイニックス向け与信総額を削減していくと同時にシティバンクのシ・ローンへの参加を決定したのだろうか？　WCP の報告によれば、「シティバンクのシ・ローンへの参加は基本的に頭取が決定した」とのことだった。

　　頭取は、チーフ・クレジット・オフィサー（SH イ）と信用リスクチームの審査を受けることを明示的な条件として、シティバンクの提案を推奨していたが、参加に前向きであることが明らかだった。チーフ・クレジット・オフィサーと彼の部下の信用リスクチームは、それを感じて、異を唱えることに躊躇した。

　　チーフ・クレジット・オフィサーとしては、流動性と DRAM 価格のリスクや（シティバンク以外の）外国の貸し手がシンジケーションへの参加に消極的であることに気づいていたこと、この情報に基づいて参加を止めるべき立場にあったことを認めている。しかし彼は、頭取に遠慮した。彼はそう認めている。

これは韓国に根付いている文化的規範を示していた。これについては、マルコム・グラッドウェルが『アウトライヤーズ』という本に書いている（訳注）。彼は、1997年に起きた飛行機の衝突事故について記述し、この現象の

もたらす危険性を説明している。大韓航空の801便は、アメリカ領グアムの丘陵に激突し、228人が死んだ。グラッドウェルは、この衝突事故は韓国の文化によるものだとしたのだ。韓国の若年者や部下は、リスクが大きい場合であっても、年配の者や上長に対する指摘を差し控える。この謙譲の精神の結果、飛行機の第一飛行士や航空エンジニアは、機長が衝突コースをとっていることを指摘しなかったのである。

　(訳注)　Malcolm Gladwell, "Outliers- stories of success" (Little, Brown and Company, 2008)

　韓国人であろうとなかろうと、明らかに命の危険に直面しているのに黙っていることがありうるとは信じられない。公式調査にあるように、第一飛行士や航空エンジニアがキャプテンに気を遣いすぎて、彼が選んだ航路のモニターやクロスチェックをできなかったというほうがありそうなことだった。いずれにせよ、二人の部下やキャプテンが生き残ってインタビューを受けたのではないので、危険に気づいていたか、何を考えていたかについては、誰にもわからない。

　しかし、KFBにおいては、間違いなくチーフ・クレジット・オフィサーが生き残っていた。調査に対して、彼と信用リスクチームは、躊躇したにもかかわらず、頭取に遠慮して貸出を黙認したことを認めたのである。誰も死ななかったが、銀行の損失は2億ドルにのぼった。これは前年の利益全部を消してしまう額であった。KFBで培いたいと考えていたクレジット・カルチャーにとって、こうした韓国の文化的な側面が障害であることは明らかだった。ホリエはアメリカ人で、イはバンク・オブ・アメリカで訓練されたのに、私たちの経営陣が韓国の文化にこんなにも強く影響されるとは思わなかった。

　WCPの報告の結論は、ハイニックスに関する決定への頭取の関与が「取締役会の正当な期待から乖離していた」というものだった。彼は、チェボル向け融資から消費者向け融資へのシフトという銀行の方針にそむき、取締役会の決めたリスク管理基準に違反して個別案件の与信判断に個人的に関与し

た点で誤っていた。チーフ・クレジット・オフィサーに損失の責任があることは明白だった。WCP は、ハイニックス向け貸出が悪い判断だと信じながら黙認したことは、チーフ・クレジット・オフィサーの役割に対する取締役会の正当な期待から乖離していると論じた。この報告は私たちの抱える問題がいかに大きいかを示すものだった。

報告の締めくくりは次のとおりだった。

> また WCP としては、ハイニックス問題は、それがどれほど巨額で言語道断であったにしても、一般的ではなく例外的だったと認識することが適当だと信じる。頭取とチーフ・クレジット・オフィサーの証言によれば、経営陣は他の主要な企業顧客に対する KFB の与信全般を効率的に削減してきた。2001年2月の KFB には、限度額の内規を超過した借り手がハイニックス以外に8件あった。チーフ・クレジット・オフィサーは、これらの借り手はいまでは4件に減少しており、各借り手への与信額はさらに削減されていると報告している。

WCP の報告から生ずる結論はおのずと明白だった。頭取はすべての責任をとって辞任した。取締役会は彼の辞表を受理した。チーフ・クレジット・オフィサーは、頭取に対する牽制機能を果たせなかったことに責任があった。しかし取締役会としては、SH イが信用判断をすべて任されている場合には与信品質の制御に成功していると認識し、リスク管理体制の破綻について、彼の責任を過度に強く問うことは差し控えるべきだと考えた。イは、譴責を受けたが留任した。私たちは、今回のことが彼にとってよい教訓になるに違いないと感じていた。

第15章

改　革　者

　社長の交代は、いつも組織に大きな不確実性をもたらす。経験があり、誠実さに定評のある人物で、取締役会の信頼を直ちに獲得でき、かつソウルに移り住む気のある誰かが私たちには必要だった。大事なことは、私たちのパートナーである韓国政府と KFB の職員から尊敬されるということだった。新たなリーダーにどれだけの経験があっても、新しい環境、新しい文化、新しい市場で有効に働けるかどうかについては疑問が残るものだ。特に KFB では、進路変更と内部変革を実施中なので、新たな頭取は、改革者であり、事業再生の専門家でなければならなかった。適任者を見つけることが緊急かつ重大な課題だった。

　9月13日の取締役会の後、私たちは頭取候補を探し始めた。私は、シラホテルで夕食をとった後、ポール・チェンと話をした。「リーダーシップに定評のある熟達した銀行家で、取締役会から信頼され、職を得たいと思っている誰かを見つけなくてはならない。これはむずかしい」と私はいった。

　少し間を置いてから、チェンは私に向かって、「ロバート・コーエンはどうですか」といった。

　それは、漫画によく描かれているような瞬間だった。私は、頭のなかで電

球のスイッチが点いたように感じ、目を見開いた。「ポール、それはよいアイデアです。いや、完璧なアイデアです」と私はいった。

　私たちは皆、これまでもコーエンをよく知っていた。ロバート・（ロバーと発音する）コーエンは、旧知のボンダーマンに招かれて KFB の取締役会に入った。コーエンは、中背で、眼鏡をかけ、髭を生やしており、表情はにこやかだった。彼は熟達した銀行家として、申し分のない特性を備えていた。彼は、引退の前、リパブリック・ナショナル・バンク・オブ・ニューヨークの副会長をしていた。その前は、クレディリヨネ・アメリカの社長として、南北アメリカ大陸全体の責任者を務めていた。コーエンは学者でもあった。パリ・ドーフィン大学で金融論の博士号をとり、フランスのエリート学校で16年間、経済学と金融論を教えてきた。こうした学問的背景と実務経験というまれな組合せのもとで、ロバート・コーエンは、銀行業務の裏表を知っているのみならず、自分の生まれ育った文化と異なるなかで大銀行を運営した経験もあった。

　コーエンは、特にこの時点では、頭取として最適の候補のようだった。取締役会への参加の模様から、私たちは皆、彼を最も勤勉な取締役の一人とみていた。彼は、いつも数時間をかけて、会議資料のすべてのページに目を通していた。どんな議題や数字であっても頭に入っているようだった。彼は、初日からずっと、取締役会の議論に貢献した。コメントや示唆はよく考えられたものであり、刺激的だった。また彼は、しばしば新しいアイデアや見通しを提供した。たとえば、早い段階から、金利の低下を見通し、KFB の資産の期間構成を長期化するよう主張していた（長期の利付資産の価値は、金利低下によって、短期のものより大きく上昇する）。彼の見通しは完全に正しいことが判明した。もし経営陣が彼の助言に従って資産構成を変えていたら、銀行はもっと利益をあげただろう。

　最初の取締役会以来、コーエンと彼の妻が韓国に強い関心をもっていることもわかっていた（写真14、15、16）。しかし、当時の韓国は西洋のビジネスパーソンに人気のある赴任地ではなく、ソウルの外国人社会はかなり小さ

かった。英語で暮らすことはむずかしかった（コーエンの母国語であるフランス語はもっと通じなかった）。KFBの業務はもっぱら韓国語で行われるが、コーエンは韓国語を話せなかった。彼がこんなにむずかしい仕事への挑戦に関心があるか、家族とともにソウルに引越しする気があるかが不明だった。

私はコーエンの部屋に電話し、シラホテルの裏山へ散歩に行こうと誘った。

私は、「問題がありまして」と切り出した。

私は、頭取の可及的すみやかな選任という当面の課題について、用意していた話をしようとした。頭取は、取締役会、韓国政府、従業員、顧客、そして当然ながらメディアという多くの相手に合格としてもらえる資格を備えていなければならなかった。しかし、私が続きを話そうとすると、「私がその課題の解決策になると思いますか」とコーエンが口をはさんだ。「はい、もちろんです。もし貴方に考えてくださる気があればですが」と私はいった。

「私には関心がありますが、妻に話す必要があります」とコーエンはいった。私には同僚や取締役会長のバーナムに話をする必要があった。もしコーエンが就任する気になってくれれば皆が喜ぶという確信が私にはあった。

実際そうだった。ボンダーマン、ブルーム、キャロルは皆コーエンが最適の選択だと考え、コーエンが妻と相談した後で就任に同意したと聞いて、驚き、喜んだ。

私たちの直面する最大の問題は、フランス人の頭取が韓国の組織をどう運営するのかということだった。

ブルームは、「彼らには少なくとも共通項がある。彼らは互いに相手の言葉を話せないが、外国語として英語は話せる」といった。

私たちはコーエンを信頼していたが、彼は、後で思い知ったように、非常に大きな挑戦を引き受けたのだった。

コーエンが韓国第一銀行の頭取に就任することは、2001年10月23日に公表され、直ちに発効した。移行は円滑だった。離任する頭取と着任する頭取は共同記者会見をした。この交代は市場を驚かせたが、コーエンは熟達した銀

行家かつリーダーとして、従業員とソウルの銀行業界にすみやかに受け入れられた。

* * *

　新頭取として、コーエンは、自らの戦略、長期計画、チームを早くつくりあげねばならなかった。彼は、就任後まもなく、2002年から2004年までの銀行運営に関する３カ年の目標を公表した。これは単純だが野心的な目標であった。彼は、銀行の総資産を25兆ウォンから40兆ウォンに拡大したいと考えた。2001年末の総資産25兆ウォンのうち、顧客向け貸出等の対顧客資産は11兆ウォンにすぎなかった。残りは政府債務証書や不動産等で、あまり大きな収益を得られなかった。金融危機の時期に不良債権を処理する必要があったので、KFB は多数の顧客を失った。コーエンの前任者がリテール銀行業に重心を移したことは、さらに多くの企業顧客を失う結果になった。コーエンは、３年間で顧客向け資産を11兆ウォンから25兆ウォンへと倍以上にしたいと考えた。これは野心的な目標であり、当初、銀行の従業員に強い猜疑心を生むことになった。

　また、コーエンは、金利がさらに低下すると予測しており、そのために、長期の確定利付資産を増加させることを事業運営の優先事項とした。彼が頭取に就任するや否や、銀行は長期の確定利付資産を購入し始めた。金利はそれまでにすでに低下していた。彼は数兆ウォンの長期の確定利付資産を購入したが、銀行がもっと早く彼の助言に従っていたら、もっと利益があがっただろう。

　また彼は、韓国で当時一般的だった会計基準がひどく不適切だと考えていた。たとえば、損益認識は、西洋では発生主義が標準なのに、韓国では現金主義によっていた。もし銀行が年末に６％の利払いをする借入れを行ったとすると、現金主義では、銀行が年末に実際の利払いを行うまで利払い支出が計上されない。もし発生主義で会計処理が行われれば、実際の支払が年末まで行われなくても、年央には半分の経過利息の支出を計上することになる。

同様に、もし銀行が同じような利払い構造の貸出を行っていたら、現金主義では、現金を受け取るまで利息収入を計上しないが、発生主義では、現金を受け取る前でも貸出から期待できる利息収入の額を計上できることになる。

いうまでもなく、経営者からみると、現金主義では銀行の財務成績を適切に示すことにならない。コーエンは、前シティバンク銀行員でKFBのCFOであるランヴィール・デワンと協働し、この問題を早期に是正した。

コーエンは、英語の訛りが強く、韓国語を話せなかったが、コミュニケーション能力に優れていた。たとえば彼は、ソウルをセイウーと発音し、アクセントをウーにつけていたし、韓国人の役員や従業員と話をするときには通訳を介さなければならなかった。しかし、彼は臆しなかった。彼のメッセージを全従業員に浸透させることが決定的に重要であり、従業員が彼の戦略目標に納得すれば、その達成に助力するだろうと考えていた。彼は、3年間で総資産40兆ウォン、対顧客資産25兆ウォンという単純なわかりやすい目標を設定し、何百時間もかけて役員や従業員とのミーティングを重ね、皆が彼の目標に賛同するようにした。

経験豊富な銀行員であるということ、目標が達成可能である理由を論理的に説明できること、別の銀行での自らの経験から身をもって学んでいることから、彼の話には明確さ、権威、信頼性があった。彼は、部下を納得させただけでなく、熱狂させた。銀行界でよく知られているとおり、銀行の受ける評判やその従業員の受ける敬意は、総資産額で示される銀行の規模に応じて決まっていた。従業員は、彼の計画に沿って進み、KFBを韓国第一の銀行というかつての栄光ある地位へともう一度復帰させることに熱狂した。

この目標を達成するため、コーエンは、企業銀行業務とリテール銀行業務の組合せを再度見直すことになった。2000年と2001年において、KFBは、リテール資産の積上げを図って企業銀行業務を徐々に縮小していた。しかし、リテール貸出は、定義上、個々の金額が小さいので、その拡張には時間がかかった。企業貸出のほうが個々の金額が大きいのが通例なので、こちらを拡張して資産を増やすほうが早かった。ただし、もちろん、企業貸出はよ

りリスキーであった。コーエンの戦略は、リテール貸出の拡張を継続しながら、企業顧客に再度食い込むことだった。

　コーエンは、目標を設定する一方で、経営チームを再編成した。その際、年功序列を厳格に守る韓国においてはまったく異例な方法をとった。西洋と異なり韓国では、個人の業績を評価するシステムがなく、職員に対する同僚や上司による業績評価の記録すらなかった。コーエンは、重要なポジションに、最も年長な者でなく、最も優秀な人材を置きたいと考えた。彼はリテール銀行業務の統括責任者を選ぶため、6週間にわたり、50人の候補者に対し1時間半ずつの面接を行った。彼の選んだ人物はスンヨル・ヤン（楊升耀）だった。ヤンは英語（やフランス語）を話せなかったが、一般職員からの尊敬を勝ち取っていた。

　銀行が顧客向け資産を積極的に拡大するにあたり、リスク管理が最大の課題になった。特に企業顧客に対する貸出のリスク管理が課題だった。しっかりしたリスク管理システムがなければ、KFBが破綻前に痛い目にあったように、信用度の低い先への貸出が不良貸出になりかねなかった。過大なリスクを負わずに顧客向け資産を急速に拡大する方法は、文字どおり科学であった。この点に関しKFBは、コーエンのリーダーシップのもとで、他の韓国の銀行になかった枠組みを設けた。

　プロ・ブランチと名付けられた計画により、400以上の支店からなるKFBの全ネットワークは根本から再編成・再組織化された。この考え方は、私たちが戦略分析と提案のために雇ったベイン＆カンパニーから勧告され、取締役会の承認を経て、コーエンによって実施された。プロ・ブランチは、支店を改造・リフォームするものだったので、多額の資本投資を要すると見込まれたが、取締役会とコーエンは、銀行の長期的発展のために不可欠だと考え、その投資に賛同した。

　韓国においては、当時のアジアのほとんどの国々と同様、貸出の認否決定という大きな権限が支店長に賦与されていた。しかし支店長にそうした権限を与えることには二つの問題があった。第一の問題は、与信判定が単一の基

準ではなく個人の判断によるということだった。したがって、貸出の品質は支店ごとに違っていた。第二の問題は、知人からの貸出申請を支店長が否認しづらいということだった。韓国の文化では若年者が年長者に気を配るべきだとされているので、その知人が年長者の場合には特に問題があった。

プロ・ブランチ計画では、企業銀行業務をほとんどの支店から取り上げ、KFB本部といくつかの主要な地域にある企業銀行業務センターに集約した。支店長と支店職員は、貸出申請書の作成には責任をもつが、与信判定や貸出承認には責任をもたず、貸出を承認するか否かは本部の決定によることになった。特定の大支店における企業向け貸出については、チーフ・クレジット・オフィサーのSHイの主宰する信用リスク管理委員会が決定する。イは、ハイニックス事件の経験があるので、強力なゲートキーパーとなった。

リテール貸出についても、決定権限は支店から取り上げられ、新たに設けられた決定科学部に移管された。決定科学部の長は、消費者金融のリーダーであるアメリカン・エクスプレスとアソシエイツ・ファースト・キャピタルで勤務した経験のあるキース・シャチャットが務めた。彼の部は、リテール貸出の引受け、すなわち承認または否認を決定する基礎として、リテール・リスクの分析とコントロールを所掌した。

この部は"決定科学"と呼ばれた。洗練された統計学的な手法、確率理論に基づくアルゴリズム、および大量のヒストリカルデータを用いて、貸出申請者の提供する個別データに基づくスコアを弾き出したからだ。スコアは貸出申請者が貸出を返済する確率を示し、一定の基準を超えた場合は貸出が承認され、下回った場合は否認されることになった。この分析はすべてコンピュータによって行われた。オペレーターは、どのような個人データを入力したか、どのような結果が出力されたかのみを知っていればよく、その計算がどのようになされるかを知る必要がなかった。技術とデータは、計算結果が現実を可能な限り近似するように、常に現在進行形で微調整された。とても複雑なので、私たちはこの部を"ロケット・サイエンス部"と呼ぶこともあった。現在では"人工知能"と呼ばれるものだ。

シャチャットと彼の家族は、アメリカからソウルに移り住まなければならなかったが、それにはややこしい問題が一つあった。彼は犬をとても可愛がっていたが、何かの理由で、どの民間航空便を使っても犬を韓国に連れてくることができなかった。犬が大きすぎたのかもしれないし、長い飛行機旅行の間、彼と犬が別れていることに耐えられなかったのかもしれない。しかしシャチャットは、犬なしでソウルに来ることはないと決めていた。そこで、ボンダーマンがプライベート・ジェットで取締役会に来るとき、KFBの将来にとって決定的に重要な飛行客、すなわちシャチャットの犬を乗せてくることになった。私たちは、これで、シャチャットを経営に携わらせることができただけではなく、ソウルでの仕事に永久に引き留めておくことができると思った。彼の犬を海外に連れ出すことは簡単ではないからだ。

シャチャットは、彼の部を強力な組織とし、40人以上の若い決定科学者や技術者を配置した。この部は独自の信用調査部門をつくりだし、そこに、何百万とはいかないにしても、何十万という消費者の信用データをいろいろな情報源から集積した。これにより、KFBは、借り手の資産で保全される住宅ローンや保全なしの消費者ローンを、不適切なリスクをとらずに提供することができるようになった。

中央集中で電算化された決定プロセスは、シームレスに機能した。デスクの向かいに座っている申請者を前にして、支店の銀行員が個人データをコンピュータに入力すると、1分間で本部から審査結果が返ってきた。銀行員は、貸出申請がいくらの金額と利率で承認されたかを告げることができた。顧客からみれば、支店の担当者がリアルタイムで決定しているようにみえた。それが私たちのロケット・サイエンティストの開発したブラックボックスによって決められているということは、ほとんどの人にはわからなかった。与信判定が承認であれば、KFBは3日のうちに文書を整えて貸出を実行することができた。従来の韓国の銀行業務にはなかった効率的処理であった。

貸出承認プロセスの中央集権化は、効率性と正確性をもたらした。支店の

銀行員は貸出額を増やすことから解放された。KFBの経営陣は、アメリカの銀行と同様、数年の固定金利とその後の変動金利による30年物住宅ローン等の新たな商品を売り出した。韓国の住宅ローンは、それまで変動金利の3年物しかなかった。迅速な承認、支店による強力な営業、新商品によって、住宅ローン市場におけるKFBのシェアは急上昇し、2001年の1％から、2003年には9％、2004年には11％になった。このように住宅ローンは急速に増大したのに、KFBの貸出の品質は優良さを保っており、貸倒れ損失は実際上ゼロだった。

企業貸出においても、SHイの率いる信用リスク管理委員会は、同様に印象に残る業績をあげた。KFBは、韓国の銀行界全体のなかで最良の貸出品質を維持しながら、残高を増やすことができた。KFBの貸出残高に占める不良貸出の比率、すなわち不稼働貸出比率は、1％前後で推移しており、他の韓国の銀行の示す2〜3％よりもはるかに低かった。

コーエンは、従業員と深い絆を構築して士気を高めたものの、労働組合との関係ではむずかしい状況を引き継いでいた。前任の頭取は、KFBの既存のシステムが時代遅れになっていたうえ、破綻と国有化の期間中放っておかれていたので、IT業務を外注したいと考えた。取締役会はこの決定を承認したが、経営陣は、社内のIT部門の閉鎖により職が失われるのに、労働組合と議論していなかった。このため、労働組合から強い抵抗にあい、KFBの貸出業務がほとんど止まってしまうことになった。

コーエンの前任者は、ついに労働組合の圧力に屈した。彼は外注の撤回に合意したほか、韓国最大のクックミン（国民）銀行にならって、3年間にわたり全従業員の賃上げを行うことにも合意した。しかし、従業員一人当りの資産額でみたKFBの生産性は、当時の銀行業界平均の半分以下だった。

コーエンの戦略は、完全な透明性のもとで従業員や労働組合に臨むというものだった。彼は、自分の計画について、繰り返し、誰にでも幅広く公開した。秘密の議題はなかった。銀行にとって大きな問題は過剰能力だった。KFBは、破綻と国有化を経た経済危機の間、総資産額がみる影もないほど

縮小したが、これに見合った労働力の削減はなされてこなかった。KFB の現状の資産規模では半数の職員で足りるのが実態だった。

　プロ・ブランチ計画は、こうした人余りをさらにひどくした。支店の貸出決定機能がなくなったからだ。しかし、KFB が今後、長期にわたって職員数を削減していくとすると、二つの望ましくない大きな副作用が予想された。従業員は雇用の安定を心配するし、次にいつ大規模な解雇が行われるか予想がつかないので、モラルに大きな問題を引き起こすだろう。また、一人の従業員に退職してもらうには、平均して3年分の給料を支払わなければならないので、銀行の経費が高くつくことになる。

　取締役会の承認を得て頭取が下した決定は、寛大な条件の早期退職パッケージを一時的に導入し、限られた期間内に限られた人件費削減を行うことだった。そして、この一過性の削減がすめばその後は職員数を削減しないことについて、全従業員に明確な意思表示を行った。それでは、過剰人員の問題にどのように対処するのか？　コーエンの計画は、身体にあわせて大きすぎる衣服を裁断するのではなく、衣服にあわせて身体を成長させることだった。銀行の総資産規模と、おおむね従業員数で決まるインフラとのバランスが適正化するまでは、余剰や非効率が存在することになる。従業員一人当りの資産額でみると、KFB は他の銀行よりはるかに劣った生産性しかなかった。しかしそのことは、コーエンの目標に向けて貸出を提供し、資産規模を迅速に拡大させるための豊富な労働力があるということでもあった。

　資産額にあわせて人件費を削減するのではなく、供給能力に見合うまで資産規模を成長させるというコーエンの戦略は、予想どおり急速な資産拡大につながったが、人件費の高さから、収益性はなお立ち遅れていた。取締役会においては、収益性改善の遅さが懸念され、職員数をもっと削減する戦略を採用すべきではないかという議論があった。私たちの競争者のなかにも、この銀行の職員が多すぎることに気づいている者がいた。韓国の有力銀行の一つであるハナ銀行のスンユ・キム（金勝猶）頭取は、私にアプローチし、KFB がまず1,000人分の人件費を削減するなら、二つの銀行の統合を考えよ

うといってきた。私たちは彼の提案を受け入れなかったが、所有者としては心配な問題だった。コーエンの戦略は説得的だったので、結局、私たちは支持することにした。多くの雇用を維持できることはよいことだという考えもあった。

　コーエンは、KFB の労働組合ときちんとした協力関係を築いたが、始まりは不安定だった。彼が頭取に就任した直後は、労働組合が敵対的であった。多分、前任者が労働組合に最初に相談せず IT 業務の外注を決めたので、同じ誤りを繰り返さないよう警告することが目的だったのだろう。コーエンは、『韓国における銀行の再生』という回顧録で、次のように書いている（訳注）。

　（訳注）　Robert Cohen, "Turning Around a Bank in Korea, a Business and Cultural Challenge", (Lulu.com, 2008)

　「この試練は、十分予測してはいたが、野蛮だった。労働組合は、経営陣が行った些細な決定（何だったか私は覚えてさえいない）を撤回するよう求めてきた。私が拒絶すると、大規模な示威行為が始まった」。約50人の労働組合員が役員フロアの彼のオフィスの外で、大声で叫び、大きな音を立てて示威行動を行った。太鼓を叩いたり、スローガンを叫んだり、深夜まで出るのを妨害したりした。

　示威行為に参加した労働組合のメンバーたちは、コーエンの選任後最初の取締役会の際、取締役会室のすぐ外側に陣取っていた。彼らは黒のシャツを着て赤い鉢巻をしていた。鉢巻には白字でスローガンが書いてあった。スローガンは韓国語だったので、何を書いているのか私たちにはわからなかったが、多分それがよかったのだろう。彼らは足を組んで座り、歌を歌いながら大きな韓国伝統の太鼓を叩いていた。信じがたいほどうるさかった。彼らは歌を時々中断して、拳を突き上げてスローガンを叫んだ。しかし、示威行為は、うるさくはあったが、平和裏に行われた。珍しい光景だったので、会議室に入ってきた取締役たちは、怖がるというより面白がっていた。もし労働組合員たちが拳を突き上げていなければ、取締役たちは一緒に写真を撮り

たいと思っただろう。

　ブルームは抗議者の一人に歩み寄り、握手をして、抱きしめた。どちらも相手の言語を話せなかったので、この行為は沈黙のうちに行われることになった。ブルームの年齢は、腕のなかに抱きしめた男の約2倍であり、背丈は男より頭一つぶん高かった。ブルームは、とても強く、長い間男を抱きしめていた。まるで相手が長い間会えなかった息子であるかのようだった。誰もが拍手した。他の労働組合員が進み出て、ブルームの頭に鉢巻をつけた。私は、彼が労働組合の名誉組合員になったと思った。

　コーエンは最終的に労働組合との行き違いを克服し、次第に組合員の信頼と支持を勝ち取った。その後、経営陣は、数年間にわたり、労働組合と相互に尊敬しあう良好な関係をもち、KFB設立74年および75年の記念祝賀会を含め、労働組合の求めに応じて多くの行事を開催した。両者の関係が調和のとれたものになったことにより、職員のモラルが向上し、皆の気持ちが共通の目的に向けて高まっていった。

　経営陣が労働組合と従業員に対し敬意とオープンな気持ちをもって接すれば、解決できないことは何もないというのが私の見解である。結局のところ、一般的に、従業員は穏当であり、労働組合には責任感がある。KFBの役職員は誰も、銀行が自尊心の源泉であってほしいと思っている。私たちがKFBを新たな所有者に売却してから約10年後、同行は韓国の銀行史上で最長かつ最も損害の大きなストライキを経験することになった。当然ながら財務成績も急激に悪化した。銀行の経営陣と従業員の間に、事業全体を危険にさらすことを正当化できるほどの違いがあるとは考えがたいと私は思った。

＊　　　＊　　　＊

　コーエンが舵取りをするようになって丸1年が経った2002年末には、ムーディーズ、S&P、フィッチ等の主要な国際的格付会社は、KFBの格付けをジャンクから投資適格に引き上げた。総資産は2001年末の27兆ウォンから32兆ウォン超に増加していた。これは1年間で19％の増加であり、当初の見込

みを30％超過していた。

コーエンは、銀行が成長するために資本増強が必要だと判断した。資本調達の方法として、ティア１のハイブリッド劣後債の発行によることを提案した。この債務は銀行の他の債務すべてに劣後するとされた。この債務は、銀行が債務不履行に陥ったときには最後に弁済されるので、株式資本に近い性格をもっていた。ハイブリッドという名前は、この債務が債務と株式の境界にあることを示している。こうしたことから、銀行の自己資本比率の計算にあたり、規制当局はこの債務をティア１の資本として扱うのである。ハイブリッド債に対する国際的投資家の買い意欲は強く、KFB は成長を支える資本増強を迅速に行うことができた。これは、KFB の成功とその見通しを投資家が支持していることの明確な表れであった。

*　　*　　*

2002年、韓国は消費者信用のブームを迎えていた。前述したように、2000年初めのこの国は現金社会であって、クレジットカードの利用はまれだった。政府がクレジットカードの利用を推進したことには、二つの理由があった。第一は、経済成長を加速するために個人消費を増やすことである。第二は、事業経費の濫用と不正を防ぐことであった。クレジットカードでの支払は、現金取引よりも偽装がむずかしかった。政府は、現金のかわりにクレジットカードを使うと税金の払戻しが受けられるという誘因を設けた。当然ながら、これはクレジットカード発行ブームの引き金となった。いくつかのクレジットカード会社は、韓国外換銀行のクレジットカード子会社のような銀行の子会社だった。ほかは、大規模なチェボルの関連会社である独立クレジットカード会社であり、LG カード、サムスンカード等があった。

クレジットカード・ブームがピークとなったとき、カード会社は文字どおりカードを路上でばらまき、受け取る気のある者には誰にでもカードを発行した。意味のある与信審査のプロセスはなかった。2002年には、韓国におけるクレジットカードの総数が１億500万枚に達した。この国の14歳以上の人

口は3,800万人であったから、大人の韓国人は平均で3枚のカードをもっていた。ソウルのような都会では、平均は4枚か5枚に近かった。

　なぜ人々はそんなにも多くのカードを必要としたのか？　クレジットカードは、購買だけではなく、現金引出しのためにも用いられていた。2002年には後者がカードの請求の6割を占めていた。クレジットカード発行会社は、カード債務の決済を他のクレジットカードで行ってもよいとしていた。消費者は自作自演のポンジースキーム（ねずみ講）を演じ、新たなカードを取得し借入れを行っては既存のカード決済にあてた。もし一つのカード会社がそれ以上の貸出を行えなくなったら、全体のスキームが崩壊すると考えられ、2003年にはまさにそのとおりのことが起きた。韓国における最大のクレジットカード会社であるLGカードが倒産の危機に直面しているというニュースが流れると、市場は衝撃を受け、クレジットカード危機を引き起こした。

　KFBは資産を増大させる方策を探しており、クレジットカード会社に対するバルク貸出を盛んに提供していた。これらの貸出の担保はカードの売掛債権、あるいはカード保有者の債務であった。2002年には、クレジットカード会社に対するKFBの貸出総額は5兆ウォンであり、自己資本全体の約5倍であった。コーエンと彼の経営チームは、クレジットカード会社に対する与信のリスクに懸念をもち、これらを劇的に削減する計画を開始した。KFBは、クレジットカード危機が発生したときにはバルク貸出を完全に解消しており、驚くべきことにクレジットカード会社に対する与信がゼロになっていた。もし経営陣が迅速かつ賢明に行動しなければ、KFBは2003年に再度破綻し、ずっとひどい状態になっていたろう。KFBは、コーエンと彼のチームのもとで、飛んできた弾丸をかわしただけでなく、クレジットカード会社に対する与信のない唯一の銀行として卓越した存在になった。他の16行は皆、LGカード事件だけで泥沼に落ち込んでしまった。

　KFBが危機の発生前に与信を解消できたのは幸運だったのだろうか？いや、そうではない。私は、周辺のリスクに対する経営陣の感度が著しく改善してきた結果だと考える。2003年5月には、韓国で3番目に大きいチェボ

ルである SK グループの商社、SK グローバルが倒産手続に入った。しかし、コーエンの指揮下の経営陣は、すでに SK グローバルに対する警戒を強めており、この会社に対する銀行の与信を急いで削減し始めていた。SK グループは KFB との関係を断つと脅した。こんなにも大きな取引先を失うことは、どの銀行にとっても大変なことだったが、私たちの経営陣は SK グローバルへの与信に過大なリスクがあると判断した。KFB は、SK グループの取引を失ったが、SK グローバルが倒れたとき、多くの他の銀行が困難を抱えたのに対し、無傷だった。

＊　　＊　　＊

　プライベート・エクイティ投資家は、企業を安く買収し、仕立て直して、高く売ると考える者が多い。それは、私たちのしていることとは違っている。私たちがタイミングや市場環境で幸運に恵まれることもある。しかし、成功のためには、幸運よりも、判断、むずかしい決断、そして多大な労力を必要とすることのほうが多い。私たちは、窮境にある企業を立て直し、その運営を改善することによって価値を生み出すのだ。そこでは、多くの痛み、犠牲、投資、戦略的な取捨選択が必要である。私たちは、上場企業と異なり、四半期ごとの収益性を気にする必要はなく、組織の長期的な価値の改善に焦点を当てることができる。私たちは、長期的な視野をもつことができるので、取得した企業を立て直して成長させるうえで、より戦略的かつ抜本的な変革を行うことができる。コーエンは、回顧録で、この点について次のように証言している。「ぐらついた建物にペンキを塗っても修繕することができるとは思えない。弥縫策はまったく役に立たない。私たちは近道をせず、あるべきだと考える姿にするため、銀行を根本から完全に立て直した。大規模な投資について取締役会で議論になった際、TPG のシニア・パートナーのデイビッド・ボンダーマンが「銀行の長期的繁栄のために必要ならやるしかない」といったことを鮮明に覚えている」。

　KFB の再建の成功は決して偶然ではなかった。プライベート・エクイティ

が最善の役割を果たしたのだ。数年間で、破綻した脆弱な銀行を韓国で最も健全な金融機関にしたのだ。KFB は、この強い基盤のうえで急速に成長し、銀行業界の記録を毎年塗り替えた。

＊　　　＊　　　＊

2004年、KFB は多くのカテゴリーで第１位となった。韓国で最も資本が充実した銀行であり、不良貸出比率は群を抜いて低かった。クレジットカードの延滞率は最低だった。従業員一人当りの顧客向け資産（貸出）の３年間の増加は、他の銀行では２倍にも達しなかったのに、KFB では３倍になった。コーエンの最初の計画では、総資産額は2004年末に33.5兆ウォンに達することとされていた。しかし、実際の KFB の総資産は43.5兆ウォンに達し、増加分のほとんどが３年間で３倍になった顧客向け資産によるものだった。KFB は根本的に変容した。KFB は銀行市場において、健全な統治機構、最良のリスク管理、最良の品質の資産をもつ健全で強力な銀行になった。KFB は真に韓国第一になったのだ。

私は、ニューブリッジが FSC との交渉に苦闘していた1999年１月のウォール・ストリート・ジャーナルの社説を想起した。「ソウルが王冠の宝石を明け渡していると嘆く人にいいたい。韓国第一銀行はもはや宝石ではないが、そうなるチャンスを得たのだ」。

多くの努力と長い年月を経て、私たちはチャンスをとらえ、取組みを開始したときの目標を達成した。韓国第一銀行は再び、韓国の輝ける王冠の宝石になった。

第16章

ライオンの追跡

「シャン、最近どうしていますか？　コーヒーをおごりますので近況を教えてくれませんか？」

インド訛りのあるなじみの声は、HSBCのチャンドラだった。2004年9月17日のことだった。それまでの1年間、彼と話したことがほとんどなかった。当時HSBCは、KFBの買収に興味があるといって私にアプローチしてきたが、その数カ月後、アプローチしたときと同様、唐突に話を打ち切った。今度は何だろうか？

チャンドラ、すなわちK.B.チャンドラセカは、HSBCの企業戦略と開発の責任者だった。インド出身で、HSBCに25歳で参加して以来26年目のベテランだった。彼は、中国交通銀行や平安保険グループ等、数多くの戦略投資に向けた交渉を主導し、この2件では大きな成功を収めた。彼は経験豊かで明敏であり、彼の実施した取引は、長年にわたりHSBCに大きく貢献してきた。

チャンドラは、すぐに要件を明らかにした。

「シャン、私たちは韓国第一銀行の買収について貴方と話をしたいのです。非常に興味があります」。

私には確認する必要があった。「ジョン・ボンドは興味がなかったと思います。貴方は、私たちと話をする権限があるのですか」と私はいった。ジョン卿はHSBCの会長だった。

　前年、チャンドラが私に接触してきたときには、彼とともにHSBCアジアの新しい統括責任者マイク・スミスと会い、彼らの考えを聞いた。マイクはHSBCアルゼンチンから移ってきたばかりだった。「2000年当時、私たちは、なぜ同様の取引でこの銀行を買収できなかったのでしょうか」と彼は反語的に尋ねてきた。スミスはKFBに強い関心をもっていた。私たちの銀行再生がうまくいき、最初買収したときとはまったく違う企業になっていることを彼は認めていた。

　2003年には、スミスおよびチャンドラと2カ月間議論した。しかし、HSBCとして関心があるのかどうかを確かめるため、私のパートナーであるブルームがHSBC会長のジョン・ボンドに電話すると、驚いたことに、「貴方たちがKFBを売ろうとしても、私たちは買い手になりません」といわれたのだ。彼の部下が私たちにアプローチしていることや、私たちが積極的に売ろうとしていないことについて、彼が知らないのは明らかだった。いずれにせよ、議論は終わりだった。

　今回、チャンドラは、私たちと接触する権限を与えられていること、KFBの買収にHSBCが真剣な関心をもっていることを請け合った。彼は、私たちに会って提案を示したいといった。

　KFBが再生に成功したことは注目されていた。1998年、HSBCはKFB買収に興味を示したが、ニューブリッジが競り勝った。HSBCのソウル銀行に関する取引も決裂した。韓国経済が回復したいま、韓国の銀行は、買収対象として魅力的だった。シティバンクが韓国のコラム（韓美）銀行を買収したばかりだった。数カ月前、スタンダード・チャータードの財務責任者のピーター・サンズと戦略・企業開発部門長のデイビッド・スティルマンが、KFBについて聞くため、私を昼食に招待していた。もっとも彼らは、銀行買収に関心があるかどうかを明らかにしなかった。

チャンドラが二度目に電話してきたとき、私たちはすでにKFBを5年間所有し、その変革に成功していた。適切な価格でKFBを売却することには関心があった。しかし、私たちは忍耐強い投資家であり、急いで売るつもりはなかった。銀行にはさらなる成長の可能性があるとわかっていたが、今回チャンドラは、ボンドの支持を得ていると請け合っていたので、私たちは、HSBCと喜んで交渉するつもりでいた。

　どんな企業買収でも、価格が最もむずかしい問題になる。当事者が価格に合意さえすれば、他の問題がどんなに複雑でも、通例片付けることができる。しかし、少なくとも私たちの観点からすれば、KFBの価格についてはあまり交渉の余地がなかった。シティバンクによるコラム銀行の買収がすでに基準となっていたからだ。シティはコラム銀行を純資産額の2倍で買収していた。KFBの買収に関心をもつ者はすべて、純資産額の2倍未満の金額でKFBを買収できないことをわかっていた。

　しかし、銀行の純資産額をどう決めるかという問題が残っていた。純資産額はKFBが毎年開示している監査ずみの財務計数なので、これは奇妙な問いのようにみえる。KFBは非上場企業であり、一般株主がなく株式取引も行われず、通常ならば年次報告書を公表しなくてもよかった。しかし、FSCのイ委員長の求めにより、KFBは上場企業としてのステータスを維持することになっていた。納税者の資金により国有化されていたので、FSCとしては、完全な透明性を維持していることを確認したかった。私たちは喜んでその義務を果たした。

　しかし、買い手としては、開示された簿価（純資産額）を常に評価の基礎とするわけにいかなかった。買い手は一般に、開示された純資産額が銀行の株式資本の真の価値を正しく反映しているかどうかを知りたがる。不良貸出に対する引当が不適切だったり、純資産に暖簾のような無形資産を含んでいたりするので、開示された純資産額が"適正"でないかもしれないのだ。たとえば、銀行が75ドルの価格の資産に100ドルを支払ったとすると、有形資産としての価格が75ドルであるにもかかわらず、購入価格100ドル全額を資

産計上することが普通である。差額の25ドルは無形資産の暖簾として計上される。企業買収者は、暖簾等の無形資産に現実的な価値があると認めないかもしれない。

　さらに、銀行が問題貸出を正しく分類していなかったり、貸倒れ損失その他の毀損に対する引当を十分に行っていなかったりすれば、企業買収者は銀行の価値を減額補正したいと考えることになる。この分野に詳しい買収者であれば、銀行の修正純資産額を求め、開示された数値と修正された数値の間に相当の乖離がないかを確認したいと考えるものだ。

　貸出の分類はしばしば主観的な作業であるが、BIS（国際決済銀行）で決められたフォワードルッキングの手法では、特にその傾向が強くなる。この手法によれば、現在借入れの弁済を順調に行っている顧客であっても、将来弁済が困難になるかもしれないのであれば、毀損貸出に分類しなくてはならない。"フォワードルッキング"とは、その定義上、主観的判断を含む。特定の顧客に対する貸出について、引当が必要か、必要額がいくらかについて同じ結論に達する人はいない。企業の買い手は売り手よりも保守的なので、こうしたことが問題になる可能性がある。それでは、取引当事者はどのような基準によればよいのか？　どうやってこの乖離を解決するのか？

　この問題は、まさに私たちとHSBCが直面したものである。私が提案し、チャンドラが受け入れた方法は、四大会計事務所のうち一つを合同で雇い、企業価値を評価してもらうというものだった。四大会計事務所とは、KPMG、デロイト、PwC、E&Yである。このうち、KPMGはHSBCの会計監査人であり、E&YはKFBの会計監査人なので、除外された。残りの2事務所はいずれも高品質なので、私たちはどちらでもよかった。KFBの貸出資産は健全であり、経営陣は保守的なので、貸出を正しく分類し適切な引当を行っていることについては、誰に尋ねられても心配がなかった。私たちはKFBが開示している簿価に強い自信をもっていた。

　KFBの通常取締役会は、サンフランシスコとソウルの2会場の交代で、年4回開かれた。2004年9月23日、私たちはKFBの取締役会のためにサン

フランシスコにいた。ニューブリッジチームにとって、HSBCが関心をもっていることを議論するよい機会であった。結果としては、ニューブリッジのパートナーたちがHSBCとの協議を進めることを決定した。

ボンダーマンは、売却についてアドバイスを得るため、投資銀行に関与してもらうことを主張したが、私は不要だと考えた。私たちは自ら売却を行う能力を十分にもっているし、少人数の緊密なサークルで対応するほうが秘密を守りやすいと思った。サンフランシスコにいる間に、たまたまチャンドラから電話があった。彼は手続の迅速さを重視して取引を行うことを提案したが、これは私たちの望みにもかなったものだった。

2週間後の10月6日、HSBCから口頭で、KFBを30億ドルで買うという回答があった。これには驚いた。この時点までは、純資産額に倍数を掛けた金額での売却について話していただけだった。これまでの合意に基づけば、まず正確な純資産額と倍率を合意し、次いでその適用結果として買収価格が決まってくると考えていた。しかしHSBCは、評価の基礎について論ずることなく、単に金額を決めたのだ。

私は、次にチャンドラに会ったとき、HSBCがどうやって30億ドルを算出したのかを尋ねた。彼は肩をすくめただけだった。私は推測するしかなかったが、HSBCとしては、韓国ウォンが対ドルで高くなりつつあり、ウォン高のもとではKFBの資産や純資産の額も高くなってしまうので、米ドル建てで価格を固定したかったのではないかと思った。

数週間議論した後でも、HSBCは、買収に関心があることや30億ドルという対価について、文書で示してこなかった。おそらく方針を変える余地を最大限に確保しておきたかったのだろう。

HSBCのこのアプローチは、いずれにせよ拘束力のある提案ではないので、あまり気にならなかった。意向の表明にすぎず、その提案を受け入れるか否かを返答する義務はなかった。しかし私たちは、意向の表明が今後の協議の基礎であると考え、HSBCがKFBのデューデリジェンスを進めることを喜んで許した。

私たちは、売却交渉がどうなるかわからない段階での情報漏洩や噂を心配していた。そうなれば、とりわけ売却が実現しない場合に銀行業務に支障を与えるかもしれなかった。韓国におけるKFBの高いステータスを考えれば、どんな噂でも大きな影響があった。HSBCも、取引が成立するかどうかわからない段階で情報が漏れることを懸念していた。このため、私たちはKFBの経営陣を香港に送り、HSBCによるデューデリジェンスの一環としてインタビューを受けさせることに合意した。また、HSBCにみてもらうために必要なデータのほとんどをソウルから香港に送った。人間やデータを香港に送ることは費用のかかる面倒なプロセスだったが、私たちは、韓国から離れて作業を進めれば情報漏洩の可能性を最小化できると考えた。

　HSBCは、取引の条件を示す前、私たちに1カ月間の排他的交渉期間を求めてきた。私たちは、2004年10月6日以降、KFBの買収に関してHSBCとだけ協議し、他の企業と話をせず、申出がきても受け付けないことにした。売主側は、排他的交渉権を与えると他の候補者を締め出すことになるので、取引の見込みが高くなるまで、この権利を与えたがらないのが常である。KFBの買収に関する排他的交渉権に関しては、HSBCが取引を離脱すれば取引できなくなる可能性があった。しかし私たちは、彼らの関心が真正で真剣だとわかっていたので、誠意をもって合意した。

　この時点でHSBCは、なんら文書を出しておらず、意向表明書さえ出さなかった。すべての意向の表明は口頭でなされた。しかし私たちは、いつものように、すべての表明を約束として扱ってきた。この日までに、他の二、三の企業から関心の表明があったが、HSBCに排他的交渉権を付与した後は、文書に書かれたものではなかったにもかかわらず、私たちは話合いをしなかった。

　両当事者の了解事項は、デューデリジェンスの終了後HSBCが確定的で拘束力のある申出をすることだった。もちろんHSBCには、結果が好ましくない場合に申出をしない権利もあった。HSBCがデューデリジェンスの終了後に離脱すればKFBが傷物だと受け止められるというリスクを私たちは

冒していた。このことが、議論にあたり厳密な守秘をしてきたもう一つの理由であった。

　ところがHSBCは、ゲームのルールを変えたいとすぐにいってきた。評価と監査を行う会計事務所について、かつては合同でランダムな選択を行うとしていたのに、PwCに決めたいといってきたのだ。私は渋々承諾した。これらの会計ファームは皆専門家なので、どこが仕事をしても、あまり大きな違いが生じないだろうと思ったからだ。ただし、KFB取得交渉のプロセスで繰り返しみてきたように、サービス提供業者には、許容される限度内で自らの顧客を有利に取り計らうという偏りがあることもわかっていた。

　10月21日、私たちがHSBCとPwCのチームに会ったときには、HSBCがPwCの仕事に影響を与えようとしていることが明らかだった。これは好ましくなかったが、私としてはなお、大した違いを生じないと考えていた。私たちはKFBの資産と純資産額の質に自信があった。このため、HSBCの選んだPwCを合同の独立監査人とすることに同意した。

　驚いたことに、チャンドラは数日後、両当事者合同で監査人を選任したうえで、その結果を受容するという枠組にHSBCが応じないといってきた。そうではなく、HSBCとしては自らの監査人を選任したいとのことだった。自分のかかわる訴訟や野球で裁判官や審判を雇うようなものだと私は考えた。それは合意と違うといったものの、HSBCがこだわるので応ずることにした。

　この時点で、HSBCは、KFBの純資産額に基づくことなく買収価格を提示していた。自らの監査人によるデューデリジェンスを行った後で申出を引っ込めれば、私たちとしては、拘束力のある約束が何もないので、どうしようもなかった。しかし私には、この銀行とその資産の品質は最も眼力の鋭い監査人の厳しい精査にも耐えうるという自信があったので、HSBCに作業を進めてもらうことにした。点検がすめば、この銀行をいっそう気に入るだろうと思っていた。

　HSBCとしては、監査の後、自らの申し出た価格を引き下げたいと考えて

いるだろうと私は推測していた。どんなことがあっても、彼らが自発的に価格を引き上げることはないと思っていた。チャンドラに対しては、HSBCが自らの監査人を使うことには同意するが、公表している純資産額から、たとえば5％以上といった大きな違いのある額を出してくるのだったら、私たちは取引を行わない権利を留保していることを明確にした。もちろんこのことは明示しなくてもよかった。拘束力のある合意がないのだから、価格が気に入らなければ何もしなければよいだけだった。しかし、交渉相手が私たちをどれだけ押し込めるかについて非現実的な期待をもたないよう、正直に対応し、問題が生ずる限界を示しておきたいと考えた。

HSBCは世界的リーディングバンクだった。私の経験では、こうした組織に対し、異なる立場を受け入れるよう説得することはむずかしいことが多い。こうした組織の決定過程は入り組んでおり、階層が多く、時間のかかるものである。いったん決定が行われると、変えることがむずかしい。個々の職員は、どんな上級者であっても限られた権能しかもっていない。

私たちは、理解があり穏当であるように努めたけれども、調整に応じようとしていることについて相手側が評価してくれるかどうかわからなかった。私たちは、協議プロセスのはじめから、面会やミーティングに時間どおり出席することを含め、何事についてもすべて期限を守ってきた。

双方の弁護士は、売買合意書や最終売却契約書を起草する役割を担った。彼らの側の弁護士が取引にかかわるすべてのリスクを私たちに負わせようとすることは、よく理解できた。私たちの側の弁護士は、こうした申出に対し、不合理であるとか市場慣行から乖離しているとかの理由を付けて、受け入れなかった。問題の一つは、経営権の移行に伴って離職させられる経営陣への退職慰労金の支払であった。普通は買収者がこうした支払を行うものだが、HSBCは当初、売主が支払うべきだと主張していた。

HSBCとしては、KFBの買収価格を口頭で提示してから1カ月間で韓国ウォンが高くなったので、30億ドルで取引を決めていたら為替差益だけで1億ドル以上利益を得たことになる。私は、チャンドラたちに対し、この計算

をみせることで、こうした何十億ドルという取引においては、些細な出費を渋って私たちを苦しめることにあまり意味がないことを示した。

口頭の合意では、HSBC が 1 カ月間の排他的交渉期間の後も取引を続けたいなら、文書で拘束力のある申出をすることになっていた。排他的交渉期間において、ニューブリッジとコーエン以下の KFB 経営陣は、HSBC チームと密接に協力し、連携して働き、HSBC が望むものを何でも手に入れられるようにした。この仕事は完全に秘密裏に行われ、そのためにあらゆる注意が払われた。

11月11日、私はロバート・コーエンからの電話を受けた。「悪い知らせです。情報漏洩がありました。韓国の新聞であるエコノミック・デイリーが HSBC への KFB 売却に関する記事を出しました。ソウルは大混乱に陥るでしょう」と彼はいった。

案の定、コーエンが電話を切るや否や、再び電話が鳴った。KDIC の JT キムからで、何が起きているかを知りたがっていた。私は彼に、HSBC との話合いの状況をすべて報告したうえで、私たちが何も署名していないと説明した。

KFB 取引の条項によれば、ニューブリッジは100％の議決権をもち、一括処分条項に基づいて韓国政府保有分を含む KFB 株式の100％を売却する権利を有していた。つまり、私たちが株式を売却するときは韓国政府にも売却義務があるのだ。もちろん私としては、売却が差し迫ってくれば韓国政府に知らせるつもりだった。HSBC と交渉してはいたが、私たちは経験から、取引が成立するかどうかは実際に成立するまでわからないということを十分に知っていた。私は、ソウルに行って JT キムと KDIC 総裁に近況を報告すると申し出た。

私はチャンドラにも電話して報道の動きを伝えた。彼によれば、HSBC は「噂にはコメントしない」という立場を貫いており、報道からの質問に対して否定も肯定もしないということだった。私は彼に、自分たちも同じ立場だといった。

KFB は、西洋のメディアが多分最もよく取り上げる韓国の銀行だった。フィナンシャル・タイムズやウォール・ストリート・ジャーナルのような主要紙は、HSBC やニューブリッジから確認さえ取らずに、エコノミック・デイリーの記事を取り上げた。国際的な報道機関の記事が噂となった取引を強く支持し、HSBC がうまく「ライバルの鼻を明かした」としていたことで、私たちは胸をなでおろした。HSBC の主なライバルが気づいたということはまもなく明らかになった。

＊　　　＊　　　＊

　HSBC は期限を守れず、合意済事項の変更を求めてきたものの、チャンドラによれば、とてもありがたいことに、HSBC のチームは調査結果を好ましくみているとのことだった。彼らの調査の結果、特段の問題は見つからなかった。彼らは、私たちが韓国政府と交渉して有利な取引を勝ち取り、KFB の経営陣も非常によいとみていた。しかし、HSBC は、排他的交渉期間の終了日（11 月 5 日）にデューデリジェンスを完了できなかったので、期間延長を要請してきた。

　そのうえ HSBC は、彼らが口頭で申し出る価格がなおデューデリジェンス次第なのに、私たちがその申出に応ずるという内容の合意文書を求めてきた。彼らは、基本的に、自分たちの主張する価格で銀行を売ることを約束するよう私たちに求める一方で、彼らが買うかどうかや、申し出た価格を遵守するかどうかはわからないままにしていた。私は、不公正だと考え、ノーと回答した。

　HSBC は、排他的交渉期間が終わるまでに拘束力のある申出を行わなかったので、最終的に私たちとの取引を承認するかどうか、その価格がどうなるかは不確定だった。私たちは再び、取引が成立しないリスクにさらされた。

　私は、排他的交渉期間の延長を拒絶しても、HSBC が交渉から離脱しないと見込んでいた。HSBC は、すでに多くの労力を投入し、KFB の品質に感銘を受け、本当に興味をもっていたからだ。

私はチャンドラに二つの選択肢を提案した。第一は、HSBCとニューブリッジが相互に拘束力のある合意文書に署名するが、価格については、HSBCが私たちの提供した数値と自らのデューデリジェンスで見出した数値との間に重要な乖離を見つけた場合、第三者の裁定により調整できるとするものだ。第二は、HSBCが排他的交渉権なしに作業を続けることを認めるが、どちらの当事者も取引から離脱する権利をもつというものだ。

　エコノミック・デイリーによる報道があった日の翌日、11月12日の金曜日、チャンドラが私に電話してきて、HSBCアジアの統括責任者であるマイク・スミスと会うよう求めた。彼は、スミスが独立の裁定人のアイデアを気に入っていないと警告した。またHSBCとしては、さらにデューデリジェンスを行うまで拘束力ある合意をしたくないとのことであった。ニューブリッジには排他的交渉期間を延長する気がないことから、チャンドラは繰り返し「参加者限定の入札をしようというのですか」と尋ねてきた。

　その答えのかわりに私はこういった。「チャンドラ、私たちは1羽の鳥だけを手に入れたいと思っています。私たちが話し合ってきたように、そのほうが確実だからです。でも、その鳥が私たちの手に入ることを拒むならば、周りの草むらにいる他のすべての鳥を追い払うつもりはありません」。

　私には、HSBCが何をしたいのかわからなかった。彼らがもしこの時点で取引から離脱するとすれば、その理由は、もともと取引に真剣でなかったか、自尊心が強すぎて何かを譲ることができないかではないかと考えられた。後者のほうがありそうなことだった。このような不確実な状況と、私たちがすでに売却に向けた道のりをかなり進んでいることとを前提にすると、もはや後戻りできなかった。私たちは、どんな第三者の候補者に対しても門戸を開いておかなければならなかった。

　私は予定どおり、11月15日の月曜日の朝、香港の中央（中環）地区にあるHSBCの本部でスミスとチャンドラに会った。

　HSBCビルは象徴的な存在だった。44階建ての幅広い正方形のタワーで、内部に強化コンクリートを使っておらず、ガラスと鉄のレゴブロックでつく

られた未来の工場のような外観だった。この建物はノーマン・フォースターの設計で、1985年の開設時には、これまでで最もお金のかかった建物だという評判だった。組立て式の部材はイギリスでつくられて搬入された。旧中国銀行ビルと狭い通りを隔てた向かいにあり、対角線上にある I.M. ペイの設計による72階建ての中国銀行タワーから220ヤード（200メートル）離れていた。

　HSBC ビルの屋上には二つのメンテナンス用クレーンがあり、中国銀行タワーを射撃目標とする大砲のようにみえた。その目的は、本当かどうかはわからないが、"風水"に沿って、中国銀行からくる負のエネルギー、あるいは邪悪な風を防ぐことにあった。私の見解では、"風水"とは人間の幸不幸を環境と結びつけて考える中国の迷信である。

　イギリスの銀行の意思決定権者が自分たちや中国銀行の呪術的な力を信じていたかどうかは知らないが、多分彼らは心配するより安全にするほうがよいと思ったのだろう。近くにあるシティバンクビルは盾のようなかたちをしており、その目的は同様に、中国銀行からくる闇のエネルギーを防ぐことにあるという噂だった。攻撃は最良の防御であり、大砲は盾より有効だということを、シティバンクは知らなかったが、HSBC はどうやら知っていたようだ。HSBC が香港で最大かつ最も成功した銀行であることは不思議でなかった。

　私がスミスの広々としたオフィスに案内されると、彼とチャンドラがすでに待っていた。私が着席すると、スミスは、非常に失望し困惑しているといった。彼は、ニューブリッジが不誠実だと非難した。

　「私の弁護士たちは、貴方たちの売買契約の修正が卑劣だといっています。これは価格が完全に示された取引です。もし入札をするつもりなら、私たちは札を入れますが、ずっと値を安くするつもりです」と彼はいった。

　「マイク、私たちは誠実に行動しています」と私は答えた。「貴方たちのチームの戦術には異論がありますが、苦情を出していません。私たちの修正との間に食い違いがあるなら、私たちは会ってそれを解消するつもりです。

しかし私たちは、貴方たちを"卑劣"等といったりしません。私たちは、貴方の銀行が最も理にかなった買収者だと思ってきましたし、いまもそう思っています。私たちは1週間前から両方の当事者と弁護士によるミーティングを求めてきましたが、貴方たちが拒んだのです。私たちは期限をすべて守ったのに、貴方たちのチームはすべての期限を徒過しました」。

これを聞くと、彼は冷静になった。しかし、私を厳しくにらみつけながら、「ロバート・コーエンを信頼していますか」と尋ねた。KFBの頭取ロバート・コーエンが取引のニュースを報道陣に漏洩したのではないかと疑っていることが明らかだった。

「完全に信頼しています」と私はいった。「あの情報漏洩によって、私たちは貴方たちよりずっと大きな損害を受けました」。

次に、議論の対象が税金の源泉徴収に移った。HSBCは、銀行売却に伴ってニューブリッジに生じうる税金を源泉徴収することを求めていたが、私たちの弁護士は同意しなかった。「税金はおたくの問題です」とスミスは強調した。

私は、彼のいうとおり、税金がこちらの問題であることを説明した。しかしそのことは、HSBCが私たちのために税金を源泉徴収する理由にならなかった。韓国の課税当局が売り手に対する税金を買い手から徴収したことはなく、韓国政府は私たちの投資家の居住する法域との間で多くの租税条約を結んでいるので、私たちが税額を決定するためにはこうした法域の課税当局と協議しなくてはならなかった。私たちは、HSBCが恣意的な額を源泉徴収し、支払うことを許すわけにいかなかった。

「そんなことをすると、韓国の歴史上前例のないことになります」と私はスミスとチャンドラに話した。私は、いくつかの前例を示した。たとえば、シティバンクがコラム銀行を最近買収した際には、税金はまったく問題にならなかった。買収者が課税当局のリスクを負う可能性はゼロに近かった。

「もし私たちが税金の源泉徴収を認めるならば、貴方たちが負うかもしれない額よりもずっと大きな額を貴方たちに支払わなければならなくなりま

す」と私はいった。「そうすると、リスクの面でHSBCが不釣り合いに有利になります。そのうえ貴方たちは、私の直近の計算によれば、為替上昇によりすでに1億2,000万ドルの差益を得ているのです」。

スミスは、為替差益に比べ、潜在的な税負担が些細なものであることを知っていた。また韓国ウォンは、実際には私の認識よりも上昇していた。HSBCの為替差益は、約1カ月前に申し出た30億ドルに対し、1億7,000万ドルに達していた。そしてHSBCの株価は、この2営業日で3％上昇していた。その一部はKFB買収の情報漏洩によるものだった。その結果、HSBCの時価総額は60億ドル近くも増加していた。全体をみれば、彼らが些細な額を争う必要はまったくなかった。

こうした話をした後で、韓国における私たちの顧問であるキム＆チャン法律事務所の税務意見書の写しをスミスに渡した。彼は「キム＆チャン法律事務所は信用ならない。相手によっていうことが違う」といったことをもぐもぐつぶやいていた。これは多分、彼らも別の取引でこの法律事務所にアドバイスを受けたことによるものだろう。しかし、彼は問題の所在や私たちの意見を理解したようだった。

彼は、デューデリジェンスに関して、問題がわかっていなかったので、私たちに何か隠していないかと尋ねることから始めた。私は、合意した期間中、彼らが必要と思ったことは何でもしてもらってよいといった。しかし、私たちはプロセスの客観性を望んでおり、以前合意したように、独立の監査人を利用して双方がその監査結果に拘束されることにしたいといった。

「または、貴方たちが3週間何でも好きなことをして、その後、どうしたいかを私たちに告げるということでもかまいません。しかし、その申出は一方的に拘束力をもつものであってはなりません。貴社が申出をしても、当社はそれを受けるかどうかを決める権利があります」と私はいった。

「それは公正ですね」とスミスはいった。

チャンドラは、なぜ彼らが考えを変えて、独立の第三者監査人を使うことをやめたかを説明した。私は以前、両当事者が独立監査人の出した結果を受

け入れることとし、私たちの提示した数値と監査人の所見の間に“重要な（material）”乖離がない限り取引を離脱できないとすることを提案した。チャンドラによれば、HSBCの弁護士は、“重要な”という概念を聞いたことがないので、同意できないという意見だった。

重要性（materiality）は契約でよく知られた概念である。HSBCの弁護士たちがその概念を聞いたことがないとしたら、明らかに能力に欠けるので、解雇されるべきだと思ったが、私は口を慎んだ。私たちは、双方とも、彼らが弁護士をスケープゴートにしていることを知っていた。

次の段階について、チャンドラは、デューデリジェンス報告書の準備のために、ニューブリッジが同意した3週間に加えて、7～10日間が必要だといった。私は3週間の追加に合意したのであって、それ以上は駄目だと念を押した。するとスミスがチャンドラに向かって「なぜ2週間半でデューデリジェンスを行って、3日間で報告を準備できないのですか」といった。

スミスは、これ以上排他的交渉期間を得られなくても大丈夫と考えたようだった。HSBCとしては、排他的交渉権なしで作業をすれば、もちろん、私たちが他の買収申出を受けるかもしれないというリスクを抱えることになる。しかし、彼らはおそらく、どの競争者よりも1カ月先行しているので、もう1カ月の間で急に追いついてくる者はいないと見込んだのだろう。私も、この段階で参入してくる者がいるかどうかわからなかった。

＊　　＊　　＊

2004年11月15日午後2時、私はソウルに向かった。KDICに対し、買収者候補と行っている作業についてすべて報告すると約束していた。機上で私は、スミスやチャンドラとのミーティングを要約した同僚宛てのメモを書いた。

マイク・スミスがニューブリッジによる売却プロセスの処理について偏った見方をしていたと書いた後、「私としては、彼が穏当で公正な人物であることは明らかなように思えます」と報告した。「スミスは、今日のミーティ

ングで、少なくとも私たちの側の説明を聞くことができました。この提案を検討する必要があり、今夜連絡するといいました」。

　私は、メモのなかで韓国ウォンが上昇していると書いた。3カ月前、HSBCが申し出た30億ドルという価格は、KFBの純資産の1.92倍に相当した。しかし、いまは1.83倍にしかならず、HSBCにとっては約1億7,000万ドル安くなっていた。これはコラム銀行に適用された倍率よりもかなり低いので、KDICにとって問題となりうると思った。しかし、当然ながら私たちは、価格の通貨建てについて合意したことはなかったし、HSBCが口頭で申し出た金額に合意したこともなかった。

　11月中旬でも香港は華氏77度（摂氏25度）程度でなお暖かかったが、ソウルは肌寒かった。私は11月16日の朝到着したが、日中の最高気温は華氏45度（摂氏7度）程度にしかならなかった。

　早朝ランニングの後、チャンドラから電話があった。スミスからの伝言だった。HSBCとしては、当分の間、税金の源泉徴収に関する問題を棚上げにしておきたいとのことだった。デューデリジェンスが完了してもサプライズがなく、税負担の推定額も現在の彼らの見込みから大きく変わらないと仮定すると、HSBCは、この問題を理由に取引をやめるつもりがないだろうと思われた。

　またHSBCは、ニューブリッジが銀行売却のオークション（あるいは入札プロセス）を行うだろうとみており、それに参加する意向をもっていた。チャンドラは私たちに文書で意向表明を送ることに合意した。そこでは価格は示されないと予想されたが、HSBCとしては誠実かつ前向きに交渉することにしていた。

　チャンドラは、HSBCが拘束力のある価格を申し出るにはもう4日必要だが、デューデリジェンスの作業は3週間で終わらせると請け合った。また。並行して弁護士に売買契約書の作成作業を進めさせ、価格と同時に提示するといった。

　その夕刻、私はHSBCの意向表明書を受け取った。

「彼らから受け取った文書は、本当にこれだけなのです」と私は同僚に対する近況報告で書いた。

私たちはHSBCの部内用コードネームを“ライオン”とした。香港のデヴー・ロード（徳輔道）にあるHSBC本部の入口を守る二つのライオン像にちなんだものだ。

「ライオンは、できるだけ早く私たちとのレターに署名し、そのすぐ後に声明を出したいと考えています」と私は続けて書いた。これは、スミスとチャンドラが交渉を長い間秘密にしておくことができないと考えていることにもよるものであった。彼らは、KDICやKFBの労働組合とも話をしたいと考えていたが、そのことによって取引を知る人の輪が広がり、秘密を守ることがほとんど不可能になると考えていた。「私たちは多分、来週の月曜日まで対応できないと思いますが、ロバートには、オンサイトのデューデリジェンスの準備を始めていただくようお願いしました」と私は書いた。HSBCによるデューデリジェンスは、これまでオフサイトであり、韓国ではなく香港で行われていた。KFBの建物でデューデリジェンスを始めれば、隠しておくことがほとんど不可能になるとみられた。

$$* \quad * \quad *$$

翌日の11月16日、私はKDICとFSCの双方に会って近況を報告した。ライオンや他の誰かが神経質にならないよう、私の訪問は秘密裡に行われた。誰かにみられることを防ぐため、KFBの近くにも行かなかった。

私はKDICの新理事長インウォン・イ（李仁遠）と彼のオフィスで会った。JTキムや他の幹部もその場にいた。少なくとも1社がKFBの買収に関心をもっており、ニューブリッジとしては参加者限定の入札を行うかどうかまもなく決めることを知らせた。このプロセスが完了するまでに4週間から6週間かかる見込みだった。KDICとしては、大銀行ですでに韓国に支店をもっているHSBCが他の参加者より多少は好ましいと思っているが、いずれにせよ、買収者が金融機関であれば問題はないとイはいった。

私たちは、ニューブリッジの一括処分条項について議論した。この条項により、私たちは、公式の通告をすれば韓国政府の所有する株式を一括して売却する権利を有していた。私は、KDICに通告して取引に参加させるのではなく、KDICとニューブリッジが同じ売買契約書に署名することにしてはどうかと提案した。一括処分条項の適用が強制のように受け止められることを防ぐためには、ずっとよい選択だと思った。KDICもすぐに同意した。

　KDICの株式売却は公的資金監視委員会の承認を要するが、この委員会では前のFSC委員長ホンジェ・イがたまたま共同委員長となっていた。KDICが一括処分条項の拘束力からみて韓国政府に選択の余地がないと考えていることも、私たちを力づけるニュースだった。KDICは売却に明らかな障害がないとみていた。

　私はKDICの後、FSCの担当官に会いに行った。FSCチームは私の状況説明に耳を傾け、この種の売却の承認プロセスには通例3カ月かかるといった。FSCの担当官たちの意見は売却に関するKDICのコメントと同意見だったし、HSBCに関しても意見は一致していた。ノンバンクが参入しようとすると障壁がとても高くなるが、銀行であれば結構だというのが韓国政府の考えだった。

　韓国の銀行法制のもとで、ニューブリッジのようなプライベート・エクイティ会社に銀行の経営権取得が認められないことはわかっていた。私たちが認められたのは、KFBがアジア金融危機で窮境にあったからだった。いまや状況が変わったので、私たちの得たような機会が再来することはなさそうだった。

　その夜、私は、ロバート・コーエンとその妻アニーの招きで、ソウルにある彼の自宅へ行って夕食をともにした。彼らの家は、ニューヨークの自宅から運んだ家具と、韓国の伝統的な家具や工芸品で飾られていた。居間には柿の木の大きな絵があり、その枝には明るい柿色の果物がなっていた。柿は韓国で人気のある果物であり、いまが旬だった。この絵は当時の私たちの状況を示しているように思った。私たちの努力は実を結んだ。KFBは堅固で健

康な銀行へと変わった。いまや収穫期であり、豊作になりそうだった。

　韓国と西洋の文化を混合したセッティングのなかで、私はアニーのつくった極上のフランス料理を堪能した。取引の公式の合意はなかったが、夕食は祝賀の雰囲気であった。物事が正しい方向に進んでいるようだったので、コーエンは満足していた。私たちは皆、新聞の情報漏洩が売却プロセスにどう影響するかを心配していた。私たち皆にとって幸せなことに、それは過ぎ去ったエピソードになったようだった。売却が完了すると使命を達したことになり、まもなくニューヨークの自宅に帰ることになるという思いは、コーエンの心から消えることがなかったに違いない。

＊　　＊　　＊

　ニューブリッジの香港事務所は、ビクトリア港の隣の大きな複合施設であるIFC（国際金融中心）にあった。アジア金融危機の終局時である1999年、私たちはクインズ・ロード・セントラル（皇后大道中）の古いビルから、ウルトラモダンな37階建てビルである One IFC に移った。4年後、当時の香港で最も高かった88階建ての Two IFC に再移転した。57階の私のオフィスからは、大小の船で賑わう港を見下ろし、海越しにクーロン（九龍）の山の頂を眺めることができた。

　2004年11月22日の月曜日、私は Two IFC の事務所から HSBC ビルまで10分間ほど歩いた。中央地区にある多くのビルは、道路の上や建物のなかを通る歩行路や通路のネットワークでつながっており、香港の名物である台風のときも濡れずに、地区のある場所から他の場所に移動することができた。

　HSBC に着くと、再びスミスのオフィスに行った。今回、彼はご機嫌だった。昼頃、彼の部屋で、彼と私は HSBC の意向表明書に署名した。この署名は価格に触れていなかったので、実質的というより象徴的なものだったが、この銀行が KFB の買収に真剣な関心をもっていることの表明であり、正確な条項は当事者間で交渉され、合意されることになっていた。

　署名の後、私たちはしばらく雑談に興じた。彼が HSBC アルゼンチンに

いたときにガンマンから追われた話を聞いたことがあるといってみた。彼によると、それは本当の話だった。彼がキックバックの仕組みを暴露したので、それにかかわっていた者が報復のために追いかけてきて、車のなかにいた彼を撃ったとのことだった。スミスは引出しを開け、弾丸で穴だらけになり、座席が血で汚れた傷ついた車の写真を取り出した。彼は太腿を撃たれたのだった。

　私はとても怖くなり、彼が生き残れて幸運だったと思った。銀行業が命にかかわる職業だと思ったことはなかった。スミスは、ジェームズ・ボンドのエキサイティングな映画の話をするかのように、面白おかしくこの話をした。車の内装が血で汚れている写真をみたときには、彼が危うく殺されかけたことを思い起こした。

第17章

競　　争

2004年11月10日、ロドニー・ウォードから予期しない電話があった。彼は背の高い銀髪のイギリス人で、スイスの大銀行グループUBSアジア太平洋の会長をしていた。私たちはかねてからの知り合いで、私は彼を友人だと思っていた。

ウォードはすぐに話の要点に入ってきた。彼の電話は、スタンダード・チャータード銀行がKBSの買収に関心があると伝えるものだった。

スタンチャートという略称で知られることもあるスタンダード・チャータード銀行は、1カ月前に私たちに第1段の提案を行ったが、それ以上は進まなかった。彼らが再度の関心を示したのは、タイミングよく、HSBCの排他的交渉期間が5日前に終了したばかりの時機であり、私たちは他の候補者と自由に話すことができた。私としては、HSBCの申出が実現しない場合には他の選択肢を考えねばならないので、スタンチャートが歩を前に進めることを期待した。

ただし、電話がウォードからきたことには少し驚いた。私は、スタンチャートのCFO（最高財務責任者）のピーター・サンズと戦略・事業開発責任者のデイビッド・スティルマンの双方と面識があった。彼らは、私とたや

すく直接に接触することができた。しかし、企業買収を希望する者が真剣な議論をするために仲介者を経ることは異例ではなかった。私は、この点について考えれば考えるほど、よい兆しだと思うようになった。UBSに取引のアドバイスを頼むほどなら、スタンチャートは真剣に違いない。

しかし私は、すぐ失望することになった。スタンチャートの真剣度をウォードに尋ねると、彼は「スタンチャートが取引への関心を内部で確認して申出をする可能性はきわめて低いと思います」という答えだった。

これは奇妙な話だった。これでは、「私たちは関心をもっているが、本物ではありません」というようなものだ。どうしてこんな錯綜したメッセージを出すのだろうか？　何が言いたいのか？　その後、UBSは多分、スタンチャートのこうした課題に関する長期的・恒常的なアドバイザーなのだと気づいた。そうだとすると、UBSとしては、スタンチャートの上級者から頼まれれば電話をする義務があるが、ウォードの正直な意見としては、顧客が真剣な買収者でありそうにないということだと考えられる。彼は、多分友人として私に正直であろうとし、あてのない希望をもたせないようにしたのだろう。

私たちの会話が示すことは、スタンチャートとしては、KFBの買収に関心があり、UBSにその可能性を打診するように指示したが、ウォードとしては、スタンチャートがこんな大きな取引を成し遂げることができると考えていないということだった。彼は、スタンチャートにそれだけの資金力がないと考えているのか、それとも取締役が承認しそうにないと考えているのか、どちらともいわなかった。

しかし、私たちは、スタンチャートの関心がどのように展開するかを見極めるため、喜んで協力することにした。

私たちは、HBSCによるデューデリジェンスで必要となったため、KFBのデータと資料を香港に移していた。スタンチャートに対しても、守秘義務契約に署名した後、提案作成に必要な資料を提供することに合意した。私は、この新たな買収候補者について、2004年11月16日付のメモでパートナー

に報告した。

　　プロジェクト・デイジーについて

　　この間、他の買収候補者（コードネームをプロジェクト・デイジーとし
　ます）のアドバイザーが今週末までに提案をするといってきました。彼
　らは、シティバンクとコラム（韓美）銀行の取引で設定されたベンチ
　マークが値付けの基準になると認識しており、これに沿った提案をする
　ため、ライオンがこれまでに手に入れたものと同様のデータをもらいた
　いといっています。

　スタンチャートの戦略・事業開発責任者であるデイビッド・スティルマン
は、背が高く、申し分のないマナーを身に付けたイギリス紳士だった。私
は、彼の上流階級風の訛りが好きだった。最初に大学で英語の勉強を始めた
ときに使ったリンガフォンの言語コースのカセットを思い起こしたからだ。
私は、スティルマンがよいユーモアのセンスをもっていることについても、
好ましく感じていた。彼の上司は、2006年に銀行の頭取になったCFOの
ピーター・サンズだった。サンズが堅苦しく用心深いのに対し、スティルマ
ンはリラックスしていて率直だった。

　スタンチャートの香港本店は、幅の狭い砂色のタワーで、デヴー・ロード
（徳輔道）に面し、HSBCの幅広のビルと軒を接していた。スタンチャート
のビルは、HSBCビルの数年後に完成し、HSBCが戦艦のようにみえるのに
対し、帆船のように控え目な外観だった。しかし、正門の重厚な扉にたどり
着くまでには長い石段があり、古くからの威厳ある銀行という感じを与えて
いた。

　11月22日の月曜日、同僚のダニエル・プーンと私は、サンズ、スティルマ
ンおよびその補佐役であるナンシー・ウォンと会った。場所は、ビルの角に
ある小さな会議室で、窓からは賑やかな通りが見渡せた。スタンチャートの
役員たちは、私たちに対する提案を用意していた。

　私たちは皆、何のためにここにいるかわかっていたが、サンズは直ちに要
点に入らず、あれこれ細かな質問をして半時間以上も堂々巡りをした。私が

抽象的な条件について議論を続けることに関心がないというと、初めて提案を出してきた。

その日の午後、ニューブリッジが買収候補者と予備的な議論を行っていることをKFBが公表する予定であることを私が話すと、サンズは急に提案を引っ込めたいと求めてきた。ダニエル・プーンは、すでにスタンチャートの提案をもってオフィスに向かっていた。サンズは、公表について聞き、HSBCとの取引がもうすぐまとまりそうだと考え、私たちがスタンチャートを当て馬にしようとしていると考えたに違いなかった。売却の情報はすでに報道陣に漏れており、買収候補者によるKFB本店でのデューデリジェンスには多くのKFB従業員がかかわるので、いずれにしても守秘はできず、公表以外の選択肢がないことを私は説明した。私は、常に誠実に人々と接していることを納得させようとしたが、彼が深い疑念をもっていることを知った。

一方で私は、オフィスに戻る途中のダニエル・プーンをつかまえて、提案をサンズに返さなければならなかった。

*　　*　　*

11月25日の木曜日は感謝祭だった。香港では一般的でなかったが、私の家族は、この時期に七面鳥を必ず一緒に食べた。そうした夕食のさなかに、UBSのウォードからの電話があった。彼は、自分のほうから、提案をひっこめるというスタンチャートの"エキセントリックな行動"について、すまなさそうに話した。それにもかかわらず、スタンチャートによるKFB買収はむずかしいという見方を繰り返した。

ウォードからの電話が終わるとすぐに、スティルマンからの電話があった。彼によれば、KFBの取引をどうするかについて、スタンチャートの役員間で議論があったとのことだった。HSBCに対する当て馬として利用されているかもしれないという懸念を持ち続ける者もいたが、その日、彼らのアドバイザーの一人がHSBCの上級役員からの電話を受けていた。HSBCの

上級役員は、スタンチャートが韓国第一銀行を追いかけるようにアドバイスすることは誤りだと発言したのだった。この警告は明らかに逆効果だった。スティルマンの電話の趣旨は、スタンチャートがさらに踏み込むと私に伝えることだった。

なんと皮肉なことかと私は思った。ライバルにじっとしていろと求めることほど有効な自爆の方法はなかった。電話は、競争者に対し、奮い立たせ、挑戦に向けて立ち上がらせるという正反対の効果をもたらしたのだ。

しかし、スティルマンとマービン・デイビス頭取は、会長に会って「ボックスにチェックを入れてもらう（了解を得る）」必要があった。スティルマンは私に対し、会長のゴーサインを得られたかどうかを翌日連絡するといった。

私はスティルマンの正直さをありがたく思った。スタンチャートを励ますため、データルームを直ちに利用可能にするよう準備することや、売買契約書の原稿を次の月曜日までに渡せることを告げた。スタンチャートがどれだけ早く動くことができるかを告げてくれれば、私たちはそれに応じられるよう全力を尽くすつもりだった。私はこのやりとりをとても嬉しく思い、スタンチャートがやり遂げることを願った。真に競争的なプロセスを経ればKFBの売却をより確実なものにすることができると予想した。

翌日午後9時頃、スティルマンが折り返し電話してきたとき、私は感謝祭のパーティーで2度目の七面鳥の夕食を楽しんでいた。彼はよい知らせを告げてきた。スタンチャートの会長が取引を進めることを承認し、同社のチームが月曜日からKFBのデューデリジェンスを開始する意向とのことだった。実際、スタンチャートのチームはすでに準備万端を整えており、同日プーンに事前通告していた。スティルマンは、スタンチャートが早期に提案をするかどうか等、それ以上の詳細について言及しなかった。しかし、私は勇気づけられ、スタンチャートがこのプロセスに参入し、私たちの銀行を買収する意思を固めることを願った。少なくとも、私たちはHSBC以外の現実的な選択肢を得ることになるだろう。うまくいけば、2社間の競争によって売値

がより有利になるかもしれなかった。

＊　　＊　　＊

　2004年の冬、香港は異例に暖かかった。12月12日だというのに、気温は熱帯並みの華氏87度（摂氏31度）だった。

　スタンチャートは、頭取マービン・デイビスとニューブリッジの共同経営者デイビッド・ボンダーマンの協議を提案してきた。私はその夜、ボンダーマンのミーティング準備用のメモを書いた。そこでは、スタンチャートとHSBCとで異なる取扱いをするようアドバイスした。スタンチャートは、気持ちが決まっておらず、当て馬として利用されるのではないかと心配しているため、さらに踏み込むことに消極的だったが、HSBCは正反対だった。HSBCには自信があり、有効な競争があるはずがないと信じ込んでいた。したがって、私たちとしては、スタンチャートを励まして、プロセスに深く引き込む戦略をとることになった。

　HSBCが自信をもち、スタンチャートが消極的であることは、ソウルのデータルームを開放した初日にデューデリジェンスで送った職員の人数に表れていた。プーンの報告によれば、「HSBCは、さまざまな部局から来た約20人に加え、アドバイザーからのそれ以上の人数の職員からなる部隊で登場しました。彼らは全員、監査部のヘッドに率いられています」とのことであった。これとは対照的に、「スタンチャートはわずか三人で現れました」。

　私たちのもう一人の共同経営者のディック・ブルームは、12月18日の土曜日の朝私に電話してきて、ジョン・ボンドと話をしたと告げた。ブルームとボンドがお互いによく知っていることは、私にとって懸念の種だった。私たちは競争プロセスを進めており、答えを先取りしてほしくなかった。それではスタンチャートに対して公正でなかった。私はボンダーマンとともに、スタンチャートに対して、買収候補者を平等に取り扱うとすでに請け合っていた。ブルームによれば、ボンドは、HSBCがKFBを30億ドルで買収するという当初の申出に繰り返し言及したとのことであった。

その日、私はチャンドラとの昼食のためにチャイナ・クラブ（中国会）に行った。このクラブは旧中国銀行ビルの上層3フロアを占めていた。旧中国銀行ビルは、1950年代に建設された17階建ての立派な石造ビルで、いまとなってはやや古めかしく、HSBC ビルと向かいにある新中国銀行ビルとの間にあった。クラブは、香港社交界の名高い名士で骨董品収集家の TT ツイによって創立された。1930年頃の上海の茶館のような構えで、壁は中国の現代絵画や古典絵画で飾られていた。ハナート TZ ギャラリーのジョンソン・チャンの収集によるコレクションは目を見張るほどであり、主要な展示品は、現代のアートシーンで不可欠な存在になっている芸術家たちの作品だった。ユーモラスだったり、風刺的だったり、嘲笑的だったりする作品が多かった。たとえば、伝統的な官服を着た満州人の役人たちを古典的な集団ポートレートのスタイルで描いた暗い色の油絵があったが、よくみると、高級官吏のなかには、シルクハット、フロックコート、蝶ネクタイを身に着けたイギリス最後の香港総督クリス・パットンがおり、ツイ自身も清代の官僚の装いで描かれていた。

　チャンドラは遅れてやってきた。彼は、詫びてから、ボンドの指示で私たちに昼食時までに提案書を渡せるよう徹夜で仕事をしたといった。なぜボンドがそんな指示を出したのかはわからなかったが、ブルームと話をしたことで、HSBC が先回りして入札プロセスを実質的に無効にするというアイデアが浮かんだと考えられた。提案書では、30億ドルという買収価格が確認されていた。チャンドラは、この申出を受けるか、取引をやめるか、月曜日の正午までに決めてほしいといったが、私としては理不尽だと思った。それでも、私たちの昼食は愉快だった。チャンドラは繰り返し、私たちの経営するKFB に HSBC がよい印象をもっていると話した。

　その日の午後、私はスティルマンと電話で話をした。彼はイングランドにいて、イギリス人にはスポーツだとされている雉撃ちに出かけるところだった。彼は以前、KFBの価格評価を幅で示したが、スタンダード・チャータードとしては、幅の上限ないし それ以上の札を入れるといった。私は、彼に試

されていると思ったが、彼の話が終わるまで、その数字では不十分だと伝える機会がなかった。

午後11時30分頃、コロラド州アスペンの自宅に向かう飛行機のなかのボンダーマンと電話がつながった。私はHSBCとスタンチャート双方との会談について話した。いまやHSBCが入札したので、可能な限り早いスタンチャートの入札が必要だった。私はボンダーマンに、スタンダード・チャータードの会長ブライアン・サンダーソンに電話して、入札を急ぐよう促すことを頼んだ。

翌日、私は朝早く、日課の早朝ランニングのためにボーエン・ロード（宝雲道）に出かけた。この通りは、涼しい並木道で、ほとんどの部分で交通を遮断しており、運動する人々に人気のある場所になっていた。

私は走りながら、HSBCとスタンチャート双方との交渉について考えを巡らせた。まず、ボンダーマンから、サンダーソンとの話合いについて聞かせてもらわなければならなかった。私は、ランニングを終えると、ボンダーマンに電話した。彼によれば、サンダーソンとしては、スタンチャートがこれまで示した価格幅のうち最高値で入札することを考えているとのことだった。これは3.1兆ウォンで、30億ドル弱に相当したが、価格は韓国ウォンで提示されており、韓国ウォンの相場は上昇を続けていた。

その日は日曜日であり、私は、月曜日の午後までにHSBCに回答するようチャンドラに求められたことが気になった。スタンチャートの最上層からの情報により、HSBCの申出を受けるべきでないと確信していたので、彼らへの返事を月曜日まで待つ必要がないと思った。私はチャンドラに電話して、HSBCの申出が不十分だと知らせた。彼は驚いていないようだった。HSBCとしては、他の者が関心をもっていることを知っているからこそプロセスを先取りしたかったのだろう。彼は、競争者の入札に至るほどプロセスが早く動いたことにだけは驚いたと思う。HSBCが入札に至るまでには2カ月かかったのだ。

午後5時スティルマンが電話してきて、スタンチャートは3.1兆ウォンか

ら3.25兆ウォン以上に入札価格を引き上げるといった。私は、ボンダーマンのサンダーソンへの電話を思い出し、ボンダーマンが大喜びから程遠いようすだったので、スタンチャートの会長が3.1兆ウォンでは足りないと気づいたに違いないと考えた。その日の為替相場で3.25兆ウォンは30.8億ドルに相当しており、スタンチャートの申出価格は HSBC よりすでに8,000万ドル高かった。これで安心した。両社による競争の開始を浮き彫りにするものだと思った。

スティルマンは、ボンダーマンが同じ日にサンダーソンと再度話をし、マービン・デイビス頭取とも話をした後、スタンチャートが本当の申出を行うと強調した。私は、彼らがなぜそんなに遠回りするのかわからなかった。スティルマンが電話で意向を説明し、上層部がボンダーマンに電話して"本当の申出"をするというのだ。私は、会長間で公式にやりとりすることで、申出を真剣に受け止めてもらおうとしているのだろうと思った。

私は直ちにボンダーマンに報告を書き、HSBC とスタンチャート双方の動きを知らせ、スタンチャート関係者との電話に備えてもらった。

翌12月20日の月曜日の朝、ボンダーマンがマービン・デイビスと話したと知らされた。スティルマンが私に伝えた金額よりさらによく、スタンチャートの頭取はボンダーマンに3.3兆ウォンという申出を伝えた。これは HSBC の申出より、その日の為替相場で1億2,800万ドル高かった。デイビスはボンダーマンに対し、文書によるスタンチャートの申出がロンドン時間で当日の午後5時までに着くということも話した。

私はチャンドラと午前11時に会う予定になっていた。しかしその朝、彼から電子メールが来た。メールには、HSBC はこれまで申出について約束を守っており、本日の正午までに提案書に署名することを期待しているが、それを過ぎると申出が無効になると書いてあった。スミスからも同趣旨の電子メールが来た。こうしたメッセージは、私たちが守るべき約束をしたことを前提としていたが、現実には、私たちが約束したり彼らの価格を受諾したりしたことはなかった。彼らは、自らの意思で、彼らのいうところの"ミニ入

札"プロセスに参入したが、自らの申出を受けるよう私たちに圧力をかけることにより、プロセスを無効にしようと考えていた。それだけでなく、彼らの申出は交渉ずみの売買契約に基づいていないので拘束力がなかった。まだ多くの契約や法律面の問題があった。HSBC は、さもなければ手を引くと脅すことで、彼らの申出を受けるよう私たちに圧力をかけたいだけだった。

しかし私は、脅されることなく、楽しませてもらった。チャンドラには、今日正午を期限とする提案に間に合うような決定はできないと知らせてあった。HSBC という入札者がいなくなることを望んでいなかったのはたしかだったが、メールを読んだときには、こけおどしだということもわかっていた。HSBC はすでにこのプロセスに投資しすぎており、彼らの圧力は懸念の反映にすぎないと感じた。

HSBC が離脱したとしても、スタンダード・チャータードからよりよい申出が来ることがわかっていた。その詳細はやはり示されていなかったが、私はあまり心配していなかった。ボンダーマンがスタンチャートの頭取から直接伝えられたのだから、きわめて確実だと考えた。このため、チャンドラのオフィスで、彼と対面して提案書の数々の問題を議論している間に HSBC の期限が過ぎても、気にしなかった。私は、チャンドラに対し、よりよい申出があることも知らせた。

それから私は、チャンドラに対し、米ドルではなく韓国ウォンでの申出が必要だといった。これには二つの理由があった。韓国ウォンの相場が高くなっていたため、米ドル建てでみた KFB の企業価値も高くなっていた。米ドル建てで価格を固定すると、ウォン高による差益を得られなくなってしまう。もっと大事なことに、私たちのパートナーである KFB の株主は韓国政府であって、ウォンでの支払を必要としていた。

私としては、世界的な銀行である HSBC にとって、為替リスクをヘッジすることは容易であり、韓国ウォン建てで価格を申し出ることに何の問題もないと思っていた。しかし、何かの理由で、HSBC は韓国ウォン建ての価格申出を直ちに拒絶した。私としては、HSBC は米ドルが韓国ウォンに対して

下落することによる差益を得たいのだろうとしか説明できなかった。もっとも、将来の為替差益を取り込みたいのなら、ウォンの先物を買えば同じ効果が得られるはずだった。私は、ウォン建ての価格が必須であることをチャンドラにわかってもらおうと試みた。しかし、HSBCには受入れ不能のようだった。私たちのミーティングは、HSBC自身が設けた期限の30分後、午後12時30分に終わった。

スタンチャートは、提案された取引について、香港で大きな実績のあるロンドンの法律事務所アレン＆オバリーを使っていた。この事務所もTwo IFCにあった。その日の午後、私はアレン＆オバリーのオフィスに行き、スタンチャートの代表や数人の弁護士と会った。プーンと、別の同僚スコット・チェンも私と一緒にミーティングに参加した。私たちの売買契約書の原案に関しては、ごく少数の問題があるだけだった。私たちの側の議論は私が主導した。私たちの側の部内の打合せのために、何度かミーティングを中断しなくてはならなかった。

私たちが気にしていたことは、HSBCが私たちの税負担の源泉徴収にこだわっているために交渉が膠着したことだった。スタンチャートがこの点をまったく問題にしなかったので、私たちはほっとした。実際、売主にかかる税金を買主が源泉徴収するという市場慣行はなかった。しかし、私たちの韓国側顧問であるキム＆チャン法律事務所は、こちらからこの問題を提起して、税金の源泉徴収をしないことへの明示的合意をスタンチャートから得たほうがよいと主張した。私は、このプランに賛成する気がしなかった。彼らにとって問題ではないことを、なぜ私たちが持ち出さなければならないのか？　私たちがその問題を持ち出せば、彼らが税金の源泉徴収を主張するよう仕向けることにならないか？

キム＆チャン法律事務所の弁護士は、"不当利得（unjust enrichment）"という法的な概念のために、税金の源泉徴収について明記しなければ私たちにリスクがあると思っていた。本ケースに即していえば、買い手に源泉徴収税が課された場合、買い手が特別にそのリスクを受け入れることに合意してい

ない限り、買い手はその補填を私たちに求めることができるというものだ。弁護士は法的な文書を用意する際に常に最もありそうもない可能性を想像するものであり、だから文書があんなに長くなるのだと、私は常々思っていた。

　プーンとクリアリー・ゴットリーブの弁護士の一人であるヨン・イ（李榮國）は、特別に"課税調整（tax gross up）"文言を導入してはどうかと提案した。この条項は基本的に、買い手が偶発債務のリスクを受け入れるようにするものだった。私としては、そうした文言を提案することは、相手が合意できない新たな問題を持ち込むことになるかもしれないので、危険だと思った。結局、私は、"クレーム不可（no-claim）"の文言の改訂を提案した。これは基本的に、詐欺や意図的な違法行為があった場合を除き、取引実行後、買い手は売り手にクレームを絶対に出すことができないと規定するものだ。双方の弁護士がこの文言に合意し、スタンチャートが税金を源泉徴収しなかったことについて私たちに補填を求めてくるリスクは除去されることになった。

　HSBCの提起していたことで、私たちが気にしていた別の事項としては、経営者の報酬の問題があった。HSBCは、留任させないことが決まった経営者の退職慰労金を売り手が支払うよう求めていた。私たちとしては、売却後の銀行が退職慰労金の支払に責任をもつことをスタンチャートに受け入れてもらいたいと考えていた。スタンチャートの弁護士は、当初、そうした責任を負うと経営者報酬に関する韓国の規制法に"違反（illegality）"することになるのではないかという懸念をもっていた。結局、私たちは、スタンチャートが譲渡後に報酬体系を再構築する権利を有することについて合意し、上級経営者について巨額の退職慰労金パッケージを設けることを原因として微妙に規制に抵触するリスクを最小化することになった。これによって私たちの主な懸念が解決され、ミーティングの終わりまでに、すべての重要な問題について合意に達することができた。

　午後7時20分頃、ボンダーマンから電話があった。私は、近況を報告し、

なおスティルマンからの約束の提案書を待っていると話した。私が電話会議をしている間、ブルームが何回か電話してきた。彼は、スタンチャートの申出に懸念をもっていた。彼は、HSBCのボンドとの関係に基づき、ボンドと急いで話をして取引をまとめたいと考えていた。それではスタンチャートや私たちにとって不公正になるので、私はこの計画に懸念をもっていた。ブルームは私に対し、ボンドに31億ドルで取引するかどうかを尋ねて2時間で決めるよう頼むことに合意するかと聞いた。私としては、それではスタンチャートに対応策を講ずる機会がなく、約束の文書による申出さえ送ってこないかもしれないので、気に入らないと答えた。スタンチャートに公正な機会を約束したことが気にかかっていた。

しかし、私たちは皆、スタンチャートの申出のほうがよいにせよ、不確実性が高いことをわかっていた。スタンダード・チャータードは、取引をまかなうに足る現金をもっておらず資本調達が必要だった。HSBCのバランスシートには、取引実行に必要な額以上の現金があった。その時点の為替相場では、スタンチャートの申出は31億2,800万ドルの価値があった。確実な31億ドルのほうがそうでない31億2,800万ドルよりよいと考え、もしボンドにそうした申出をしてもらうことができるなら、そちらに応ずるようブルームにアドバイスした。

2004年12月21日の朝目覚めると、大きな驚きがあった。ダン・キャロルが電話してきて、昨夜ブルームが銀行をHSBCに30億5,000万ドルで売る取引をしたといったのだ。私の望みとは明らかに違っていたが、ボンドと彼の組織を助けたいというブルームの願望は理解できた。スタンチャートの提案書も前夜届いていた。運の悪いことに、私の事務所のファックスが紙切れになっていて、スタンチャートから確認の電子メールがくるまで申出をみることができなかった。電子メールでは、3.3兆ウォンの価格が確認されていたが、多くの条件が付されていた。

主な条件は、もちろん、スタンチャートが必要な資本を調達できることだった。第二の条件は、もしロンドン証券取引所で同行の株価が900ペンス

以下に下落したら、同行は取引をやめる権利があるということだった。また、スタンチャートは、5,000万ドルの制裁金または破談手数料を払えば取引から離脱する権利も求めていた。さらに、スタンチャートが上場している香港とロンドン双方の株主による承認も条件になっていた。私としては、どの条件も受け入れられないと思った。私たちにとってこの申出は、価格面ではよいにしても、考慮に値しないほどの不確実性を伴っていた。

　私は午前8時前にKDICのJTキムに電話し、二つの申出が競り合っていることを知らせた。彼からはいくつかの質問があった。彼は、熟考の末、確実なHSBCの申出のほうがよいということに同意した。

　ブルーム、ボンダーマン、キャロル、私は、その他の何人かとともに、この問題を議論する緊急電話会議に臨んだ。私が二つの申出に関するKDICの対応を確かめたことについて、ブルームは少し動転していた。ノーといわれるリスクをとりたくなかったからだ。彼は、ボンドと30億5,000万ドルですでに取引していたので、スタンチャートが再参入してくるかどうかにかかわらずHSBCにKFBを売却すべきだとしていた。私たちは皆、スタンチャートが申出を改善してくるかもしれないとしても、ブルームによって決められた取引に合意し、HSBCとの手続を進めることにした。

　しかし、スタンチャートとの間では、アレン＆オバリーとのミーティングで文書化に関するほとんどの問題を片付けたのに対し、HSBCとの売買契約書に関しては、なお多くの問題が未解決のまま残されているという違いがあった。問題は、HSBCが急いでいないことだった。彼らには緊急性の意識がまったくなかった。スタンチャートの申出を失う一方で、文書化に関して残された問題に合意できないためにHSBCとの取引も完結できないというわけにはいかなかった。ボンダーマンは私に、HSBCに24時間だけの排他的交渉期間を与えるよう指示した。HSBCがこの間に取引を終えなければ、私たちにはよりよい申出を受ける自由があることにしたのだ。

　私は午前9時頃、チャンドラに電話し、ブルームとボンドの昨夜のやりとりを打ち明けた。チャンドラは、信じられないという感じで、何も聞いてい

ないといった。私は、できるだけ早く彼と会いたいといい、彼の同僚がコーエンと会い、移行合意書を協議するよう求めた。移行合意書にはコーエンが同意していない多くの問題があったからだ。しかしチャンドラは、その後、プーンに電話して、ブルームとボンドの間のやりとりについてロンドンに確認することが必要なので、午後4時まで私に会えないといった。ボンドが自分のチームにまだ話をしていないことに私は驚いた。この調子では、HSBCが24時間のうちに最終合意まで行き着けるとはとても思えなかった。

　午後3時頃、スティルマンが私の携帯に連絡してきた。彼のいるロンドンではまだ午前6時だった。スタンチャートの申出は不確実なので受け入れられないと私はいった。不確実性をなくすための作業をしていると彼は答えたが、私は、完全に無条件になるかどうか懐疑的なままだった。私はリーマンのマイク・オハンロン等の投資銀行職員と話をし、スタンチャートがこの取引をまかなうための公募増資について、どこかの投資銀行に"確定、確実、無条件"の引受けをしてもらえると思うかどうか聞いてみた。"確定、確実、無条件"の引受けをした投資銀行は、市場から資本を調達するか、自ら資本を提供する義務を負う。私の話した相手は皆、スタンチャートがそうした取決めを交わせる見込みは薄いといった。HSBCが24時間の期限に間に合わなかったとしても、スタンチャートがスティルマンの申出を実行できる可能性は小さいと私は思った。

　チャンドラと午後4時に会ったとき、彼は、HSBCグループの財務責任者ダグラス・フリントから「30億5,000万ドルは自分たちの理解と整合的」という1行の電子メールを受け取ったといった。チャンドラは、香港で大きく事業を展開しているロンドンの法律事務所フレッシュフィールズ・ブラックハウス・デリンジャーの弁護士を連れて来ていた。弁護士チームのなかには、シニア・パートナーで、私とかねて面識のある有能な弁護士テレサ・コーがいた。ミーティングは適切かつ円滑に進んだ。私は、彼らとの交渉の有効期間が24時間しかないのにロンドンの確認を待つためにほとんど丸1日を費やしたことについて、チャンドラの注意を促した。HSBCのチームがソ

ウルのコーエンに会えるのは翌日になってからなので、さらにもう1日を費やすことになった。これまでHSBCと仕事をした経験からすると、彼らが24時間はもとより、48時間でソウルに行けるかも疑問だった。この調子では、HSBCが機会を逃すことは確実だったが、彼らが急ぐ気配はなかった。

その日の遅く、アレン&オバリーの弁護士から電話があり、スタンチャートが香港証券取引所から取引に対する株主の承認を不要とする通知をもらったと知らされた。スタンチャートはこれによって、申出の不確実性を大幅に除くことができたが、なお公募増資を確定的に引き受けてくれる投資銀行を見つけねばならなかった。HSBCが時間をかけている間に、スタンチャートは申出のすべての条件を解除するために急いで全力を投入しているようだった。

私は、就寝前にスティルマンに以下のメールを送り、私たちがスタンチャートの申出を真剣に検討するために何が必要かを知らせた。

　デイビッド

　貴方の午後2時30分のミーティングが終わるときまでに私は就寝しているかもしれません。貴方がそんなにも努力していることをとてもありがたく思っています。すでにお話ししたように、貴方たちの価格は競争相手より少しよいのですが、率直にいって私たちのリスクを正当化するだけのものではありません。私のみるところ、私たちを納得させるために多分二つの方法があります。どちらも容易でないことはわかっています。第一は、いうまでもなく、確実性を完備することです。たとえば、どこかの銀行に公募増資の確定的引受けをしてもらうことです。そうした確実性がないのであれば、いま貴方が取り組んでいるようにリスクを相当な程度減らすことと、マービンがボンダーマンに話したと思いますが、価格を改善することの組合せが必要です。私が交渉しようとしているのではないことにご留意ください。私としては、自分の立場について率直な見方をお話しして、貴方の助けになりたいだけなのです。マービンがデイビッド・ボンダーマンと今日、再び話をするそうですね。目が

覚めたときに彼らが何か進めてくれていることを切に願っています。私はいまデイビッドと話したばかりで、近況をすべて知ってもらっています。彼は、街に出かけるところですが、携帯電話でお話しできるといっていました。貴方がおわかりのように、彼はとても率直です。どうぞ彼と仕事をしてください。

シャン

私は、12月22日の水曜日に目覚めるとすぐボンダーマンに電話した。彼によると、スタンチャートは、申出を不確実にしている重要な要素を取り除くため、誰かに公募増資を無条件で引き受けてもらうべく懸命に取り組んでいるとのことだった。私は、香港時間の午前7時45分頃、スティルマンに電話をしたが、彼を叩き起こすことになったことが明らかだった。彼からの昨夜の電子メールにはいつでも電話してほしいと書いてあったが、迷惑そうで不機嫌な感じであった。彼は確実にしてあげるつもりだともぐもぐいっていた。私は彼に眠りに戻ってもらうことにした。

ボンダーマンによると、スタンチャートは、UBSに公募増資の無条件引受けをしてもらえないか協議をしていた。その日、スティルマンが私に電子メールを送ってきて、4日前の土曜日から6時間しか眠っていないと説明した。彼はきわめて激しく働き、スタンチャートのチームは本当に大変な努力をしていた。新しい提案書の原案も送ってきた。多くの変更があった。前の提案書では、私たちが申出受入れ後に公表するプレスリリースが添付されていたが、新しい提案書では守秘と密行を求めていた。これは多分、公募増資前の行動に関する規制によるものと思われた。また前の提案書では、自社の株価が900ペンス未満になったらスタンチャートが取引を離脱できるとしていたが、その文言は、UBSが公募増資の確定的引受けをするという条件付きで除かれていた。

私は、双方の入札参加者にプロセスの終わる期限を示さねばならないと思った。HSBCとスタンチャートの双方に対し、翌12月23日の午後5時までに最終文書に署名しなくてはならないと知らせた。この日は、私たちが

KFBを買収する最終合意に署名した日から5周年の日に当たった。私は、双方がその時までに文書化を終え、確実で拘束力ある申出をしてくれるよう願った。

12月22日、時間が容赦なく進行するなかで、スタンチャートは、申出を改善するために懸命に働き続けていた。提案書のいくつかの原稿が送られてきており、どれも前より多くの条件を取り除いていた。その日の終わりには、スタンチャートの申出から実質的にすべての条件が除かれていた。私はスタンチャートによる提案書の最終案の写しをボンダーマンにファックスし、マービン・デイビスからくる電話に準備してほしいといった。

ブルームは、HSBCがなお時間をかけていることを心配していた。彼は、HSBCとの取引を完了できないのではないかと懸念していた。私に対し、他の誰かが参入してくる前にドアを閉めることができるよう急いでほしいとチャンドラに話すことを求めてきた。

HSBCは、文書の多くの問題について妥協を拒み続け、私たちに拘束力のある申出をせずに期限を徒過した。ある時点でチャンドラは、韓国ウォン建てでの申出をする準備があるという電子メールを送ってきたが、HSBCの誰かが変心し、この申出は取り下げられた。HSBCは、期限を破り続けているのに、取引当事者としての責任を果たしているとチャンドラは繰り返した。

12月20日の朝に受け取った電子メールは、次のように締めくくられていた。「私たちは買収価格に関する約束を守り、確実に完了させることができる取引を提示してきたと信じております。私たちの取引には想定外のことが入っておらず、貴方たちに直ちに受け入れてもらえるかたちにしてありますので、排他的交渉権を与えてくれるのでなければ、受入れ期限を延長することができません」。

彼のいう"受入れ期限"は、当日電子メールをもらった後に行ったミーティングの間に過ぎたのだ。いまや、彼に急ぐよう告げなければならなかった。私としては、窓口が閉まりかけており、与えられた時間のうちにやり遂げられなければ彼ら自身の責任だということを明確にしておかねばならな

かった。さらに、HSBC は約束を守ったのに私たちはそうでなかったという
あてこすりはそのままにしておくわけにいかなかった。私は、返信のなかで
以下のように書いた。

　　貴方の電子メールの最後のパラグラフに関して、私たちは、期限の遵
　守を含め、合意されたすべての事項について約束を守ってきたことも確
　認したいと思います。ご記憶にあるように、私たちは価格について合意
　し、その価格で取引を確実にまとめることができるよう、貴方たちに排
　他的交渉期間を付与しました。排他的交渉期間の満了時、お互いに想定
　してきた確実性を貴方たちが確保できる状況になかったので、私たち
　は、貴方たちも参加する競争プロセスを始めることに合意しました。言
　い換えれば、私たちが最初に合意した取引は、この時点で相互理解のも
　とで解消されたのです。競争プロセスに入ってしまうと、私たちは、自
　分のリミテッド・パートナーに対してだけではなく、株主の韓国政府に
　対してもフィデューシャリー・デューティを負い、最良の価格を選ばね
　ばなりません。私たちは約束を守ってきましたし、これからも常に守り
　ます。

　香港は、何週間もの祝日気分に浸っていた。香港は、中国の都市として、
旧正月（春節）、中秋節、灌仏会（かんぶつえ）等の伝統的祝日を祝う。けれ
ども、かつてイギリスの都市だったので、クリスマスや新年等の西洋の主要
な祝日も祝う。さらに、以前はイギリス女王の誕生日も祝日にしていたが、
1997年における中国への香港の主権返還にちなみ、その祝日を数週間後にず
らして、香港特別行政区設立記念日という祝日にした。

　感謝祭の直後、ビクトリア港に面したすべての高層ビルは、巨大なサンタ
クロースとトナカイ、そして、ビルのいちばん上までちりばめられた輝く星
をかたどった装飾のネオンライトを点けていた。夜になると、港の両側のカ
ラフルな光が海面全体を照らし、それが波に反射するさまは水面下におとぎ
の国があるかのようだった。しかし、クリスマスの 2 日前の12月23日、中央
地区はいつもより静かだった。多くの人々、特に外国の駐在員はどこかへ休

暇に行っていた。しかし、私たちはまだ懸命に働いていた。

　私は午前5時前に目覚め、昨夜スタンチャートが20億ドルの資本調達について、取引銀行のUBSから確実で無条件の引受けを得たことを知った。バランスシートにすでにある現金と合わせると、取引を行うに十分な資金となり、申出にかかわる不確実性がまた一つ取り除かれた。

　私は、韓国政府との合意文書にある一括処分条項の文言の写しを同僚に送った。私たちが株主に対して義務を負っていることを示すためだった。交渉の途中では、一括処分条項の目的が、株主価値の最大化を"可能とする"ことにあると書くのか、"許す"ことにあると書くのかで苦しんだことを思い出した。いずれにしても、そのときがやってきたのだから、私たちの義務は明白だった。私たちは、入札者双方に対し、えこひいきするという期待をもたせないよう、韓国政府との契約により最良の価格に応ずる義務があることを知らせなければならなかった。もちろん、売却を取りやめにするわけにはいかなかったので、価格よりも確実性のほうに重きを置いていた。売却プロセスが公衆の知るところになった後ならば、なおさらだった。

　私は、電話会議の始まる午前8時半頃にランニングを終えた。家に帰る時間がなかったので、ランニングコースの入口に停めた車から電話をかけた。ブルーム、ボンダーマン、キャロル、プーンが電話会議に参加しており、キム＆チャン法律事務所のBMパクもいた。私たちは二つの提案を詳しく検討した。スタンチャートの入札は3.3兆ウォン、31億2,800万ドルだった。HSBCの申出は30億5,000万ドルだった。私たちは、どちらにするべきか1時間以上議論した。

　スタンチャートの申出は、より高かったが、新年に入ってから3週間後になる1月10日の週に確定的な署名をするよう求めていた。スタンチャートは、署名、取引の公表、公募増資による資金調達を同時に行いたいと考えていた。同行は公表を今日行うと、今年度の財務成績にKFBを連結する必要が生じ、開示規制を遵守するために、必要のない大きな負荷がかかると考えていた。

338

ブルームは、HSBC が合意された24時間以内に取引をまとめられないとしても、ボンドと握ったため、とにかく HSBC と取引することを望んでいた。ボンダーマンも HSBC を選ぶべきだと考えていた。7,800万ドルの価格の違いは"丸め誤差"であって、リスクを正当化するに足りないというのだった。私も同意した。取引を確実にまとめることはより重要だった。KDIC が反対しないことはわかっていた。韓国政府としては HSBC のほうが好ましいと表明していたし、同行を国際的により大きな銀行だと思っていた。KDIC も確実性が価格の"丸め誤差"に勝ることに合意するだろうと思われた。

　しかし、スタンチャートは、より高い価格を出しており、不確実性を取り除くために、極度に激しくかつ適時に働いていた。残る条件を申出から除く機会を与えなければ不公正だった。確実性の面で HSBC に匹敵することができるのなら、スタンチャートの申出は HSBC の申出よりもよかった。全体的な構図のなかでは、そのよさは限界的なものにすぎなかったが。もし私たちがスタンチャートに無条件の申出にする機会を与えるのであれば、最善を尽くす機会を HSBC にも等しく与えるべきだった。私たちは双方の当事者に最善の入札を行うよう要請することが公正だという結論になった。最終的な結論は翌日に出すことにした。

　私は、HSBC の法律顧問フレッシュフィールズのオフィスで、午後2時にチャンドラと会うことにした。私は1時50分に着いた。

　私が駐車しているときに、ロンドンで起床したばかりのスティルマンから電話があった。私は彼に、私たちが今朝決めたことをいった。彼は失望していた。

　私は、彼のチームの申出のほうが高かったけれども、ボンダーマンの言葉によれば"丸め誤差"にすぎないといった。また、HSBC が最初の申出をしたときは、韓国ウォン建てでより高い価格（当時の為替相場では3兆4,800億ウォン）だったが、為替相場の変動の結果、現在のスタンチャートの価格より低くなったという話もした。

スティルマンは、HSBC の申出が 3 兆 2,000 億ウォンではないかと推測していた。彼が HSBC の金額を嗅ぎつけようとしていることはわかったけれども、私はその手にのらなかった。私は心中で、双方に公正である必要があり、HSBC の入札を競争者にひそかに、あるいは公然と教えることはよくないと考えていた。私は、「それは全然違います」とだけいい、それ以上の示唆を与えなかった。

　スティルマンは、スタンダード・チャータードが入札をあきらめるつもりはなく、頭取と話すつもりだといった。私は、ボンダーマンとも話したほうがよいといった。

　午後 2 時20分にフレッシュフィールズに集まると、私は、すべての弁護士に席を外すように求め、チャンドラと二人きりになりたいといった。

　私は彼に、価格が競争相手より低くなっているといった。また、数日前に HSBC は韓国ウォン建ての価格を出してもよいといったのに、誤った通貨（ウォンでなくドル）で価格が示されているといった。私たちとしては、確実性のある HSBC との取引を望んでいるが、HSBC が交渉を引き延ばしている間に、競争相手が申出の不確実性をかなり除いているという話もした。

　この会話の後、チャンドラは、経営陣の退職慰労金と公的資金監視委員会による承認の必要性への言及という、未解決となっていた二つの争点を取り下げた。しかし、HSBC の申出をウォン建てでなくドル建てにすることになおこだわった。ミーティングは午後 3 時頃に終わった。

　数時間後、スティルマンが電話してきた。マービン・デイビスがボンダーマンと話をしてよりよい申出を出したいが、そのためには直ちに回答をもらうことが必要といっているとのことだった。私はその後、彼に電子メールを送り、その申出が完全に確実か競争相手より圧倒的に有利でなければ、ボンダーマンが直ちに回答することはできそうにないと告げた。そのほか、スタンチャートとの間に残る多くの問題にも触れた。その後私は、ブルームとボンダーマンに対し、当日午後のチャンドラとのミーティングについて報告した。私が遅く帰宅したとき、ビンと子供たちはすでに夕食を終えていた。

その夜、午後９時45分頃、ボンダーマンが電話してきた。私がスティルマンとの議論について話をしたところ、１時間後にスタンチャートの人たちと電話会議を行うことになった。その場でデイビスは、スタンチャートには新たな申出をする用意があるといい、私たちがどのようなプロセスにするつもりなのかを尋ねてきた。ボンダーマンは、私たちは翌日に決める必要があるが、彼らは１日待ってから申出をしてもよいと答えた。これは、私たちがスタンチャートの入札を競争相手に告げることはないと保証するためだった。私は、香港時間で翌日の午前10時、ロンドン時間で午前２時に、再度話をすることを提案した。これで、スタンチャートに掛け金を引き上げる用意のあることが明らかになった。私はその夜、床につきながら、いよいよ面白くなってきたと思った。

　クリスマスイブには、午前５時前に起きて、HSBC に関する最終文書をチェックした。それから、ボンダーマンと電話で話した。彼はアスペンに戻っていた。たまたまブルームがクリスマスで現地にいたほか、ボンドもアスペンに家があり、すでにロンドンから到着していた。ブルームとボンダーマンはその後、同じ日にボンドとミーティングをすることになっていた。

　私は午前７時半頃にオフィスに行き、ビデオ会議で KFB の取締役会に出席した。会議の目的は、HSBC およびスタンチャートとの移行合意をそれぞれ承認してもらうことだった。どちらが競り勝つかわからなかったので、取締役会には双方を承認してもらう必要があった。移行合意とは、最終合意と公式譲渡の間の移行期間中、対価を受け取った私たちが銀行経営にかかわらないなかで、KFB の経営をどうするかというルールを決めるものである。この期間がどの程度の長さになるかは不確実であった。銀行の売買は規制当局の承認を要し、それには時間がかかるからである。しかし私たちは、HSBC とスタンチャートはどちらも大規模な国際的な金融機関なので、承認取得には問題がないだろうと思っていた。

　政府代表の取締役からは１件ずつ反対と棄権の投票があった。取締役会の招集通知から会議が開かれるまでの時間が短かったので、各々の組織に戻っ

て承認をもらうことが必要となるのを避けるためと思われた。彼らは自分の投票が結果に影響しないことをわかっていた。残りの取締役は皆賛成の投票をしたので、移行合意は承認された。

　ブルームとボンダーマンが電話をしてきて、ボンドに彼のアスペンの家で会ったといった。ブルームは、ボンダーマンより半時間早く、最初に着き、前日チャンドラおよび彼のチームと私がミーティングをしたときの模様を記録したメモをボンドに渡した。このメモは、私たちがHSBCとの排他的交渉権に関する合意を遵守してきたことを正しく記録していた。ボンダーマンによると、ボンドはそれが気に入らず、少しイライラした感じだったとのことだった。私たちの共同経営者が個人的に訪問して誠意を示し、HSBCに最善の申出をするよう招いたにもかかわらず、彼からは冷たい反応しかなかった。クリスマスでおめでたい雰囲気の雪のアスペンにいても、愉快なミーティングにはならなかった。

　午前10時、ボンダーマンと私は、予定していたスタンダード・チャータードのチームとの電話会議に臨んだ。会議出席者はスタンチャートの最高幹部たちだった。デイビス、サンズ、スティルマンに加え、取締役のガレス・ブロクや彼らのフィナンシャル・アドバイザーもいた。スタンチャート会長のブライアン・サンダーソンは、電話会議にはいなかったが、ボンダーマンと何度も話したことがあった。電話会議はスタンチャートの人たちのいるロンドンの時間で午前2時に始まった。クリスマスイブの早朝あるいは深夜という時間帯に電話会議をするという彼らの熱意に感銘を受けた。

　スタンチャートは、この取引を勝ち取るうえで最大限の努力をしているようだった。これはHSBCのやり方と著しい対照をなしていた。HSBCは、ボンドと彼のチームの間の調整ができておらず、合意された期限が近づき競争状況が素早く変化するのに、柔軟性はもちろん、緊急性の意識にも欠けていた。

　デイビスは、電話会議の最初に、新しい申出をすると私たちが回答するまでどのくらい時間がかかるかと尋ねた。ボンダーマンは2時間と答え、電話

342

をもう1時間遅らせてもいいと申し出た。ボンダーマンは、私たちが彼らの申出を競争相手に知らせないというシグナルを再度示したのだ。私たちの望みは、その1時間でHSBCから最良の申出を得て、スタンチャートの役員からの申出が来たときに、素早く比較して決定するということだった。そこで、私たちは、スタンチャートとの次の電話会議を、午前11時25分、ロンドン時間で午前3時25分に予定することで合意した。

　同時に、ブルームがボンドと電話で話した。ボンドは価格を2,500万ドル引き上げて30億7,500万ドルとしたが、大勢に影響しうるものではなかった。実際、韓国ウォン建てでみると、引上げ額はウォンの為替相場が1日上昇するだけで帳消しになる程度だった。

　HSBCは、1998年以来、韓国で銀行を買収しようとしてきた。HSBCのチームは、取引をまとめるために何カ月も費やしてきた。いまや、HSBCは勝つために有利な立場にいた。チームメンバーはこれが最後の機会であることを知っていた。それなのに、彼らは最後の瞬間に丸め誤差より少ない金額のために取引を失う危険を冒そうとしていた。私は驚くとともに、なぜHSBCの韓国における買収の試みがうまくいかなかったかを理解し始めていた。HSBCが勝てるのは、彼らが絶望的な売り手に対する唯一の買収者であるときだけだった。

　午前11時25分の電話会議は手短に終わった。デイビスは、もう1時間延期して午後1時（ロンドン時間で午前5時）にするよう要請した。しかし、スティルマンが半時間後に電話してきて、彼らの準備ができたといってきた。私の21歳の息子ボーは、クリスマスで帰省していた。彼はシカゴ大学で経済学を勉強しており、投資に常に関心があった。私は、彼が電話会議を聴取できるようにした。いまがそのとき、ショータイムであることを知っていた。トップのビジネスリーダーたちが何十億ドルもの取引を決めるのを聴くことは、ボーにとって多分スリルを感じる経験になるはずだった。

　スタンチャートがこの最後の瞬間に何をしてくるかわからなかったが、私としては、踏み込んでくると予測していた。勝たなくてもよいと考えている

のでない限り、こんなに大きな取引のこんなに決定的な時点で、意味のある違いを生じない数字を出してくる者はいない。スタンチャートはそれをよくわかっているはずだった。

デイビスがいったことは、スタンダード・チャータードがKFBの対価として3.4兆ウォンを申し出るとともに、残るすべての条件を取り下げて取引を確実にまとめられるようにするということだった。この新しい申出は、スタンチャートの前回の申出より約1億ドル多かった。私たちは、1時間後に回答するといって会議を終えた。

ボンダーマン、ブルーム、そして私は、モルガン・スタンレーのマシュー・ギンズバーグおよびジェイソン・シンと話をし、私たちの受けた申出を知らせた。モルガン・スタンレーは、1998年に私たちがKFBと遭遇した頃と同様、なお韓国政府のフィナンシャル・アドバイザーを務めていた。私たちは、決定に際し韓国政府の合意を必要としていなかったが、礼儀として彼らと相談したかったのだ。ジェイソンは、韓国ウォン建ての価格付けはありがたく、価格差からいってスタンチャートのほうにバランスが傾いているといった。しかし、予測していたように、韓国政府はどちらとの取引でも支持するとのことだった。

午後12時40分頃、私はスティルマンに電話し、スタンチャートの最終提案書の原稿を送るよう頼んだ。私たちの同意できない問題がないかを確認するためだった。それが着いてから、一言一句を確認した。すべてが順調のようだったが、価格がまだ空白だった。私たちが午後1時に電話会議を再開したとき、「皆様、おめでとうございます。入札に勝ちましたよ」とボンダーマンがいった。

それから、「とてもうまくプレーしたので、1ペニーの取り忘れもなかったですね」と相手を褒めたたえた。

実際、最後の電話でこれほど意味のある改善をしていなければ、取引が別の方向に行った可能性が十分にあった。特に、ブルームとボンドの人間関係からニューブリッジからみてHSBCのほうが好ましい入札者だったこと、

韓国政府からも好ましいとみられていたことに鑑みると、HSBCのほうが有利だった。スタンチャートは私たちが拒絶することのできない申出をしたのだった。

スティルマンは署名ずみの提案書をファックスしてきた。私が自分の署名入りの写しを彼のいった番号に送り返すには15分近くかかり、3回もやり直した。取引のこの段階になると、誰もが点線上にある署名をみたくて必死なので、遅れは心配なものだった。スティルマンが私の文書の到着を待ちながらファックスの機械を見つめているさまを思い浮かべた。私は、やっとのことで操作をやりとげ、最後の署名ページがファックスの機械を通り過ぎていくのを見つめた。そして、その書類が相手の機械から出てきて、待ち焦がれているスティルマンの手に巻き取られていくさまを思い浮かべた。

取引はまとまった。スタンチャートの3兆4,000億ウォンとHSBCの30億7,500万ドルの価格差は、その日の為替相場で約1億7,500万ドルだった。私たちは競争入札プロセスを始めてから2億5,000万ドルの利益を獲得し、韓国ウォンがさらに強くなればもっと増益になる見込みだった。競争プロセスは、参加者制限付きでも、売り手に奇跡をもたらしてくれる。

もし私がHSBCの立場なら、排他的交渉期間中に約束どおり合意書を送るため、可能なことすべてをしただろう。そうすれば競争入札になる危険を冒さずにすんだ。同行は、私たちが得ることになった価格より2億5,000万ドル少ない金額でKFBを確保できたはずだ。しかしHSBCは、チームのメンバーが皆一線級の専門家だったのに、官僚的体質のために素早く動いて決定することができなかったのだ。

しかし、売却プロセスは極度に疲れるものだった。プーンは、銀行を買収したときと同じように、すべての法律文書を注意深くチェックし、私を助けてくれたが、多分5日間で一晩しか眠っていなかった。彼は大変几帳面で有能なので、たとえほとんど眠れなくても、膨大な文書のなかの最も小さな誤りさえ見逃さないことがわかっていた。

私たちは、もう1件の電話会議をした。今度はKFBの頭取コーエンと最

高業務執行責任者ダンカン・パーカーとの会議だった。私はコーエンとパーカーに対し、この間の出来事やスタンチャートが銀行獲得の入札に勝ったことを知らせた。また私は、スタンチャートの意向を尊重し、同行の側で公表の準備ができるまで、会議参加者全員に緘口令を出した。

1999年12月23日、私たちはKFB獲得の確定合意文書に署名した。今度は、5年と1日後の2004年12月24日のクリスマスイブに、法的拘束力のある売却文書に署名した。売買取引の決定は、私たち全員に対する大きなクリスマスプレゼントだった。

＊　　＊　　＊

KFBは、ニューブリッジ・キャピタルとその投資家にとって、成功した投資だった。韓国政府とニューブリッジは、5年前一緒に、1兆ウォン、すなわち9億ドル弱を投資した。売却価格は韓国ウォン建てであり、規制当局の承認を待つ間ウォン高が続いたので、スタンダード・チャータードへの譲渡が最終的に完了したときに約33億ドルを受け取ることになった。韓国の政府と社会への感謝の意を示すため、私たちはこの国の慈善団体に2,000万ドルを寄贈した（写真17および18）。

儲けが出なかったのはソフトバンクだけだった。ソフトバンクは、KFB再生にどれだけ時間がかかるか予測できず、それを待つだけの忍耐力または信頼がなかったためか、KFB株式を投資の2年後に売ることに決めた。ソフトバンクのもっていた株式は、同社が支払った額よりも安い値段で、別のプライベート・エクイティ会社であるサーベラス・キャピタルが購入した。この結果サーベラスは、他の投資家が得た利益や、ソフトバンクが株式を持ち続けた場合に得たであろう利益よりも多くの利益を得た。サーベラスがより多くの利益を得ることは、投資家の利益の一定割合を手数料として受け取るニューブリッジ・キャピタルにとっては収入の増加につながり、よいことであった。

スタンチャートに引き渡した銀行は健康で強力だった。私たちは、銀行の

資産規模を2倍にし、収益を生む存在にした。スタンチャートのチームは、KFBのリスク管理システムは自行よりもよいといっていた。この取引では、売り手も買い手も幸せになった。スタンチャートはその後、銀行の名前をスタンダード・チャータード第一銀行とし、韓国第一銀行の名前と物語を歴史のなかに追いやることになった。

エピローグ

　KFBの物語は、クリスマスイブの売買成立によりハッピーエンドで終わったが、私にとっては、心配事の一時休止にすぎなかった。実は、私が注力しているプロジェクトはKFBの売却だけではなかった。私たちは、別の大きな銀行、KFBより名のある銀行の取引にも取り組んでいた。今回は中国の案件だった。中国では、国内外の民間投資家が全国的な商業銀行の経営権を取得したことがなかったが、私たちはあえてそれをやろうとしていたのだ。

　私は、クリスマスイブの前日12月23日、CBRC（中国銀行監督管理委員会）の委員長ミンカン・リウ（劉明康、劉が彼の姓である）からの電話を受けた。電話の用件は、中国の全国的商業銀行、SDB（深圳発展銀行）についてであった。私たちは、過去30カ月間、この銀行の経営権を取得するために格闘しており、約1週間後には取引をまとめる予定だった。

　「私たちは、SDBについて、貴方たちが指摘した問題を認識し、それらの問題に関する報告書を国務院に送りました」とリウはいった。国務院は中国の内閣であり、その首班は首相である。この銀行の問題は、政府の最上層の注意に値するほど深刻だったのだ。その後、彼は中国語から英語に切り替え、「取付け騒ぎのような緊急事態が発生した場合には、PBOCとCBRCが直ちに流動性支援を提供するということをパートナーにお話しください」といった。

　PBOCあるいは中国人民銀行は、中国の中央銀行である。リウは、私がアメリカのパートナーに正確にメッセージを伝えるよう英語で話をした。彼は私たちに、中国の中央銀行と銀行規制当局がSDBを破綻させることはないという信頼を与えようとしたのだ。

　この電話は異例であった。リウ委員長は、SDBにそうしたリスクが実際にあると考えなければ、こうはいわなかったろう。この銀行の2004年における公表不良貸出率は11.4％であったが、私たちの分析では、真の数字が公表

値の約2倍とみられた。また、この銀行の自己資本比率は2.3%で、規制上の最低基準8%をはるかに下回っていた。不良貸出に対し適正な引当を積めば、実質的な自己資本比率はマイナスだったに違いない。この銀行は債務超過であった。SDBがどれだけ脆弱かに公衆が気づいたら、取付け騒ぎもありえないことではなかった。

しかし、私たちは債務超過の銀行の経営権を年末までに取得する計画を立てていた。私たちはKFBのページをめくり終えたので、直ちに他の窮境銀行に注意を集中しなければならなかった。私たちが最初に取得したときのKFBと比べ、SDBはずっと悪い状況にあった。しかし、中国市場の潜在的な可能性ははるかに大きかったのだ。

参考　商業銀行業務入門

　この本の物語を理解するうえでは、商業銀行業務の基本、あるいは商業銀行がどのように業務を遂行するかになじんでおくと便利である。この"入門"では、商業銀行業務の主要概念と用語について解説する。読者は、この本で議論されている銀行業務の基礎概念や用語の意味を調べるために、ページをめくってこの"入門"を参照することができる。読者に便利になるよう、以下では鍵となる用語にダブル・クォーテーションマークを付ける。

　この解説や別の箇所で"銀行（banks）"という言葉を使う場合、一般に、事業として預金を集めて貸出を行う商業銀行を指している。投資銀行は異なるタイプの金融機関である。投資銀行は一般に、企業が株式や債券を公開市場で売却できるよう手配するなど、資本の源泉と使用者との間の仲介者として機能し、それにより手数料をもらう。

　投資銀行と商業銀行の双方の業務をあわせ営む銀行もあるし、どちらか片方を専門とする銀行もある。アメリカでは、かつて銀行は双方の業務をあわせ営んでよかったが、大恐慌における何千もの銀行破綻に対応し、グラス・スティーガル法が1933年に制定され、どちらかを選ばなければならなくなった。この法律は、商業銀行が投資銀行業務に携わることを禁止したのだ。たとえば、古くから尊敬されてきたJPモルガン、すなわちハウス・オブ・モルガンは、商業銀行になったJPモルガンと、投資銀行業務を営むモルガン・スタンレーに分割された。私がJPモルガンで働くようになった1993年までに、この法規制は随分緩和された。

　1999年、グラス・スティーガル法による規制は大幅に緩和され、JPモルガンやシティバンクのようなアメリカの大銀行が商業銀行と投資銀行の双方の業務を営んでよいことになったが、モルガン・スタンレーやゴールドマン・サックスのような伝統的投資銀行は投資銀行業務にはば集中していた。商業銀行と投資銀行の双方の業務を営む銀行はしばしば"ユニバーサルバン

ク（universal banks）"と呼ばれる。ヨーロッパでは、銀行は常にユニバーサルバンクとして活動することを許されてきたが、HSBC やスタンダード・チャータード銀行のような大銀行は、主として商業銀行業務を営んでいた。

"商業銀行（commercial banks）"は、顧客から集める預金と市場や他の銀行からの借入れで資金を調達する。"株式資本（equity capital）"という自己資金もある。株式資本は、株主が商業銀行に投資したお金である。商業銀行の負債のなかには無利子のものもある。預金、銀行発行の社債、他の銀行からの借入れのような利子を払う必要のある負債は"有利子負債（interest-bearing liabilities）"と呼ばれる。

銀行が受け入れた資金について支払う平均費用は"資金調達コスト（funding costs）"と呼ばれ、普通はパーセンテージで表示されて貸出の平均金利と対比される。この言葉は、たとえば、ある銀行の資金調達コストが３％だというふうに使われる。

銀行の"資産（assets）"は、顧客向けに実行した貸出、投資した有価証券、本店や支店等の所有資産からなる。銀行の"収入（income）"は、実行した貸出からの利息収入、提供したサービスからの手数料収入、購入した債券からの利息収入等から構成される。支店の建物やコンピュータ・システムのような資産は、それ自体で収入を生むわけではない。収入を生む資産は"稼働資産（earning assets）"と呼ばれる。貸出の利息のような資産からの収入の流れは、"利回り（yield）"と呼ばれ、利回りを稼げる稼働資産は"収益資産（yielding assets）"と呼ばれている。

銀行の収入の大部分は、貸出と借入れの利子率の差である"利鞘（spread）"から得られる。たとえば、ある銀行が預金に３％を支払い、貸出に５％を課すとしよう。その差の２％が利鞘であり、貸出に伴うリスクを埋めるものだ。銀行は、貸出をすべて回収できるかどうかにかかわらず、預金をすべて払い戻す義務を負っている。

銀行は、従業員への給料、賃料、公共料金といった"営業費用（operating costs）"を支払う必要がある。銀行は、営業収入が営業費用より大きい場合

のみ利益を得ることができ、営業収入は主に利息収入と手数料の合計額から利息支払額を差し引いた額によって構成される。営業費用と営業収入の比率は"費用収入比率（cost/income ratio)"と呼ばれており、この比率は1未満である必要がある（すなわち、銀行が収益を得るためには、費用が収入を下回る必要がある）。もし費用収入比率が1より大きければ、銀行は営業収入で営業費用をまかなえないので、損失を被ることになる。

銀行の純利益を株式資本で除して得た数値が"資本収益率（return on equity)"または"ROE"である。銀行の純利益を総資産で除して得た数値が"資産収益率（return on assets)"または"ROA"である。ROEとROAは、どちらも銀行の収益性を測る重要な指標である。

銀行は、貸出の元本と利息を回収しなければ収入を得ることができない。借り手が約定どおり元利払いをしているなら、その貸出は"稼働貸出（performing loan)"とされる。もし顧客が返済を停止すれば、その貸出は"不稼働貸出（nonperforming loan)"または"NPL"となる。こうした貸出は"不良貸出（bad loan)"とも呼ばれる。

銀行は、帳簿上の貸出について、お金を取り戻せる見込みがどれだけあるかに応じ分類作業を行う。分類の区分にはそれぞれ名称があり、"正常（normal)"、"要注意（special mention)"（または"警戒（precautionary)"や"問題（questionable)")、"要管理（substandard)"、"破綻懸念（doubtful)"、"破綻（loss)"とされている。稼働貸出が常に"正常"に分類されるわけではない。銀行は、債務者の返済能力に支障が生じている（すなわち、債務者が元本および利息の全額を返済できないリスクがある）と判断した場合には、その貸出の分類を変更することがある。貸出が要管理以下に分類される場合、返済に支障があるとして要償却とされることが一般的である。要償却貸出は"分類貸出（classified loans)"とされるが、より口語的に"不良貸出"と呼ばれることもある。

銀行は、通常、"信用力のある（creditworthy)"と判断する顧客に対してだけ貸出を行う。信用力とは、元本と利息それぞれの返済期限、または貸出

の"満期（maturity）"までに、貸出の元本と利息を支払う能力があることをいう。"満期"とは、貸出の最終返済期限である。当然のことながら、顧客企業が倒産申立をしたり、銀行が借り手の信用判断を誤ってしまったり等、貸出を回収できないリスクは常にある。そうしたリスクや潜在損失を埋め合わせるため、よりリスキーな顧客にはより高い利子を課すことが普通である。顧客のリスクの度合いに応じて異なる利子率を課すことは"リスク・プライシング（risk pricing）"として知られている。

最上の、あるいは優良な企業顧客に課す利子率には、"プライムレート（prime rate）"という呼称が使われる。ある顧客に課される利子とプライムレートの差が"リスクプレミアム（risk premium）"である。

銀行には、貸出が不良化するリスクが常にあるので、そうした潜在損失を打ち消せるように、一定の金額を取り除けておく必要がある。取り除けられた金額は"引当金（provisions）"や"準備金（reserves）"と呼ばれる。よりリスキーな貸出には、より多額の引当金が必要である。たとえば、要管理に分類される貸出には元本の20％が引き当てられるが、破綻懸念貸出になれば、引当は50％以上になる。貸出の元本のうち未返済の額は、"簿価（book value）"と呼ばれている。貸出はその金額で銀行の台帳に記載されるからだ。要償却となった場合、貸出の実際の価値は簿価より小さくなる。

不稼働貸出の総額を貸出ポートフォリオ全体の額で除した比率は、その銀行の"不稼働貸出比率（nonperforming loan ratio）"または"NPL比率"と呼ばれる。

銀行は、自行の損益にかかわらず、預金者への払戻しを義務づけられている。したがって、NPL比率が高すぎる場合や、毀損して償却を要する資産が多すぎる場合等、資産が借入れを十分にカバーできない場合に備えて、適量の株式資本を有していなければならない。リスクウェイトを付けて合計した総資産額に対する銀行の資本額の比率は、"自己資本比率（capital ratio or capital adequacy ratio）"と呼ばれる。銀行にとってどのような自己資本比率が適正か、あるいは必要かについては、国際的な規範がある。この適正比率

の要求基準はスイスのバーゼルにある国際決済銀行（BIS）で設定される。したがって、自己資本規制比率は"BIS比率"とも呼ばれる。

　銀行の株式資本は、"純資産価値（net asset value：NAV）"あるいは"帳簿上の価値（book value）"と呼ばれる。公表されたNAVや帳簿上の価値は、銀行がもっている実際の株式資本の額を示しているとは限らない。帳簿上の価値には無形資産を含むからだ。銀行がある資産を純資産額より高く買ったとすると、支払額と純資産額の差額は無形資産の一種である"暖簾（goodwill）"として帳簿に計上される。帳簿上の価値から無形資産を差し引いた金額が"有形帳簿価値（tangible book value）"または"有形純資産価値（tangible net asset value）"である。

　不良貸出に対する引当金が不足している銀行もある。その場合、潜在損失を完全に引き当てるならば、その銀行の帳簿上の価値を減額補正する必要がある。銀行の買収者は、引当不足があるかどうか自ら確かめたいと考えることが通常である。そして、引当不足があれば、その銀行の帳簿上の価値の補正を考えることになる。この新しい簿価が"補正後の帳簿上の価値（adjusted book value）"となる。実際には、買収者は有形帳簿価値しか計算に入れない傾向があるので、補正後は"補正後の有形帳簿価値（adjusted tangible book value）"になる。この数値は、銀行の実質的な純資産価値を最も保守的に評価したものである。

　NPL比率が自己資本比率より高いと、その銀行には倒産の危険がある。その銀行は、負債を返済するに足る資金を有していないのだ。金融危機においては、多くの企業が貸出を返済できないため、NPL比率が突然はねあがり、銀行破綻をもたらすことになる。1997〜1998年のアジア金融危機では韓国の銀行に、2008〜2009年の世界経済危機ではアメリカやヨーロッパの銀行に、こうしたことが起きた。

　銀行は、十分な資本を有していても、顧客が予想外に多額の現金を引き出したり、自行の借入れを返済する必要が生じたりしたとき、十分な"流動性（liquidity）"または手持ち現金を有していなければ、破綻することがある。

多数の預金者が銀行破綻の懸念からパニック的に預金の引出しに殺到した場合、この現象は"取付け（bank run）"と呼ばれる。取付けが起これば、銀行は利用可能な現金が枯渇して破綻に至る。

　先進国の多くでは、こうした取付けを防ぐために、国営の預金保険制度が設けられている。預金は、国有の預金保険公社により一定額まで付保されるので、銀行が破綻した場合であっても、リテール預金者は一定額まで国有の預金保険公社から金銭を返してもらうことができる。その例としては、アメリカにおける連邦預金保険公社（FDIC）や韓国における韓国預金保険公社（KDIC）がある。預金保険公社が預金者に支払うのに十分なだけの資金をもっていないのならば、政府が納税者のお金を使って預金者を満足させたり銀行を救済したりすることがしばしばある。1998〜1999年の韓国政府や、2008〜2009年のアメリカ政府は、こうした措置を講じた。

訳者あとがき

　本書は、Weijian Shan, "Money Games -The Inside Story of How American Dealmakers Saved Korea's Most Iconic Bank"（Wiley, 2020）の翻訳です。その内容は、1997年のアジア通貨危機で破綻した韓国第一銀行を、アメリカのプライベート・エクイティ企業であるニューブリッジが取得し、収益性を回復させてスタンダード・チャータード銀行に売却するプロセスについて、事業者の立場から書いたものです。

　著者は、前著『ゴビ砂漠からの脱出—私の中国／アメリカ物語』にあるように、中国の出身であり、文化大革命による下放先のゴビ砂漠を脱出し、ペンシルバニア大学のプロフェッサーを経て、プライベート・エクイティ企業の役員に就任したという立志伝中の人物です。現在も、アジアにおける金融ビジネスの最前線で活躍中とのことです。

　訳者は出版社からの委託に応じて、本書の翻訳を引き受けました。かつてわが国の金融監督庁で金融危機対応に責任を負っていたこと、著者が中国出身であることで韓国には良い影響があったのではないかと思ったことから、興味を惹かれたためです。

　本書の舞台は、アジア通貨危機により窮地に陥った韓国の金融システムであり、その状況は、かつてのわが国とそっくりです。本書では、韓国政府の政治家や担当官が交渉相手として登場し、著者からはしばしば批判的に記述されています。しかし、金融危機時にわが国政府で勤務していた訳者からみると、韓国政府の当事者は皆、称賛に値する振る舞いをしていたと思われます。企業と銀行の関係は国によりまったく異なるのに対し、プライベート・エクイティ企業の置かれた資本市場では国際的に共通の慣行が多いので、双方に配慮せねばならなかった韓国政府の当事者の苦労は察するにあまりあります。こうした矛盾については、コロンビア大学のスティグリッツ教授の『新しい金融論』や韓国の映画『国家が破産する日』を御覧になればお気づ

きいただけます。

　他方わが国では、アメリカ流の仕事のスタイルや交渉のロジックに対する理解がいまでも十分浸透していません。かつての訳者も、交渉相手のアニマル・スピリットに感嘆する一方で、かなり違和感をもちました。本書は、中国出身ではあっても、純然たるアメリカの金融業者が書いたものですので、わが国の読者にとっては、彼らなりの常識を理解するうえで大変役に立つと思います。また、韓国政府の当事者に対する著者の評価は部外者としては公正ですので、韓国やわが国とアメリカのライフスタイル等の違いについて、客観的に認識していただく助けになると思います。

　本書の翻訳にあたっては、韓国人の姓名等の表記や、華氏やマイル等のアメリカ特有の表現の取扱い等、多くの課題がありました。韓国はわが国との共通点が多いので、韓国語のカタカナ表記はとりわけ難問でした。訳者としてはさまざまに迷いましたが、本書の果たすべき役割を考えると、英語の原本に忠実に訳すことが適当という結論に達しました。この結果、わが国の読者にとっては不慣れな訳語も生じたかもしれませんが、アメリカ流の金融ビジネスを理解していただくための手段としてご海容いただければ幸いです。

　本書の刊行においては、一般社団法人金融財政事情研究会の花岡博氏に大変お世話になりました。また、韓国の人名や事物のカタカナ表記や語句の表記方法については、上記の考え方にかかわらず、委託者である出版社の慣行や同氏の方針に従っているところもあることを申し添えます。

　同社には、こうした機会を与えていただいたことに、あらためて厚く御礼申し上げます。

木下　信行

2021年12月

索　引

【事物】

【著者紹介】

ウェイジャン・シャン（単偉建）

1953年、山東省生まれ。小学校卒業後、正式な中等教育を受けないまま、ゴビ砂漠での農業労働に従事した後、北京対外貿易学院（現在、対外経済貿易大学）で英語を学ぶ。同学院で教員を務め、サンフランシスコ大学で経営学修士（MBA）、カリフォルニア大学バークレー校で修士（MA）と博士（PhD）を取得。ペンシルバニア大学ウォートン校教授、JPモルガンのマネージング・ディレクターを歴任し、サンフランシスコを本拠とするプライベート・エクイティ会社 TPG のパートナー、かつ TPG アジア（旧名ニューブリッジ・キャピタル）の共同マネージング・パートナーを務め、韓国第一銀行と深圳発展銀行の買収などいくつもの記念碑的な取引を主導的に手掛けた。この二つの取引は投資家に何十億ドルもの利益をもたらし、ハーバード・ビジネススクールのケーススタディにも取り上げられた。現在、プライベート・エクイティ会社 PAG の会長兼最高経営責任者（CEO）。

【訳者略歴】

木下　信行（きのした　のぶゆき）

1954年兵庫県西宮市生まれ。1977年東京大学法学部卒業。同年4月大蔵省入省。1986年ジェトロ・フランクフルト所長。1994年大蔵省金融市場室長。1997年同省銀行局調査課長。1998年金融監督庁官房企画課長。2001年金融庁監督局総務課長。2004年コロンビア大学研究員。2006年郵政民営化委員会事務局長。2008年公認会計士・監査審査会事務局長。2009年証券取引等監視委員会事務局長。2010年日本銀行理事。2014年アフラック・シニアアドバイザー。2018年東京金融取引所社長（現任）。主要著書に『デジタルイノベーションと金融システム』（2018年、金融財政事情研究会）、『成長戦略論』（監訳、2016年、NTT 出版）等がある。

銀行買収
──米系投資ファンドによる
　韓国大手行の買収と再生の内幕

2022年1月26日　第1刷発行

著　者　ウェイジャン・シャン
訳　者　木　下　信　行
発行者　加　藤　一　浩

〒160-8520　東京都新宿区南元町19
発　行　所　一般社団法人 金融財政事情研究会
企画・制作・販売　株式会社きんざい
出　版　部　TEL 03(3355)2251　FAX 03(3357)7416
販売受付　TEL 03(3358)2891　FAX 03(3358)0037
URL https://www.kinzai.jp/

DTP・校正：株式会社友人社／印刷：株式会社日本制作センター

ISBN978-4-322-13840-5